LA NAISSANCE
DE LA GRAMMAIRE MODERNE
Langage, logique et philosophie à Port-Royal

 *PHILOSOPHIE ET LANGAGE*

Marc Dominicy

la naissance de la grammaire moderne
langage, logique et philosophie à Port-Royal

PIERRE MARDAGA EDITEUR
2, GALERIE DES PRINCES, 1000 BRUXELLES

© by Pierre Mardaga, éditeur
2, Galerie des Princes, 1000 Bruxelles
37, rue de la Province, 4020 Liège
D. 1984-0024-27

Avant-propos

Au moment de confier mon manuscrit à l'imprimeur, je tiens à remercier, pêle-mêle, tous ceux qui m'ont aidé à le rédiger, par leur amitié ou leur érudition, grâce à la patience avec laquelle ils ont bien voulu me lire ou m'écouter, ou, plus simplement, en me permettant de consulter l'une ou l'autre source d'accès difficile : Sylvain Auroux, Gabriel Bès, Sonia Branca, Lucile Clément, Geneviève Clérico, Bernard Colombat, Madeleine Defrenne, Daniel Droixhe, Gilles Fauconnier, Paul Gochet, Didier Goyvaerts, Paul Hirschbühler, Hubert Hubien, Pierre Le Goffic, Michèle Mat, Michel Meyer, Philip Miller, Jean-Claude Pariente, Christian Plantin, Régine Pouzet, François Récanati, Geneviève Rodis-Lewis, Nicolas Ruwet, Pierre Swiggers, Marc Wilmet. Ma gratitude va également au Centre National belge de Recherches de Logique, et à son Président aujourd'hui disparu, Chaïm Perelman, pour le soutien financier apporté à la présente publication. Enfin, je dédie ce livre à tous mes proches et à ma femme Mireille, qui fut aussi ma secrétaire.

Introduction

Dans cet ouvrage, je voudrais démontrer que la grammaire, telle que nous la concevons aujourd'hui — même s'il nous arrive de la baptiser 'linguistique' — est née, pour une part essentielle, à Port-Royal. Pareille affirmation semble relever, au premier abord, d'une complète gratuité. Nul n'ignore, en effet, que l'étude du langage figure, au sein du monde occidental, parmi les activités les plus anciennes et les plus théorisées. Durant l'Antiquité, au Moyen Age ensuite, quelques grandes synthèses introduisent et définissent des notions qui survivent et se perpétuent tant bien que mal dans nos manuels scolaires contemporains (voir, par exemple, Robins, 1976; ainsi que Baratin-Desbordes, 1981 et Rosier, 1983). Situer la naissance de la grammaire moderne à Port-Royal constitue, de ce point de vue, un défi qui peut paraître inutilement provocant. Mais il y a plus. La grammaire et la linguistique que nous pratiquons fonctionnent comme des disciplines autonomes, professionnalisées, dont les spécialistes n'admettent guère qu'elles se trouvent intégrées à une autre science, fût-elle psychologique ou logico-mathématique. Or, nous allons le voir bientôt, l'univers intellectuel de Port-Royal s'avère absolument incapable d'imaginer une telle autonomie, sinon sous des traits péjoratifs et polémiques. Ne risquons-nous pas, dès lors, d'appliquer à nos auteurs une grille qui leur demeurerait étrangère, et qui, par une sélection artificielle, extrairait de leurs écrits les seuls passages jugés, après coup, pertinents ou prémonitoires?

A ces objections préalables, je ne saurais offrir d'autre réponse que les chapitres qui vont suivre. Je crois utile, cependant, de dégager en un propos liminaire les principes épistémologiques qui sous-tendent ma recherche, avant d'évoquer les problèmes fondamentaux que rencontre de nos jours, et quel que soit son intérêt particulier, tout historien de Port-Royal.

Des bribes aux systèmes

Dans le livre au ton volontiers cinglant qu'il a consacré à l'historiographie des sciences, Agassi (1963) distingue deux tendances antagonistes, qu'il rattache respectivement à l'inductivisme et au conventionnalisme. Partant de l'idée qu'il existe des procédures de découverte objectives et universelles, l'historiographie inductiviste pulvérise les théories anciennes pour dégager, de l'agrégat hétérogène ainsi obtenu, les «vérités» sanctionnées par la science moderne. Effectuée au mépris des courants de pensée et des mythes sous-jacents, cette reconstruction range quelques grands hommes à l'intérieur d'une série jalonnée d'influences ponctuelles et de contraintes technologiques. Pas de place, alors, pour une analyse fouillée des controverses passées, pour une évaluation sérieuse des doctrines réfutées. L'erreur et le désaccord procèdent d'une faute; ils sont les symptômes indubitables d'un péché contre l'évidence, inspiré par l'obscurantisme, la passion ou l'intérêt (cf. Jacob, 1970: pp. 18-21). A l'inverse, l'historiographie conventionnaliste se refuse à soumettre les théories antérieures aux cadres du savoir présent, et entend saisir les systèmes dans leur cohésion et leur totalité. Si elle évite la naïveté qui caractérise irrémédiablement l'inductivisme, si elle capte les arrière-plans, parfois troubles, de la pensée scientifique, elle débouche aussi sur les deux impasses que sont le relativisme épistémologique et l'incommensurabilité. En effet, la fascination exercée par les systèmes à vocation totalisante — qu'on les appelle «épistémès» après Foucault (1966), ou «paradigmes» comme Kuhn (1972) — conduit à privilégier les questions internes de cohérence et d'articulation au détriment de la question externe par excellence, celle de la vérité objective. De plus, les présupposés holistes maintiennent que la comparaison de concepts ou d'assertions isolés se révèle impossible, de sorte que l'on est amené à confronter des blocs épistémologiques soustraits, par avance, aux critères habituels de validité empirique. D'où un paradoxe trop bien connu: si l'inductivisme demande à l'histoire une caution que celle-ci ne peut fournir, le conventionnalisme enlève toute justification à l'histoire (cf. Auroux, 1979: pp. 8-18).

Néanmoins, à opposer avec tant d'emphase ces deux types d'historiographie, nous perpétuons l'illusion qu'ils constituent les branches d'un dilemme incontournable. Or — Agassi (1963: pp. 25-27, 40-51, 63) et Popper (1982-83: III, pp. 30-34) le soulignent — il existe plus d'un point commun entre l'inductivisme et le conventionnalisme. Dans l'un et l'autre cas, la reconstruction historique minimise le rôle de l'originalité critique et renforce, chez l'homme de science, la conviction que sa tâche revient à appliquer un certain nombre de démarches heuristiques. Que ces dernières soient universelles, ou au contraire dictées par un contexte de référence, n'importe guère ici; de toute manière, l'innovation demeure difficilement explicable. En outre, les deux conceptions échouent à capter la spécificité de la science, puisqu'elles supposent que la découverte même se laisse déterminer (au sens fort du terme) par un environnement extérieur qui instruit l'expérience ou l'enferme en des catégories préétablies. Rien d'étonnant, dès lors, à ce que l'inductivisme comme le conventionnalisme s'accommodent d'interprétations réductrices où les théories scientifiques sont rangées parmi les manifestations particulières de structures plus fondamentales. S'il est possible, dans une semblable optique, de concevoir que le devenir de la science obéisse à une nécessité inéluctable, et de céder ainsi à un démon historiciste toujours puissant, le prix à payer reste, à mes yeux, par trop élevé. C'est pourquoi je voudrais recourir à un modèle épistémologique plus complexe et plus réaliste.

A mon sens, la philosophie des sciences développée par Popper évite, grâce à sa dimension évolutionniste d'inspiration darwinienne, tous les pièges et les excès qui viennent d'être décrits (cf. Popper, 1963, 1975; Schilpp, 1974). En effet, quel que soit le destin futur des doctrines biologiques, il faut admettre que Darwin a défini une nouvelle classe d'explications historiques qui échappent aux apories traditionnelles. Désormais, nous pouvons imaginer que des changements limités, graduels et aléatoires débouchent, par le biais d'un mécanisme d'interaction aux conséquences régulatrices, sur la création de systèmes adaptés, tant par leur organisation interne que par leurs propriétés superficielles, aux exigences de l'environnement. Ceci dissipe l'incompatibilité que l'on a cru trouver entre une quête, nécessairement atomiste, des influences attestées ou vraisemblables et le souci légitime de saisir les théories dans leur totalité. Bien plus, trois orientations de recherche sont immédiatement distinguées en vertu d'une telle approche: l'étude des filiations et des innovations ponctuelles; la description, voire la formalisation, des théories prises *in vacuo*; l'évaluation du rôle régulateur rempli par un environnement historique aux composantes multiples. De là découlent des principes méthodologiques qui se laissent ramener, en fait, à deux corollaires d'une thèse plus générale. Tout d'abord, la description ou la formalisation d'une théorie ne doit pas être confinée à l'intérieur du domaine couvert par l'historiographie connexe. Non seulement l'historien d'une discipline scientifique a le droit d'utiliser, si la rigueur le demande, un langage que n'auraient su comprendre les auteurs examinés (cf. pour l'idée inverse, Aarsleff, 1967: pp. 10-11), mais sa démarche perd tout intérêt s'il ne compare pas la théorie ainsi reconstruite aux développements postérieurs de la science. Parallèlement, ce même historien devra expliquer comment les théories s'autonomisent en rompant les liens qui les unissaient, en un premier temps, à un environnement déterminé. Dans l'un et l'autre cas, nous retrouvons l'idée poppérienne selon laquelle il existe, entre science et non-science, une démarcation stable dont nous pouvons déceler l'émergence au sein de traditions particulières.

Les énigmes de Port-Royal

Les travaux consacrés à la théorie grammaticale de Port-Royal se situaient, au départ, dans une perspective nettement inductiviste[1]. Les commentateurs admettaient tous que la *Grammaire* (désormais: *GGR*) et la *Logique* (désormais: *LAP*), directement issues du cartésianisme, inaugureraient une période de quelque cent-cinquante ans où l'étude du langage avait été soumise à un carcan «logiciste». Brunot (1966: pp. 50-60) assure alors que «le cartésianisme linguistique a été certainement une cause de retard pour le développement de la science»; quant à Serrus (1933: pp. 71, 143-144, 161), il pensait que Lancelot et Arnauld «rationalistes imbus à la fois d'Aristote et de Descartes (...) prétendirent construire une grammaire raisonnée» et ouvrirent ainsi la voie au «logicisme grammatical».

Malgré l'appréciation fort nuancée de Saussure (1972: pp. 13, 118-119), les historiens récents ont d'abord rejoint leurs prédécesseurs. Pour Leroy (1971: p. 13), «la grammaire de Port-Royal veut (...) construire selon la logique une espèce de schéma du langage auquel, bon gré mal gré, doivent se plier les multiples apparences de la langue réelle»; Mounin (1967: p. 129) estime que la doctrine de Port-Royal «a freiné pour longtemps le développement d'une réflexion plus objective sur le langage». Si de telles condamnations peuvent être prononcées, et se perpétuer (cf. Droixhe, 1978: pp. 9-32, 227-249; Gusdorf, 1969: pp. 328-331), c'est que leurs auteurs se fondent sur la notion, typiquement inductiviste, de «logicisme grammatical». Une première mise au point s'impose donc ici.

Serrus (1933: p. 142) appelle «logicisme grammatical cette attitude d'école qui consiste à expliquer toujours une forme grammaticale par une forme logique qu'on lui fait correspondre». La définition de Serrus présuppose, on le voit, que la forme grammaticale et la forme logique soient non seulement différentes mais, surtout, indépendamment repérables. Or, quoi que puissent croire certains inductivistes naïfs, la forme grammaticale ne se livre jamais à nous hors théorie, comme une observation pure et immédiate. Bien plus, elle est décrite à l'aide d'un métalangage qui, suivant une opinion apparemment établie (Sahlin, 1928: pp. 8, 141; Saussure, 1972: p. 13), puise ses sources dans la tradition philosophique et logique des Grecs. Il n'importe guère, pour mon propos, que cette analyse soit adéquate ou doive, au contraire, être renversée afin que s'institue une dépendance, au moins initiale, de la logique vis-à-vis de la grammaire (cf. Benveniste, 1966). De toute manière, il reste que le concept même de logicisme perd sa pertinence dès que l'indépendance mutuelle de la forme grammaticale et de la forme logique se trouve compromise. Mais il y a davantage. La forme logique que l'on attribue à un énoncé vise, par essence, à capter le rôle que remplit ledit énoncé au sein d'une inférence valide ou invalide. Or — toutes les histoires de la logique nous le disent[2] — les traités de Port-Royal prennent place dans un contexte où la théorie du raisonnement marque, en proportion exactement inverse de la réflexion grammaticale, un recul qui s'amplifiera encore au siècle des Lumières. De ce point de vue, le bilan tracé par François Thurot dans son *Tableau* de 1796 (p. 119) se révèle particulièrement symptomatique: «Un fait remarquable dans l'histoire des sciences et de la philosophie parmi nous, c'est que les trois plus habiles grammairiens que nous ayons eus, Arnauld, Dumarsais et Condillac, ont donné successivement les trois meilleurs traités de logique». Si, comme on l'affirme souvent, ce déclin de la logique est dû, au moins partiellement, à l'influence de Descartes[3], il devient difficile de soutenir que le «cartésianisme linguistique» constitue le fondement épistémologique et historique d'un quelconque «logicisme grammatical». En fait, les auteurs que je critique tendent à qualifier de «logiciste» toute théorisation qui échappe, de manière évidente, aux normes habituelles du style inductiviste (cf. Popper, 1982-83: I, pp. 35-52).

Une fois ce malentendu dissipé, nous pouvons nous interroger sur les deux thèses objectives que nous lèguent les commentateurs précédemment cités: Port-Royal développe-t-il une philosophie du langage d'inspiration authentiquement cartésienne? La *GGR* et la *LAP* inaugurent-elles, par leur nouveauté et leur influence durable, un siècle et demi d'une réflexion grammaticale homogène? Ces questions reçoivent des réponses plus divergentes, déjà, dans les travaux presque contemporains de Chevalier, Chomsky, Donzé et Foucault.

La vision conventionnaliste de Foucault (1966; cf. aussi 1967, 1969) ne s'embarrasse guère de détails, et elle englobe Descartes comme Port-Royal à l'intérieur d'une «épistémè classique» dont les bornes chronologiques s'étendent jusqu'aux derniers soubresauts de la grammaire générale. Quoique l'analyse de Foucault repose, ainsi que nous aurons l'occasion de le voir, sur une interprétation fort juste de la théorie «classique» du signe, son livre se limite souvent à reformuler, de manière brillante et volontiers elliptique, les acquis de l'érudition antérieure. En particulier, rien ne nous permet d'évaluer l'impact proprement linguistique du cartésianisme, ou l'influence exercée par les traités de Port-Royal (cf. Rodis-Lewis, 1968a, b); mais c'est sans doute là le prix du conventionnalisme.

Plus modeste dans ses objectifs, et de démarche plus atomiste, la monographie de Donzé (1967) est surtout orientée vers une étude interne, qui laisse peu de place à l'environnement scientifique et historique. Descartes se trouve bien mentionné (pp. 19-34), mais en tant qu'inspirateur d'une méthode, ou d'une argumentation, qui imprégnerait le chapitre II, xiii de la *GGR*. Cette fois-ci, le poids d'un certain inductivisme tend à isoler les thèses examinées d'un contexte devenu étranger à la réflexion linguistique postérieure. Si Donzé nous a dotés d'un outil critique irremplaçable, il n'a guère tenté d'élucider les problèmes qui m'occuperont ici.

La situation change du tout au tout avec les écrits de Chevalier (1967, 1968, 1970, 1977b, 1979) et de Chomsky (1965, 1969, 1970). Pour Chevalier, qui ne multiplie pas les références à Descartes (cf. par exemple, 1968: p. 499), la théorie grammaticale de Port-Royal se singularise par «la grande nouveauté (...) d'avoir défini le rôle de la proposition, définition inconnue jusqu'alors, et par là, d'avoir fondé une syntaxe autonome» (1968: p. 490; voir aussi pp. 493-500). Etayée par une enquête historique d'une ampleur encore inégalée, cette conception tend parfois à acquérir une dimension sociologique. Dans son article de 1979 (p. 33), Chevalier précise en effet que «le génie de Port-Royal (...) est d'avoir donné à une classe de la société en train de se faire un dispositif intellectuel facilement assimilable et transposable qui permettait à ses bénéficiaires — que l'opération seule suffisait à trier — de se mouvoir sur plusieurs plans en prévoyant des stratégies de translation portant sur des ensembles». L'identité d'une telle classe, et sa survivance durant toute la période où la *GGR* et la *LAP* auraient fécondé la réflexion grammaticale, restent cependant peu claires (voir encore Chevalier, 1977a).

C'est à Chomsky qu'il reviendra de situer dans un cadre nouveau des vues qui, je l'ai rappelé, étaient déjà exprimées par Sainte-Beuve. La «linguistique cartésienne» défend, selon Chomsky, trois thèses fondamentales dont on trouve, de fait, l'esquisse chez Descartes : le langage naturel, par sa créativité et son indépendance vis-à-vis des stimuli extérieurs, différencie l'homme des animaux-machines; la dichotomie entre «forme» et «signification» répond aux distinctions qu'impose une doctrine dualiste; enfin, la philosophie rationaliste de l'esprit doit, pour survivre, postuler l'une ou l'autre variété d'innéisme[4]. Popularisée par le *Discours de la méthode*, l'analyse mécaniste du comportement animal se double, chez Descartes, d'une théorie spiritualiste de la parole humaine. On peut ainsi, par complémentarité, justifier le mécanisme jusqu'en biologie, et soustraire partiellement l'homme à son action. Les pages que Descartes consacre à mettre en contraste notre langage et la communication animale sont trop connues pour être résumées ici (AT, II, pp. 39-41, III, pp. 121, 479, IV, pp. 573-576, V, pp. 276-280, VI, pp. 55-59). Repris par La Forge (pp. 123-124, 294-296), développé par Cordemoy, l'argument cartésien ne renouvelle pas le vieux thème de l'arbitraire, et ne paraît guère avoir inspiré directement la réflexion grammaticale[5]; cependant, la conception du signe qui en est le corrélat a exercé, nous le verrons, une influence profonde sur Arnauld et Nicole. En ce qui concerne l'innéisme, l'interprétation de Chomsky soulève plus de difficultés encore, dans la mesure où aucun auteur n'utilise, à ma connaissance du moins, des données linguistiques pour appuyer ses positions en la matière. Il y a tout lieu de croire que les convergences que Chomsky a décelées entre le cartésianisme et sa propre philosophie du langage lui ont fait négliger la spécificité des deux systèmes et la nature même des justifications avancées. Au-delà de ces objections générales, on ne saisit pas aisément le lien qui unit les thèses fondamentales de la «linguistique cartésienne» aux innovations grammaticales que Chomsky attribue à Port-Royal: la réaction contre le «descriptivisme» de Vaugelas, l'élaboration d'une analyse en constituants qui intègre la subordination et sanctionne la découverte de la récursivité syntaxique, la distinction entre structure profonde et structure de surface. Une nouvelle fois, Chomsky semble avoir projeté sur ses auteurs une grille dont les articulations, explicites en théorie générative, ne possèdent qu'une plausibilité historique très réduite (voir Pariente, 1975a; Percival, 1976).

On peut néanmoins soutenir, sans grande exagération, que la recherche des quinze dernières années s'est définie par rapport à Chomsky (cf. Brekle, 1975; Porset, 1977). Deux courants critiques se sont rapidement fait jour. Le premier, surtout animé par Aarsleff (1970, 1971, 1975, 1982), Joly (1972a, 1972b, 1976a, 1976b, 1977) et Rosiello (1967), s'efforce de prouver l'inexistence d'un quelconque corps de doctrine qui caractériserait la théorie linguistique entre Port-Royal et Humboldt. Le second, devancé en cela par Brunot (1966: p. 54), Sahlin (1928: pp. 10-14) et Stéfanini (1962: pp. 56-62), veut mettre en lumière la dette immense que la *GGR* et la *LAP* contractent, par le biais de la *Nouvelle méthode latine* de Lancelot (désormais: *NML*), vis-à-vis d'une tradition médiévale et renaissante encore mal connue[6]. Dans l'un et l'autre cas, Chomsky a effectivement péché par généralisation hâtive. Mais ses adversaires tendent, de manière générale, à surestimer l'importance des déclarations programmatiques et à négliger l'analyse interne des théories. En d'autres termes, ils retombent souvent dans les travers d'une «histoire des idées» pratiquant volontiers l'inductivisme ou le conventionnalisme auxquels Chevalier et Chomsky avaient su échapper.

Quelques exemples suffiront à illustrer ce point. Il est bien évident que la philosophie du langage professée par les Lumières se réclame presque toujours de Locke, puis de Condillac, et manifeste dès lors un anticartésianisme constant. Toutefois, il n'existe pas de grammaire lockienne ou condillacienne, dans la mesure où l'appareil mis en place à Port-Royal continue à fonctionner pour l'essentiel (cf. Auroux, 1979, 1982a, 1982b; Chouillet, 1972; Dominicy, 1983a, b). Par ailleurs, l'influence que les Solitaires ont exercée sur Locke et les grammairiens ou logiciens anglais est désormais bien connue[7]. De même, on concédera sans peine que Descartes n'a jamais développé ses vues sur le langage de manière aussi systématique que Locke, Condillac, ou même Leibniz. Mais de là à conclure avec Joly (1977: p. 167) qu'on ne trouve chez lui «aucune préoccupation d'ordre linguistique», il y a un pas considérable qu'une lecture plus attentive, appuyée sur les travaux cités aux notes 4 et 5, ne permet pas de franchir. Enfin, la nouveauté profonde de la *GGR* et de la *LAP* a été confirmée, de manière quelque peu inattendue, par des recherches récentes qui s'inspiraient, au départ, de Lakoff (1976) et Padley (1976). On a pu montrer, par exemple, que sur l'analyse du pronom relatif, les deux traités se démarquent brutalement d'une tradition, issue de Sanctius, à laquelle la *NML* adhérait très largement (Clérico, 1982: pp. 69-75; Colombat, 1979, 1981, 1982, 1983; Dominicy, 1981). La filiation historique et les analogies superficielles dissimulent donc, dans ce cas précis, une rupture théorique que je tenterai d'expliquer.

Arrivé au terme de ce premier état de la question, on ne peut qu'être frappé par l'absence de toute référence à la doctrine théologique et à l'expérience religieuse. Tout se passe comme si un pur hasard avait voulu qu'Arnauld, Lancelot et Nicole figurent parmi les personnalités les plus marquantes du jansénisme et nous lèguent, noyés qu'ils furent dans les controverses et les persécutions, quelques pages fondamentales de grammaire ou de logique. A cet égard, la monographie de Verga (1972) constitue un exemple symptomatique : le long chapitre IV est consacré à la théorie linguistique d'Arnauld, mais il ne renvoie nullement aux autres parties de l'ouvrage. La réflexion semble piétiner, sur l'ensemble du problème, depuis Sainte-Beuve.

A ma connaissance, Marin, Pariente, Pouzet et Robinet sont les seuls à avoir affronté la difficulté[8]. De tous, Robinet se montre le plus péremptoire (1978: p. 9): «Si Port-Royal, sa *Grammaire* (1660) et sa *Logique* (1662), se composent et s'imposent dans les publications de cette décade, la raison en est augustinienne (...) Sans le *De Magistro*, sans le *De Doctrina christiana*, il n'y aurait pas eu cette *Grammaire*-là, ni cette *Logique*, ni ces Petites Ecoles. Le langage n'eût pas reçu la tâche de 'représenter la pensée' à la manière dont il le fit». En l'absence de quelque démonstration explicite ou suivie, il s'avère impossible d'évaluer le bien-fondé d'une affirmation aussi forte. Si les références à Augustin se multiplient dans la *LAP*, si l'on peut, avec de nettes réserves, retrouver l'écho de la sémiologie augustinienne à l'intérieur du chapitre I, iv («Des idées des choses, et des idées des signes»), rien n'indique que la théorie linguistique de Port-Royal doive être rattachée, en des termes privilégiés, à cette inspiration lointaine (voir, sur ce point, Swiggers 1981a, 1981b). De manière bien plus plausible, Marin (1975; voir aussi 1976) ramène et confronte la doctrine sémiologique développée dans la *LAP* à ses sources ou interlocuteurs immédiats: Descartes, Pascal, Sacy, Barcos, les ministres protestants. Pour la première fois, des liens explicites sont établis entre le débat sur la traduction, la controverse eucharistique, et les quelques passages, parfois elliptiques, qui les prolongent à l'intérieur de la *LAP*. Quoique Marin s'attarde trop, selon moi, sur les inconsistances d'une pensée dont il minimise parfois la cohérence interne, ses travaux démontrent à quel point l'approche parcellaire qui caractérise la majorité des recherches antérieures appauvrit notre compréhension des textes logiques et grammaticaux. C'est aussi la conclusion que nous invitent à tirer Pariente (1975a, 1975b, 1978) et Pouzet (1974). En replaçant des passages apparemment anodins dans leur contexte philosophique et théologique, les deux auteurs parviennent à dégager une vision du langage qui se reflète, et s'accomplit même, dans une démarche pédagogique originale[9].

La rareté de telles contributions s'explique, sans nul doute, par la complexité profonde du jansénisme. Grâce aux vastes aperçus de Sainte-Beuve (1961-65) et Gazier (1923-24), et aux recherches plus exigeantes de Ceyssens (1950 sv.), de Meyer (1917), Jacques (1976) et Orcibal (1947-62), nous connaissons relativement bien l'histoire externe du mouvement[10]. Mais le désaccord éclate entre les commentateurs dès qu'il s'agit de cerner la doctrine elle-même. Pour Laporte (1923-52, 1951), le jansénisme n'est rien d'autre que le catholicisme réaffirmé, «alliance des contraires» qui évite à la fois le pélagianisme jésuitique et la prédestination calviniste. Dans cette optique, qui s'inspire directement d'Arnauld, «il n'y a plus de jansénisme, parce qu'au fond il n'y en a jamais eu» (1951: p. 105). Il semble néanmoins légitime de soutenir que Port-Royal a été vaincu sur les points qui, selon de Meyer (1917), Gits (1940) et Snoeks (1951: pp. 531-532), définissent l'*attitude* janséniste en général: l'accent presque exclusif placé sur la théologie positive, c'est-à-dire sur l'étude de l'Ecriture et de la tradition, au détriment de toute spéculation qui conduise à l'enrichissement doctrinal (cf. encore Tavard, 1969); le refus constant d'un ordre, d'une morale ou d'un savoir «naturels», indépendants de la foi et de la révélation. En dehors de cela, toute affirmation tranchée relève, à mon sens, d'un choix théologique implicite, voire autoritaire, ou plus banalement d'une simplification historique abusive (voir Ceyssens, 1957 et Orcibal, 1953).

Dans de telles conditions, l'historien de la grammaire et de la logique éprouve quelque peine à isoler les éléments qui lui sont nécessaires pour mener son enquête à bien. J'ai opté, quant à moi, pour une méthode qui privilégie, à travers la personnalité centrale d'Arnauld, les nombreuses polémiques qui ont mobilisé ou divisé Port-Royal. Il est rare, en effet, que ces controverses n'aient pas, à un moment ou l'autre, donné lieu à une argumentation linguistique. Ceci vaut, tout d'abord, pour les grands combats jansénistes: la distinction du droit et du fait, la critique des casuistes, le débat sur le sens de la signature ou de la soumission, la défense des traductions; ensuite pour l'ambitieuse entreprise des deux *Perpétuités de la foi* (cf. Snoeks, 1951); enfin pour les disputes qui ont opposé Arnauld à Malebranche et à Leibniz. Mais nous observons le même recours au langage dans les conflits internes, les «guerres civiles», de Port-Royal. Afin de baliser ce domaine encore mal connu, je distinguerai, de manière quelque peu artificielle, les quatre crises suivantes (voir, en général, les tomes XXI et XLIII des *Œuvres* (désormais: *O*) d'Arnauld, ainsi que Sainte-Beuve, 1961-65: I, pp. 673-680; Delassault, 1957: pp. 86-96; Goldmann, 1956a; Griselle, 1911-1919; Mesnard, 1964, 1979):

1. 1659-1661: polémique opposant Barcos à Arnauld et Nicole, centrée autour de la *Réponse aux difficultés du marquis de Sourdis*, et de l'*Ecrit pour la duchesse de Longueville* (cf. Orcibal, 1957a: p. 885, 1963).
2. 1661-1662: affaire des deux mandements des Grands Vicaires. Polémique entre Arnauld et Le Roy au sujet du premier mandement (cf. Namer, 1964); deuxième polémique, plus importante pour mon propos, qui oppose Pascal et Domat à Arnauld et Nicole après le second mandement [11].
3. 1663: polémique entre Barcos et Arnauld au sujet de la soumission aux bulles d'Innocent X et d'Alexandre VII (cf. *O*, I, pp. 410, 461; Orcibal 1957a: pp. 885-886).
4. 1665: polémique entre Barcos et Nicole sur l'oraison, déclenchée par la publication des *Occupations intérieures*; Arnauld (*O*, I, pp. 546-548) se range du côté de Nicole (cf. Chédozeau, 1979; Goldmann, 1955: pp. 177-178, 223; James, 1972: pp. 75-81; Orcibal, 1957a: pp. 880, 891-892, 1957b: pp. 26-86; Weaver, 1978: pp. 174-176).

Quelques conclusions partielles émergent déjà de la seule énumération de ces conflits. A trois reprises, c'est Barcos qui se heurte à Arnauld ou à Nicole, avec une régularité qui n'a pas échappé aux contemporains. Pour Goldmann (1955, 1956a), le phénomène découle très naturellement de l'antagonisme entre le groupe des «extrémistes» barcosiens et le courant arnaldien, dont l'ascendant ne cesse de grandir autour des années 1660 (cf. aussi Verga, 1972: I, pp. 76-104, 147-167). Tout aussi significatif est l'accord constant d'Arnauld et de Nicole durant la période (1659-1662) où s'élabore et se publie la première édition de la *LAP*[12].

L'étude attentive des querelles externes ou intestines que je viens d'évoquer dissipe également quelques légendes, surtout propagées par la critique antijanséniste. Le premier de ces mythes concerne les rapports entre Arnauld et Nicole. A en croire Bouillier (1854: pp. 198-199), Jovy (1908-12: II, pp. 362-402) et Bremond (1920: pp. 418-426), Nicole aurait été, sa vie durant, sous la domination de «M. Arnauld, son héros, son tyran et parfois son cauchemar» (le mot est de Bremond[13]). Cette conception est infirmée d'abord par le jugement de ceux qui, à Port-Royal, jugeaient excessive l'influence de Nicole sur Arnauld (cf. Griselle, 1916: p. 227; Sainte-Beuve, 1961-65: II, pp. 868-869), ensuite par le rôle primordial que remplit Nicole dans les polémiques publiques — on lui attribue la distinction du droit et du fait — et dans les «guerres civiles». Si Nicole a jamais vécu sous l'empire moral et intellectuel d'Arnauld, c'est beaucoup plus tard, lors de sa sortie hors de France, et à l'occasion de la controverse de la grâce générale (cf. Chédozeau, 1973, 1980, 1981; Jacques, 1976; James, 1972; Jovy, 1908-12: II, pp. 362-402; Sainte-Beuve, 1961-65: II, pp. 900-901; Seillière, 1929; Thomas, 1942: pp. 100-131, 1963). Encore verrons-nous que, sur cette dernière question, Nicole intègre ses vues dans une théorie plus vaste qui n'a pas manqué d'influencer les chapitres tardifs de la *LAP*.

Une autre légende, plus insidieuse et mieux répandue, s'est tissée autour de la personnalité complexe de Pascal. Popularisée par Sainte-Beuve et par une tradition antijanséniste qui accable volontiers Arnauld (Baudin, 1946-47; Blondel, 1923; Bremond, 1920; Jovy, 1908-12 et 1928; Réguron 1934a et 1934b), elle veut que Pascal soit constamment demeuré marginal, réticent, voire même hostile vis-à-vis de l'action de Port-Royal. Négligeant l'épisode et le contenu notoirement arnaldiens des *Provinciales*, les auteurs qui défendent cette conception se fondent sur l'analyse des *Pensées* et sur les réactions que celles-ci ont suscitées à Port-Royal; ils exploitent aussi trois événements historiques hautement controversés: l'accord de Pascal et Barcos sur le refus de se soumettre à la bulle *Cum occasione* (1653); la querelle sur la signature déclenchée, selon des avis divergents, par le premier ou le second mandement (1661-1662, cf. plus haut); la «rétractation» de Pascal (1662). Je n'entrerai pas ici dans le détail d'un débat souvent confus, et entaché de préjugés divers (cf. Cognet, 1963; Laporte, 1951; Mesnard, 1963). Quelques points me paraissent cependant bien établis. Tout d'abord, les fragments des *Pensées* qui ont embarrassé Arnauld (*O*, I, pp. 643-644) et Nicole (*Essais*, VIII, pp. 219-223) ne nous autorisent pas à affirmer que Pascal soutenait, sur la question des «lois naturelles», des vues réellement inacceptables pour le courant «centriste» du jansénisme. Cette hypothèse, qui a été avancée à plusieurs reprises par Goldmann contre Laporte et Russier, néglige l'ambiguïté du mot 'naturel'[14]. Car 'naturel' peut s'appliquer tantôt aux lois qui régissaient l'existence humaine avant le péché originel (cf., par exemple, Arnauld, *O*, VII, p. 155, IX, pp. 409-416, XXIII, pp. 254-255), tantôt à un ensemble de règles ou de croyances accessibles, en principe, à tout homme privé de Dieu et de la révélation (cf. encore Arnauld, *O*, tomes X, XVIII, XXX, XL, pp. 217-223). Le jansénisme nie qu'il y ait quelque «loi naturelle» dans le second sens du terme, mais n'exclut pas que, grâce à la réminiscence, des païens n'accèdent par bribes aux véritables «lois naturelles» (cf. Arnauld, *O*, XXX, pp. 111, 274-275). En réaffirmant, à l'aide de formules cinglantes, le premier membre de la thèse, Pascal ne revenait donc pas sur le contenu, opposé en apparence, des *Provinciales* (par exemple, pp. 396, 435-436, 478) mais il déséquilibrait *dans la forme* la pensée d'Arnauld, et surtout celle de Nicole [15]. On peut adresser des objections plus sérieuses encore à l'idée, énoncée par Goldmann (1955, 1956a: pp. 12-13, 25, 28-30), selon laquelle le rapprochement de 1653 et la «rétractation» de 1662 témoigneraient d'une proximité de vues entre Pascal et Barcos, malgré l'intervalle des *Provinciales*. En effet, les deux affaires restent entourées d'un brouillard historiographique irrémédiable [16], et une analyse exhaustive des textes et des «guerres civiles» révèle que des divergences graves ont parfois séparé Pascal de Barcos (cf. Cognet, 1956; Griselle, 1910: pp. 148-149; Mesnard, 1964 et 1978; Orcibal, 1957a: pp. 892-899; Kawamata, 1979: pp. 128-131). Quant à l'*Ecrit sur la signature*, que l'on a trop souvent isolé de son contexte, j'en offrirai plus loin une interprétation linguistique qui le rapproche des thèses fondamentales d'Arnauld.

En réalité, s'il y a eu désaccord profond entre Pascal et Arnauld, c'est au niveau épistémologique, et à propos du cartésianisme. Sur ce thème, qui touche directement à l'objet de mon travail, de nombreuses mises au point s'avèrent utiles. Depuis Sainte-Beuve (voir en particulier: I, pp. 757-759), la tradition critique qui a influencé la plupart des historiens de la grammaire, Chomsky inclus, maintient que Port-Royal s'est rallié, pour le meilleur ou pour le pire, à Descartes (Brunetière, 1932; Kohler, 1905; Cohen Rosenfield, 1940). Kohler écrit sans sourciller que tous les jansénistes furent cartésiens; Cohen Rosenfield pense que, par l'intermédiaire d'Arnauld, Port-Royal fut gagné au cartésianisme, et singulièrement au mécanisme animal [17]. De telles conceptions projettent sur l'ensemble du mouvement des constats qui ne valent, au plus, que pour le seul Arnaud (cf. Bouillier, 1854; Liebmann, 1902 et Schulz, 1896). Familiarisé dès 1641 avec les *Méditations*, auxquelles il adresse des objections appréciées de Descartes (AT, III, p. 331), Arnauld ne reniera jamais sa dette philosophique. A plusieurs reprises, il défendra le cartésianisme contre les condamnations qui le menacent («Plusieurs raisons»; *O*, IX, pp. 304-314), contre Le Moine (*O*, XXXVIII, pp. 89-176), contre le père Daniel (*O*, XXXV, pp. 130-131), contre son ami Du Vaucel (*O*, II, p. 245, III, pp. 395-398, 406-407, 590-591); on consultera, à ce sujet, *O*, XXXVIII, pp. ii-xxvii et les travaux de Gouhier (1978), Jacques (1976: pp. 28-29,

177-186, 257-259, 631, 686-688), Neveu (1977), Orcibal (1951), Rodis-Lewis (1951) et Sainte-Beuve (1961-65: III, pp. 320-326). Encore faut-il saisir le sens et les limites de cet attachement. Du cartésianisme, Arnauld retient d'abord une série de thèses sur les idées et les signes auxquelles il imprime un tour original et souvent plus explicite; ensuite le *cogito*, dont il se plaît à souligner le caractère augustinien (*O*, III, pp. 396, 402, 425-426, 557-558, X, pp. 462-463, XXXVIII, pp. 9-10, 166-167, 181-183; *LAP*, I, i), avec une insistance qui irrita probablement Pascal (*De l'art de persuader*, pp. 357-358; cf. Gilson, 1947: pp. 295-301; Gouhier, 1978; Le Guern, 1971: pp. 28-29, 166-168; Rodis-Lewis, 1950c: pp. 15-35, 107-111 et 1954; Verga, 1972: I, pp. 143-144). Pour ce qui concerne le mécanisme animal, que Du Vaucel contestera violemment, Arnauld s'est toujours révélé plus tacticien que philosophe. Dans ses objections de 1641 (*O*, XXXVIII, pp. 19-20), il exprime sa crainte de voir le mécanisme étendu à l'homme; mais dans une lettre à Du Vaucel, il prétend en tirer un argument apologétique (*O*, III, p. 407: «Pour les bêtes, quel intérêt avons-nous que ce ne soient pas des machines? L'art de Dieu en paraît plus merveilleux de ce que tout se fait en elles par ressort»; cf. Griselle, 1911: pp. 435-436). Et si, face à certains interlocuteurs, il affecte volontiers l'indifférence (*O*, III, pp. 418-419: «la connaissance que tous les philosophes, hors les Cartésiens, attribuent aux bêtes»; XL, pp. 71-72; «Plusieurs raisons», pp. 21-22; cf. Laporte 1923-52: II, p. 80), il n'hésite pas à invoquer le mécanisme lors de sa controverse avec Nicole (*O*, X, pp. 546-547, XL, pp. 177-178; cf. Rodis-Lewis 1950c: pp. 211, 222-223). Sur le terrain proprement théologique, enfin, quand la «philosophie eucharistique» de Desgabets se réclamera de Descartes[18], Arnauld ne ménagera guère l'auteur des *Méditations* (*O*, I, pp. 670-671: «Je trouve bien étrange, que ce bon Religieux prenne M. Descartes pour un homme fort éclairé dans les choses de la Religion, au lieu que ses lettres sont pleines de Pélagianisme, et que, hors les points dont il s'était persuadé par sa philosophie, comme est l'existence de Dieu et l'immortalité de l'âme, tout ce qu'on peut dire de lui de plus avantageux est qu'il a toujours paru être soumis à l'Eglise»). Pour Nicole, que Laird (1937: p. 249) traite imperturbablement de «cartésien réputé»[19], la situation s'avère encore plus complexe. Sans doute la *LAP* et — fait significatif — la *Grande Perpétuité* (désormais: *GP*), œuvres auxquelles Nicole a massivement contribué, portent-elles une empreinte cartésienne que d'aucuns jugèrent excessive (cf. Bouillier, 1854: II, p. 148; Gouhier, 1978: pp. 127, 137-138; Griselle, 1910: pp. 148, 1911: p. 431, 1916: pp. 233, 243; Snoeks, 1951: pp. 27-28). Il est tout aussi clair que le «traité sur le prisme» (*Essais*, vol. V; cf. Delassault, 1963: pp. 61-69) développe avec brio une idée sur laquelle Descartes, Arnauld et Nicole s'accordent sans réserve: que l'erreur et la faute procèdent des mêmes causes et peuvent se voir appliquer des remèdes similaires (cf. Carré, 1974; Kohler, 1905: pp. 39-51). Mais pour le reste, les écrits de Nicole abondent en jugements négatifs vis-à-vis du système cartésien, dont rien n'est apparemment retenu (*Essais*, I, pp. 29-30, VIII, pp. 183-191; *Lettres*, pp. 298-304). Bien plus, les conceptions philosophiques qui sous-tendent la doctrine de la grâce générale se révèlent, toutes choses égales, plus proches de Leibniz que de Descartes (cf. Chinard, 1948: pp. 119-120; Rodis-Lewis, 1950c).

Dans son hostilité déclarée au cartésianisme, Nicole a indubitablement subi l'influence de Pascal, qu'il se plaît à citer en la matière (cf. James, 1972: pp. 64-67; Marin, 1975: p. 104; Mesnard, 1964: p. 1000; Rodis-Lewis, 1950c: pp. 221-222 et 1951: pp. 146-150, 168-169). Le parallèle entre Descartes et Pascal a été tant de fois tracé, et si souvent remis en question, que le sujet paraît épuisé. Après le livre de Le Guern (1971), une synthèse objective devient pourtant possible. Comme Arnauld, Pascal rejoint Descartes lorsqu'il s'agit de défendre, par une séparation des domaines de la foi et de la raison, les découvertes de la science moderne (*OD*, pp. 772-785, *Provinciales*, p. 467; Arnauld, *O*, I, p. 171, VIII, pp. 282-283, IX, pp. 304-314, XXXVIII, pp. 96-99, etc., *LAP*, second discours et III, xix; cf. Bopp, 1902: p. 219 et Jacques, 1974). Au-delà de ce consensus, de profondes divergences épistémologiques se font rapidement jour. Descartes et Arnauld adhèrent très largement à une vision antiformaliste et fondationnelle du savoir. Le raisonnement est, pour eux, une «intuition continuée» (selon le mot de Belaval, 1960: p. 38) qui, partant de principes évidents, nous conduit à la prédiction du détail empirique. D'où, par exemple, la gêne d'Arnauld devant les nombres négatifs (cf. Schrecker, 1935) et sa critique de la méthode ordinairement pratiquée par les «géomètres» (*LAP*, IV, ix, x; cf. Kotarbinski, 1964: pp. 124-125). A l'opposé, Pascal opte pour le formalisme en mathématique — ce qui le rapproche de Leibniz et en fait un précurseur des axiomatiques modernes (cf. Belaval, 1960; Guenancia, 1976; Schobinger, 1974; Scholz, 1961) — et plaide en faveur d'un faillibilisme antiréductionniste dans les sciences de la nature. La lettre à Noël (*OD*, p. 524) contient, à cet égard, de véritables accents poppériens: «pour faire qu'une hypothèse soit évidente, il ne suffit pas que tous les phénomènes s'en ensuivent, au lieu que, s'il s'ensuit quelque chose de contraire à un seul des phénomènes, cela suffit pour assurer de sa fausseté» (cf. *Pensées*, fr. 91 et 173; Baird, 1979; Guenancia, 1976: pp. 319-320 et

1979; Le Guern, 1971: pp. 117-118). Il ne faudrait pourtant pas se hâter d'identifier la «méthode négative» de Pascal, telle qu'elle se trouve décrite par divers auteurs (Baudin, 1946-47; Chevalier, 1923; Falcucci, 1939; Heess, 1977) aux démarches falsificationnistes prônées par Popper. Tout d'abord, Pascal ne distingue jamais bien la falsification de la preuve par l'absurde (cf. *De l'esprit géométrique*, p. 352 et Guenancia, 1976: pp. 319-326); ensuite, il n'échappe pas à la quête de la certitude, ce qui le conduit, par ricochet, à un «probabilisme» proche, parfois, des opinions sceptiques (Baudin, 1946-47; Mesnard, 1969). En revanche, son faillibilisme le rend irrémédiablement étranger à la recherche cartésienne des fondements et de l'unité (voir Birault, 1964; Goldmann, 1955: pp. 216-290; Le Roy, 1957; Marin, 1975: pp. 101-111; Rodis-Lewis, 1972). Il n'a, dès lors, que sarcasmes pour la prétention du mécanisme à atteindre l'explication du détail: «Il faut dire en gros: 'Cela se fait par figure et mouvement', car cela est vrai. Mais de dire quels, et composer la machine, cela est ridicule. Car cela est inutile, et incertain et pénible» (fr. 79; cf. Gouhier, 1978: pp. 145-146; Mesnard, 1976: pp. 79-80; Pucelle, 1972). Cette attitude générale rejaillit sur son analyse du comportement animal (cf. Desgrippes, 1935: pp. 103-121; Van Peursen, 1954; et les exposés plus mesurés de Benzecri, 1939: pp. 35-46; Le Guern, 1971: pp. 51-52, 63, 140-155 et Rodis-Lewis, 1951). Pascal accepte, *en gros*, la thèse des animaux-machines; mais, à nouveau, il lui dénie une valeur explicative totale: «La machine d'arithmétique fait des effets qui approchent plus de la pensée que tout ce que font les animaux; mais elle ne fait rien qui puisse faire dire qu'elle a de la volonté, comme les animaux» (fr. 340).

Avec cette dernière précision, nous avons fait le tour des problèmes qu'il convient de garder à l'esprit tout au long de notre enquête. Avant d'aborder le cœur de mon exposé, je voudrais introduire deux ultimes questions et décrire très brièvement l'attitude qui sera adoptée ici.

La *GGR* comme la *LAP* sont des œuvres collectives. A priori, la collaboration de Lancelot et Arnauld ne manque pas de surprendre[20]. Grammairien et pédagogue professionnel, janséniste du groupe barcosien (cf. Cognet, 1950: pp. 123-124, 159-160, 198-211 et Sainte-Beuve, 1961-1965: I, pp. 439-440, 472, 602), Lancelot s'est-il heurté, sur quelque point technique, à Arnauld? Ricken (1978: pp. 78-79) et Robinet (1978: pp. 28-29, 38-39) le suggèrent. Mais Lancelot se montrerait, pour Ricken, plus «rationaliste» qu'Arnauld; et les différences que Robinet relève entre la *GGR* et la *LAP* découlent immédiatement de la nature respective de ces traités. Pour la *LAP*, le problème se complique, du fait qu'Arnauld et Nicole invoquent et utilisent abondamment Pascal. Aux divergences tardives entre les deux rédacteurs vient donc s'ajouter le divorce épistémologique qui sépare Arnauld de Pascal. Certains indices nous permettent de soupçonner que les protagonistes ont aperçu, à la faveur éventuelle d'une polémique[21], l'ampleur de leurs désaccords. Dans *De l'art de persuader* (pp. 358-359), Pascal attaque violemment la logique, dont il critique le jargon, et il lui oppose la méthode des «géomètres» (cf. Baudin, 1946-47: I, pp. 32, 151-152; Schobinger, 1974: pp. 455-467); il aurait, par ailleurs, déploré qu'Arnauld travaille à la *LAP* (Mesnard, 1964: p. 1157). Parallèlement au récit officiel, selon quoi Pascal a «condamné au feu» son essai de géométrie après avoir pris connaissance des *Eléments* composés par Arnauld (*O*, XLI, p. v; cf. Bopp, 1902: pp. 235-338), un témoignage rapporte que «M. Pascal se moquait de la *Géométrie* de M. Arnauld comme d'une mithridate [i.e. d'une tromperie, cf. Griselle, 1911: p. 429]; il en avait une plus belle» (Mesnard, 1964: p. 890). Arnauld réplique dans la *LAP* (premier discours et IV, ix-x), ainsi que dans ses réponses à Pascal et Domat sur le problème de la signature (*O*, XXII, pp. 758, 817, à propos de la logique; pp. 770-771, 787, ironie vis-à-vis de Pascal en tant que «géomètre», cf. *LAP*, I, viii, IV, xiii). Ceci implique-t-il que Pascal et la *LAP* développent des théories du langage partiellement incompatibles? Pour fournir une réponse affirmative ou négative, il faudrait que les conceptions linguistiques de Pascal possèdent quelque degré d'indépendance et de systématicité. C'est l'opinion de Canilli (1977), Marin (1975), Miel (1969b) et Morot-Sir (1973), mais elle me semble insuffisamment étayée[22].

J'ai donc choisi, en accord avec les principes énoncés au début de cette introduction, de reconstruire la théorie grammaticale de Port-Royal en me fondant essentiellement sur les œuvres d'Arnauld. Au sujet de chaque thème, une enquête historique tentera de replacer les propositions examinées dans leur contexte, sans cependant sacrifier la rigueur aux incohérences ou aux lacunes des écrits commentés.

NOTES

[1] Voir, avant tout, Sainte-Beuve (1961-65: II, pp. 472-491) et ses jugements encore favorables (I, pp. 103, 638 et II, p. 472). Ensuite Sahlin (1928: pp. 2-41), Harnois (1929), Scaglione (1972: pp. 195-201).

[2] Voir, par exemple, Ashworth (1974), Blanché (1970: p. 180; «Le trait le plus marquant de ce traité de logique, c'est, paradoxalement, le peu de cas qu'il fait de la logique»), Kneale (1962), Risse (1964-70), Verburg (1952: pp. 323-324).

[3] Sur l'attitude de Descartes vis-à-vis de la logique, voir encore Beck (1952), Gilson (1947: pp. 183-195), Schrecker (1937).

[4] Sur les conceptions de Descartes en matière de langage, on consultera Bossong (1979), Coseriu (1972: pp. 43-49), Hildebrandt (1976), Olgiati (1937: pp. 551-561), Porset (1977), Robinet (1978: pp. 82-86, 91-99), Rodis-Lewis (1964, 1966, 1968a, b), Verburg (1952: pp. 228-234).

[5] Outre les ouvrages cités en note 4, on lira Cohen Rosenfield (1940), Dibon (1954), Gilson (1947: pp. 423-429), Gunderson (1964), Kirkinen (1960), Ricken (1981). Sur La Forge et Cordemoy, voir Balz (1951), Battail (1973), Robinet (1978: pp. 154-163).

[6] Titres principaux: Clérico (1977), Clérico-Lahouati (1972), Hannaford (1970), Kretzmann (1975), Lakoff (1976), Padley (1976), Percival (1972), Salmon (1979).

[7] Sur Locke, Descartes et Port-Royal, voir Bonno (1955), Laird (1937), Pucelle (1958), von Leyden (1948, 1954), Ware (1950). Sur Port-Royal et l'Angleterre en général, Clark (1932). Sur les grammairiens et logiciens anglais, Cohen (1977), Howell (1956, 1971), Michael (1970) et Vorlat (1975).

[8] Voir encore les travaux récents de Maingueneau (1983, 1984).

[9] Sur la pédagogie à Port-Royal, voir, entre autres, Cadet (1887), Carré (1887), Compayré (1879: I, pp. 245-298), Snyders (1965).

[10] Voir encore Abercrombie (1936), Adam (1968), Benichou (1948), Busson (1933, 1948), Cognet (1961), Krüger (1936).

[11] Contrairement à l'avis de certains historiens (Abercrombie, 1936: pp. 262-263; Jovy, 1908-12: I et II, en particulier II, p. 165), on s'accorde aujourd'hui à penser que l'*Ecrit sur la signature* de Pascal concerne le second mandement (voir Pascal, *OC*, IV, pp. lxv-lxxviii et X, pp. 161-170; ainsi que Adam, 1968: pp. 236-250; Falcucci, 1939; Gouhier, 1966: pp. 307-365; Laporte, 1923-52: IV, pp. 452-462, 1951: pp. 144-147; Mesnard, 1965: pp. 751-753; Orcibal, 1957b: pp. 33-37; Sainte-Beuve, 1961-65: II, pp. 101-113, 323-328).

[12] Certains auteurs attribuent la totalité ou la majeure partie de la *LAP* au seul Nicole (cf. Bremond, 1920: pp. 419, 473 qui date curieusement la *LAP* de 1646; Snoeks, 1951: p. 188). James (1972: pp. 175-177) estime que tous les passages introduits à partir de la deuxième édition sont de Nicole, même les extraits de la *GGR*. Quant à Seillière (1929: p. 276), il pense que «Nicole (...) écrivit avec Lancelot la célèbre *Logique* de Port-Royal»! Sur cette question, on verra l'éd. Clair-Girbal, p. 365 et Donzé, 1967: p. 17.

[13] Sur Bremond historien de Port-Royal, voir Cognet (1969). La caricature de Bremond est outrée jusqu'au ridicule par Le Breton Grandmaison (1945).

[14] La discussion concerne essentiellement la section V de l'éd. Brunschvicg ainsi que le fr. 375 (sur ma technique de citation pour Pascal, voir la bibliographie). On consultera Goldmann (1955: pp. 217, 228, 304-314, 1956a: pp. 5-6, 1956b), Laporte (1923-52: II, pp. 125-156, III, 1951: pp. 122-127), Russier (1949) et le débat dans *Blaise Pascal*, pp. 134-137. Voir aussi Ferreyrolles, 1984: pp. 92-94; James, 1972: pp. 148-161; Mesnard, 1976: pp. 194-199; Sainte-Beuve, 1961-65: II, pp. 344-349, 386-387, III, p. 467; Sellier, 1970: pp. 93-103 et Verga, 1972: II, pp. 354-368.

[15] Le même problème se pose lorsqu'il s'agit de comprendre la pensée politique de Pascal, qui reste proche, pour le fond, des vues défendues par Nicole (*Essais*, vol. II; cf. Auerbach, 1957 et la mise au point de Mortier, 1958, ainsi que Chédozeau, 1978; Griselle, 1906: pp. 449-453; James, 1972: pp. 137-147; Marin, 1975: pp. 375-419; Vermeylen, 1962). On notera qu'il est impossible de considérer Pascal comme un précurseur de la grâce générale (cf. Chinard, 1948; Mesnard, 1964: pp. 1001-1003; Réguron, 1934a: pp. 308-309, 1934b: pp. 62-63; Sainte-Beuve, 1961-65: II, p. 935) tout en lui attribuant un pessimisme radical sur le problème des «lois naturelles».

[16] Sur le rapprochement de 1653, et la valeur douteuse des témoignages dus à Clémencet et Thomassin, voir Clair (1964: pp. 28-29), Jovy (1928: pp. 35-47), Mesnard (1979: pp. 80-81), Orcibal (1957a: pp. 894-897) et les discussions dans *Blaise Pascal*, pp. 32, 68-69.

[17] «In der Tat kann man fast ohne Einschränkung sagen: alle Jansenisten waren Cartesianer» (Kohler, 1905: p. 5); «Impelled by Arnauld's sympathy, the entire Jansenist order was won over to the Cartesian cause» (Cohen Rosenfield, 1940: pp. 283-284). Pour une vue plus mesurée, voir Delassault (1957: pp. 46-48).

[18] Sur cette question, voir Armogathe (1969, 1977), Arnauld (*O*, XIV, pp. 615-632, XXXVIII, pp. xxi-xxvii), Gouhier (1972, 1978), Jacques (1976: p. 177), Lemaire (1901), Rodis-Lewis (1950a, 1951). Notons qu'il faut distinguer, pour la doctrine eucharistique cartésienne, deux composantes distinctes: l'explication non scolastique de la conversion, introduite dans les réponses aux objections d'Arnauld (AT, IXa, pp. 191-197) et la théorie de la présence réelle, qui n'apparaît que dans ses lettres à Mesland (AT, IV, pp. 119-120, 161-172, 344-348, 371-375) mais se trouvait peut-être ébauchée depuis longtemps (AT, I, p. 564). C'est la seconde composante qui sera développée par Desgabets, et attaquée par Pascal (fr. 512), Nicole (*Essais*, VIII, pp. 192-204) et Arnauld (cf. encore Couture 1911 et Le Guern, 1971: pp. 54-58). Verga (1972: I, pp. 117-126) néglige cette donnée importante, et surestime dès lors les divergences entre Pascal et Arnauld.

[19] Peut-être cette opinion est-elle en partie fondée sur le fait qu'on attribue souvent à Nicole un *Traité de l'âme des bêtes* entièrement cartésien (cf. Delassault, 1957: p. 47, 1963: pp. 87-99), alors que cet écrit remonte sans doute au XVIIIe siècle (Cohen Rosenfield, 1940: p. 299; James, 1972: p. 39).

[20] Sur la part respective des deux auteurs, voir Donzé (1967: pp. 15-17).

[21] Sur la datation des passages, dans *De l'art de persuader*, où Pascal s'en prend visiblement à Arnauld, voir Gouhier (1978: pp. 144, 179-184). Quant au jugement négatif sur la *LAP*, on peut le placer durant la querelle sur la signature (Pascal, *OC*, IX, pp. 236-239). Peut-être le fr. 393 contient-il également une attaque ironique contre les logiciens (cf. *OC*, XIII, pp. 301-302).

[22] Un seul exemple: à propos du fr. 45 («Les langues sont des chiffres où, non les lettres sont changées en lettres, mais les mots en mots. De sorte qu'une langue inconnue est déchiffrable»), Miel soutient qu'il exprime une thèse fondamentale de la linguistique moderne («a fundamental tenet of modern linguistic theory», 1969b: p. 267; cf. aussi Magnard, 1975: p. 80). Mais pour Brunschvicg (*OC*, XII, p. 52), il y aurait là une «allusion aux systèmes moitié sténographiques, moitié cryptographiques qui avaient été proposés surtout en Angleterre et dont on trouve un essai à la page 20 du manuscrit», en même temps qu'un «souvenir de l'éducation reçue par Pascal». De manière générale, Miel surestime l'influence de Pascal sur la *GGR* (cf. Brekle, 1975: p. 337).

1. L'idée et le jugement

Dans l'avant-propos qui précède la première partie de la *LAP*, Arnauld et Nicole rappellent que notre esprit peut effectuer «quatre principales opérations (...), *concevoir, juger, raisonner*, et *ordonner*». La *GGR* (II, i), quant à elle, s'en tient aux trois premières, et elle ajoute même «que la troisième opération de l'esprit n'est qu'une extension de la seconde». Ce dédain pour l'étude du raisonnement se prolonge à l'intérieur de la *LAP*, où le premier discours et l'avant-propos de la troisième partie mêlent, de façon fort ambiguë, une défense de la logique traditionnelle à une dénonciation de son inutilité: «Cette partie que nous avons maintenant à traiter, qui comprend les règles du raisonnement, est estimée la plus importante de la Logique, et c'est presque l'unique qu'on y traite avec quelque soin. Mais il y a sujet de douter si elle est aussi utile qu'on se l'imagine». L'attitude trouble de la *LAP* s'explique en partie par les circonstances du temps, et singulièrement par les critiques de Pascal (cf. plus haut). Mais elle découle surtout de postulats plus généraux, que je vais essayer de dégager dans le présent chapitre. Ceci me fournira l'occasion d'aborder une série de questions connexes, et d'énoncer ainsi quelques-unes des thèses philosophiques auxquelles Arnauld n'a jamais cessé d'adhérer.

1.1. La théorie des idées

«Concevoir, n'est autre chose qu'un simple regard de notre esprit sur les choses, soit d'une manière purement intellectuelle; comme quand je connais l'être, la durée, la pensée, Dieu : soit avec des images corporelles, comme quand je m'imagine un carré, un rond, un chien, un cheval» (*GGR*, II, i); «On appelle *concevoir* la simple vue que nous avons des choses qui se présentent à notre esprit, comme lorsque nous nous représentons un soleil, une terre, un arbre, un rond, un carré, la pensée, l'être, sans en former aucun jugement exprès. Et la forme par laquelle nous nous représentons ces choses, s'appelle *idée*» (*LAP*, avant-propos). Entre ces deux définitions très proches, une différence ténue s'insère : l'usage du terme 'idée'. Je m'en tiendrai au texte de la *LAP*.

«Le mot d'*Idée*, nous dit la *LAP* (I, i), est du nombre de ceux qui sont si clairs qu'on ne les peut expliquer par d'autres, parce qu'il n'y en a point de plus clairs et de plus simples». Tout au plus pourra-t-on reformuler la définition de la première opération de l'esprit: «Lors donc que nous parlons des idées, nous (...) appelons (...) de ce nom (...) tout ce qui est dans notre esprit, lorsque nous pouvons dire avec vérité que nous concevons une chose, de quelque manière que nous la concevions». Négativement, l'idée s'oppose à l'image; en effet, cette dernière est une impression corporelle qui touche notre cerveau seulement, même si elle s'accompagne d'une modification concomitante de notre esprit, c'est-à-dire de notre âme : «il se fait de certains mouvements dans les organes corporels, comme dans l'œil et dans le cerveau (...) ces mouvements donnent occasion à notre âme de concevoir quelque chose, comme lorsqu'ensuite du mouvement qui se fait dans notre œil par la réflexion de la lumière dans des gouttes de pluie opposée au soleil, elle a des idées du rouge, du bleu et de l'orangé» (*LAP*, I, xi). Par conséquent, les manières dont notre âme a «l'occasion» de porter son «regard» sur les choses n'affectent pas le mode d'existence des idées, et la distinction introduite à ce sujet par la *GGR* s'avère plus trompeuse que nécessaire.

Dans les paragraphes que je viens de commenter, la *LAP* s'inspire, bien évidemment, de Descartes. Elle se fonde, en particulier, sur l'écrit «géométrique» des *Secondes réponses* ainsi que sur la réfutation des objections émises par Hobbes et Gassendi[1] : «je n'appelle pas du nom d'idée les seules images qui sont dépeintes en la fantaisie; au contraire, je ne les appelle point ici de ce nom, en tant qu'elles sont en la fantaisie corporelle, c'est-à-dire en tant qu'elles sont dépeintes en quelques parties du cerveau, mais en tant qu'elles informent l'esprit même, qui s'applique à cette partie du cerveau» (AT, IXa, p. 124; cf. pp. 141, 209, III, pp. 392-393). Les allusions hostiles aux deux célèbres adversaires de Descartes confirment cette filiation qui, nous le verrons bientôt, ne manquera pas d'embarrasser parfois Arnauld.

Comme l'a noté Guéroult, en des termes étrangement injustes[2], l'exposé des *Secondes réponses* va orienter Arnauld vers une théorie non-réifiante et non-dispositionnelle de l'idée. Il faudra pourtant les querelles avec Malebranche et Nicole, et leur motivation théologique, pour que notre auteur finisse par expliciter ses vues en la matière[3].

Avant d'évoquer ces deux polémiques et leurs antécédents cartésiens, je voudrais préciser quelque peu la signification des mots 'réifiant' et 'dispositionnel'. En vertu de ce qui a été vu plus haut, les expressions 'concevoir une chose, un objet' et 'avoir l'idée d'une chose, d'un objet' sont synonymes. Une théorie réifiante de l'idée maintiendra qu'un énoncé du type 'Le sujet S a l'idée de l'objet O_i' engage celui qui l'émet à reconnaître l'existence d'une «idée» I_i distincte à la fois de O_i et de la modification M_i qui affecte l'esprit (l'âme) de S si ce dernier conçoit O_i. Encore faut-il souligner qu'en toute rigueur, M_i est réductible à une classe d'équivalence, ou «sorte», regroupant des *occurrences* M_{i_1} ...M_{i_j} de M_i. D'après une théorie dispositionnelle, maintenant, tout énoncé du type 'S a l'idée de O_i' se laisse paraphraser de manière à ce que l'existence d'au moins une occurrence M_{i_j} affectant l'esprit de S n'est pas impliquée[4]. On dira, par exemple, que 'S a l'idée de O_i' doit être glosé par 'Il existe un objet O_i tel que l'esprit de S a le pouvoir, la capacité, d'être affecté par M_i'. Une théorie dispositionnelle devient réifiante si elle accepte que 'S a l'idée de O_i' n'implique l'existence d'aucune occurrence M_{i_j}. En effet, la «modification possible» M_i s'intercale, comme troisième entité, entre l'objet O_i et la classe d'équivalence M_i lorsque celle-ci n'est pas vide.

1.1.1. *La polémique avec Malebranche et ses sources cartésiennes*

De nombreux commentateurs soutiennent que Descartes oscille entre une théorie non-réifiante et une théorie réifiante de l'idée (voir, en particulier, Auroux, 1979: p. 25; Beck, 1965: pp. 151-152; Cook, 1974 et 1975; Del Noce, 1935; Kenny, 1968: pp. 96-125; Moreau, 1946; Wahl, 1937; Yolton, 1975a). Les passages qui militent en faveur d'une conception non-réifiante se rencontrent dans la préface latine des *Méditations* (AT, VII, p. 8), rarement dans le texte lui-même, où la traduction française force l'original (AT, VII, p. 41 - IXa, p. 32; cf. Cook, 1975: pp. 90-91; Yolton, 1975a: p. 148), et surtout dans les *Premières* et *Secondes réponses*[5]. Il faut encore ajouter une lettre à Mesland (AT, IV, p. 113). La doctrine qui se dégage de ce premier corpus tient en deux thèses fondamentales. Tout d'abord l'idée, si elle n'est pas rapportée à l'objet, se ramène à une modification de l'âme (de l'esprit), à un mode de la pensée: «talem esse naturam ipsius ideae, ut nullam aliam ex se realitatem formalem exigat, praeter illam quam mutuatur a cognitione mea, cujus est modus», traduit par: «toute idée étant un ouvrage de l'esprit, sa nature est telle qu'elle ne demande de soi aucune autre réalité formelle, que celle qu'elle reçoit et emprunte de la pensée ou de l'esprit, dont elle est seulement un mode, c'est-à-dire une manière ou une façon de penser» (AT, VII, p. 41 - IXa, p. 32); «Je ne mets autre différence entre l'âme et ses idées que comme entre un morceau de cire et les diverses figures qu'il peut recevoir» (AT, IV, p. 113). Ensuite, la «réalité objective» de l'idée ne doit pas être distinguée de la modification de l'esprit considérée comme représentation de l'objet conçu (cf. Moreau, 1946: p. 114): «respondeo hic subesse aequivocationem in voce ideae: sumi enim potest vel materialiter, pro operatione intellectus, (...) vel objective, pro re per istam operationem representata» (AT, VII, p. 8); «l'idée du Soleil est le Soleil même existant dans l'entendement, non pas à la vérité formellement, comme il est au Ciel, mais objectivement, c'est-à-dire en la manière que les objets ont coutume d'exister dans l'entendement» (AT, IXa, p. 82); «Par la *réalité objective d'une idée*, j'entends l'entité ou l'être de la chose représentée par l'idée, en tant que cette entité est dans l'idée» (AT, IXa, p. 124); «Nota hoc in loco et ubique in sequentibus, nomen Ideae generaliter sumi pro omni re cogitata quatenus habet tantum esse quoddam objectivum in intellectu» (AT, VI, p. 559; je suis ici Beck, 1965: p. 153; Gilson, 1947: pp. 320-321 et Nuchelmans, 1983: p. 38; *pace* Kenny, 1968: p. 114, «the *res cogitata* that exists in my mind when I think of the sun is not the sun itself, but some proxy for the sun»).

Les extraits cités s'accordent effectivement à nier qu'une idée quelconque I_i soit une entité distincte de M_i et de O_i. Par rapport à l'âme (l'esprit, la pensée), I_i se confond avec M_i; par rapport à l'objet conçu, I_i se confond avec M_i en tant que M_i représente O_i. Mais il existe aussi de nombreux cas où Descartes paraît bien traiter les idées comme des êtres indépendants. Si on néglige la préface latine, déjà interprétée (cf. note 5) et les pages consacrées à la «pensée réfléchissante» (cf. plus bas), il reste toutes les affirmations que l'on ne saurait, honnêtement, qualifier de simples métaphores (cf. à ce propos, Kenny, 1968: pp. 99-100): «par l'entendement seul (...) je conçois seulement les idées des choses (...) Il n'y a que la seule volonté, que j'expérimente en moi être si grande, que je ne conçois point l'idée d'aucune autre plus ample et plus étendue» (AT, IXa, p. 45); «l'esprit en concevant se tourne en quelque façon vers soi-même, et considère quelques-unes des idées qu'il a en soi (...) considérant les idées de toutes ces qualités qui se présentaient à ma pensée, et lesquelles seules je sentais proprement et immédiatement» (AT, IXa, pp. 58-59); «J'ai plusieurs fois dit que j'appelais du nom d'idée cela même que la raison nous fait connaître, comme aussi toutes les autres choses que nous concevons, de quelque façon que nous les concevions» (AT, IXa, p. 144). Nous assistons ici, par l'emploi d'expressions telles que 'concevoir une idée', à un phénomène de réduplication qui insère l'idée, comme entité médiatrice, entre l'esprit modifié et l'objet appréhendé[6].

Ce balancement de la pensée cartésienne se trouve, sans nul doute, à la base des divergences philosophiques qui vont opposer Arnauld à Malebranche en une controverse amère dont je ne retracerai pas le détail (voir Arnauld, *O*, tome XXXVIII; Malebranche, tomes V-IX, XVIII-XIX; cf. Bouillier, 1854: II, pp. 143-197; Church, 1931; Cook, 1974 et 1975; Delbos, 1924: pp. 158-201; Del Noce, 1937; Gouhier, 1948: pp. 211-278; McRae, 1965; Moreau, 1946; Radner, 1978: pp. 95-118; Rodis-Lewis, 1963: pp. 96-105; Sainte-Beuve, 1961-65: vol. III; Zimmermann, 1911). D'emblée, il convient de se souvenir que l'attitude des deux adversaires n'est nullement comparable. Alors qu'Arnauld se réclame obstinément — trop obstinément à mon avis — de Descartes, Malebranche admet que, sur la nature des idées «Mr. Descartes n'a point eu (...) de sentiment arrêté, ou qu'il n'a pas voulu nous le déclarer» (VI-VII, p. 172), et il entend parfaire la doctrine: «je ne lui abandonne point Monsieur Descartes, quoique je puisse m'en passer. Je prétends que ce grand Philosophe n'a point examiné à fond en quoi consiste la nature des idées» (VI-VII, p. 214). Ceci explique pourquoi la théorie réifiante de l'idée reçoit, dans la *Recherche de la vérité*, une formulation brutale dont on ne relève aucun équivalent chez Descartes: «Je crois que tout le monde tombe d'accord, que nous n'apercevons point les objets qui sont hors de nous par eux-mêmes. Nous voyons le Soleil, les Etoiles, et une infinité d'objets hors de nous; et il n'est pas vraisemblable que l'âme sorte du corps, et qu'elle aille, pour ainsi dire, se promener dans les cieux, pour y contempler tous ces objets. Elle ne les voit donc point par eux-mêmes, et l'objet immédiat de notre esprit, lorsqu'il voit le Soleil par exemple, n'est pas le Soleil, mais quelque chose qui est intimement unie à notre âme; et c'est ce que j'appelle *idée*» (I, pp. 413-414).

Face au défi malebranchiste, Arnauld va systématiser la théorie non-réifiante des *Premières* et *Secondes réponses* (cf. *O*, II, p. 410 et, outre les travaux déjà cités, Elungu, 1973: pp. 41-43; Nuchelmans, 1983: pp. 70-73; Verga, 1972: II, pp. 19-30 et Yolton, 1975a, 1975b: pp. 382-386). On prendra «pour la même chose, l'*idée* d'un objet et la *perception* d'un objet»; «ces idées sont ou des attributs ou des modifications de notre âme». Une fois énoncée la réduction de I_i à M_i, il faudra montrer que les modifications de l'âme, en tant qu'elles représentent l'objet, épuisent la «réalité objective» de l'idée: «J'ai dit que je prenais pour la même chose *la perception* et *l'idée*. Il faut néanmoins remarquer, que cette chose, quoique unique, a deux rapports: l'un à l'âme, qu'elle modifie [Arnauld aurait dû écrire: «à l'âme dont elle est une modification» - MD], l'autre à la chose aperçue, en tant qu'elle est objectivement dans l'âme; et que le mot de *perception* marque plus directement le premier rapport, et celui d'*idée* le dernier» (*O*, XXXVIII, p. 198).

Rédigé dans l'esprit et dans le style de l'exposé «géométrique» des *Secondes réponses*, le chapitre V du traité *Des vraies et des fausses idées* synthétise les vues qu'Arnauld répétera inlassablement au cours de la querelle (voir *O*, XXXVIII, pp. 383-384, etc., XL, pp. 60-63). De son côté, Malebranche rejettera jusqu'au bout la thèse selon laquelle les modifications de notre âme puissent nous représenter des objets extérieurs à nous-mêmes (voir I, pp. 433-436, 452, VI-VII, pp. 50-105, VIII-IX, pp. 901-975). Il n'est guère étonnant, dès lors, qu'Arnauld ait été récupéré par les philosophes réalistes qui se refusent à admettre, dans leur ontologie, des idées distinctes à la fois des objets perçus et des perceptions (Reid, 1895: I, pp. 295-298; cf. Del Noce, 1937; Nuchelmans, 1983: pp. 198-199; Sainte-Beuve, 1961-65: III, p. 363; Yolton, 1975b: pp. 382-386; Laird, 1920). Néanmoins, comme le prouvent à suffisance les discussions confuses suscitées par ce rapprochement (Lovejoy, 1923 et 1924; Laird, 1924; Church, 1931; Cook, 1974; Yolton, 1975a), il y a quelque danger à enfermer Arnauld dans une grille interprétative qui véhicule des présupposés indépendants (cf. Rodis-Lewis, 1963: pp. 96-105). En premier lieu, le choix d'une théorie réifiante ou non-réifiante de l'idée ne revêt aucune portée dualiste ou antidualiste, du moins au niveau où Arnauld et Malebranche se situent. Ensuite, et surtout, Arnauld ne s'engage nullement vers l'une ou l'autre forme de nominalisme, même s'il lui arrive de retrouver des accents occamiens («ne pas multiplier les êtres sans nécessité», *O*, XXXVIII, p. 182; cf. aussi p. 201). D'abord, l'identité des modifications dont l'âme est susceptible dépend d'une ontologie suffisamment riche en objets. Ce point était clairement précisé par Descartes, dans une page des *Méditations* dont Malebranche (VI-VIII, pp. 215-218; cf. Bridet, 1929: p. 163; Radner, 1978: p. 100) voudra tirer argument: «si ces idées sont prises en tant seulement que ce sont de certaines façons de penser, je ne reconnais entre elles aucune différence ou inégalité (...) mais, les considérant comme des images, dont les unes représentent une chose et les autres une autre, il est évident qu'elles sont fort différentes les unes des autres» (AT, IXa, p. 31; cf. Cook, 1975: p. 90). Ecrivant à Descartes (*O*, XXXVIII, pp. 80-82), Arnauld paraphrasera cette affirmation, qui revient à reconnaître que deux occurrences appartiennent à la modification M_i, si, et seulement si, elles se rapportent à l'objet O_i. D'autre part, Arnauld doit rencontrer une objection que Malebranche croit définitive: si l'idée se réduit à une modification de l'esprit qui est représentative d'un objet, alors «penser à rien», c'est-à-dire ne concevoir aucun objet existant «c'est ne point penser du tout» (Arnauld, *O*, XXXVIII, pp. 184, 383); or, je puis ne penser qu'à des objets inexistants (des corps qui n'existent pas, un soleil plat, une terre cubique, une montagne d'or, ...) qui ne sont proprement rien; donc, l'idée ne se réduit pas à une modification de la pensée (Malebranche, I, pp. 435-436, VI-VII, pp. 59-60, 231, VIII-IX, pp. 910, 916; cf. Moreau, 1946: pp. 106-108, 123-141). Pour surmonter la difficulté, Arnauld se verra contraint d'adopter une ontologie d'objets possibles, dans laquelle le néant lui-même participera, en quelque façon, de l'être[7]. De ce fait, il éprouvera des difficultés supplémentaires à intégrer certaines thèses cartésiennes (voir plus loin, paragraphe 1.2.3).

1.1.2. *La théorie de la conscience et la polémique avec Nicole*

La *troisième Méditation* (AT, IXa, p. 29), et une lettre à Mersenne (AT, III, pp. 382-383), distinguent trois catégories d'idées: les idées *innées*, qui «me semblent être nées avec moi», les idées *adventices* ou «étrangères», qui «viennent de dehors» et les idées *factices* «faites et inventées par moi-même». Pourtant, le dualisme oblige à conclure que tout ce que l'on peut appeler 'idée' mais non 'jugement' nous est, d'une certaine manière, inné[8]: toutes les idées «qui n'enveloppent aucune affirmation ni négation nous sont *innatae*; car les organes des sens ne nous rapportent rien qui soit tel que l'idée qui se réveille en nous à leur occasion, et ainsi cette idée a dû être en nous auparavant» (AT, III, p. 418; cf. VIIIIb, pp. 358-359). Nous allons voir que les deux thèses exigent, pour cohabiter, une théorie dispositionnelle qui subsume la diversité apparente des capacités mentales sous une et une seule faculté (cf. AT, II, p. 598, sur Herbert de Cherbury; en général, Gilson, 1947: pp. 302-304, 316, 327-328; MacRae, 1972a; Rodis-Lewis, 1950c: pp. 65-103).

Supposons, à ce stade de l'exposé, que tout énoncé du type '*S* a l'idée de O_i' soit paraphrasable à l'aide de 'Il existe un objet O_i tel que l'esprit de *S* a le pouvoir d'être affecté par M_i'. A première vue, de nombreux textes cartésiens autorisent pareille glose (cf. Kenny, 1968: pp. 100-105 et Wilson, 1978: pp. 156-158): «quamvis non dubidem quin omnes ideam Dei, saltem implicitam, hoc est aptitudinem ad ipsam explicite percipiendam, in se habeant (...)» (AT, III, p. 431); «que j'aie la faculté de concevoir ce que c'est qu'on nomme en général une chose, ou une vérité, ou une pensée, il me semble que je ne tiens point cela d'ailleurs que de ma nature propre» (AT, IXa, p. 29); «peut-être qu'il y a en moi quelque faculté ou puissance propre à produire ces idées sans l'aide d'aucunes choses extérieures» (AT, IXa, p. 31); «j'aperçois des choses qui étaient déjà dans mon esprit, quoique je n'eusse pas encore tourné ma pensée vers elles» (AT, IXa, p. 51); «lorsque je dis que quelque idée est née avec nous, ou qu'elle est naturellement empreinte en nos âmes, je n'entends pas qu'elle se présente toujours à notre pensée, car ainsi il n'y en aurait aucune; mais seulement, que nous avons en nous-mêmes la faculté de la produire» (AT, IXa, p. 147). Cependant, ces passages concernent tous des idées qui sont ou bien *innées*, comme l'idée de Dieu, de chose, de vérité, de pensée, ou bien *factices*, comme l'idée du soleil «prise des raisons de l'astronomie», et jamais *adventices*, comme l'idée du soleil qui «tire son origine des sens» (AT, IXa, p. 31). Cela ne signifie pas, selon moi, que la thèse innéiste la plus générale, qui se trouve exprimée dans la lettre à Mersenne déjà citée (AT, III, p. 418, cf. VIIIb, pp. 358-359), rejette les idées adventices dans le domaine des jugements (*pace* Kenny, 1968: pp. 104-105). Je préfère y voir un argument en faveur d'un dispositionnalisme radical, sur lequel vient se greffer une thèse innéiste restreinte dont le statut dispositionnel s'avère beaucoup moins patent.

Par définition, mon esprit possède la capacité d'avoir n'importe quelle idée (AT, IV, pp. 113-114). Dans cette mesure, toutes les idées factices, adventices ou autres, sont nécessairement présentes en lui, et donc «innées», si la théorie dispositionnelle l'emporte. Seulement, certaines de ces idées sont telles que je ne puis penser sans les avoir, et cela de manière non pas uniquement dispositionnelle mais aussi actuelle: «Non enim unquam scripsi vel judicavi, mentem indigere ideis innatis, quae sint aliquid diversum ab ejus [il s'agit de Regius - MD] facultate cogitandi; sed cum adverterem, quasdam in me esse cogitationes, quae non ab objectis externis, nec a voluntatis meae determinatione procedant, sed a sola cogitandi facultate, quae in me est, ut ideas sive notiones, quae sunt istarum cogitationum formae, ab aliis *adventitiis* aut *factis* distinguerem, illas *innatas* vocavi» (AT, VIIIb, pp. 357-358; cf. p. 366). A côté de ces idées innées au sens strict, les idées factices se singularisent par le fait que j'y suis conduit par la voie du seul raisonnement[9], qui n'ajoute proprement rien aux principes sur lesquels il se fonde. Il n'est donc pas exclu que les idées innées au sens strict ne renferment les idées factices; ce qui ne vaut sûrement pas pour les idées adventices dont l'occurrence dépend des caractères mécaniques de nos organes sensibles.

La solution que je viens d'esquisser ne va pas sans inconvénients. Tout d'abord, si le fait que je pense implique que j'aie, de façon non-dispositionnelle, toutes les idées innées au sens strict, cela n'entraîne pas que j'aie toujours, de façon non-dispositionnelle, l'ensemble de ces idées[10]. Il faut admettre, en outre, que mon âme pense continuellement, c'est-à-dire qu'elle ait constamment quelque idée, et s'en tenir ici à une théorie non-dispositionnelle. De plus, si les idées innées au sens strict renferment les idées factices, la différence qui est effectuée entre les deux catégories semble s'évanouir. Afin de résoudre le premier problème, Descartes va identifier pensée et conscience; quant à la seconde difficulté, il tentera de la surmonter en opposant les idées «claires» et «distinctes» aux idées «obscures» et «confuses». Dans l'immédiat, je vais examiner la doctrine de la conscience, qui seule importe pour mon présent propos. Je reparlerai du raisonnement au paragraphe 1.3.

L'édifice cartésien s'appuie, on le sait, sur le postulat que toutes les opérations mentales, même les actes de volonté, sont des manières différentes de penser (cf. Kenny, 1968: pp. 69-70): «vouloir, entendre, imaginer, sentir, etc. ne sont que des diverses façons de penser, qui appartiennent toutes à l'âme» (AT, I, p. 366); «en prenant le mot de pensée comme je fais, pour toutes les opérations de l'âme, en sorte que non seulement les méditations et les volontés, mais même les fonctions de voir, d'ouïr, de se déterminer à un mouvement plutôt qu'à un autre etc., en tant qu'elles dépendent d'elle, sont des pensées» (AT, II, p. 36); «Qu'est-ce qu'une chose qui pense? C'est-à-dire une chose qui doute, qui conçoit, qui affirme, qui nie, qui veut, qui ne veut pas, qui imagine aussi, et qui sent» (AT, IXa, p. 22; cf. p. 27). Or penser, c'est avoir l'idée de quelque chose; et un acte mental tel que la volonté ou la crainte ne saurait représenter ni le sujet qu'il affecte ni, comme s'accordent à le remarquer Descartes et Hobbes (AT, III, p. 432, IXa, pp. 29, 141-142), l'objet qui le suscite. Pour sortir de l'impasse, Descartes soutiendra que tout acte mental est à la fois une modification de l'esprit, représentative ou non représentative d'un objet extérieur, et l'idée de cette modification: «nous ne saurions rien vouloir, sans savoir que nous le voulons, ni le savoir que par une idée; mais je ne mets point que cette idée soit différente de l'action même» (AT, II, p. 295); «je prends le nom d'idée pour tout ce qui est conçu immédiatement par l'esprit : en sorte que, lorsque je veux et que je crains, parce que je conçois en même temps que je veux et que je crains, ce vouloir et cette crainte sont mis par moi au nombre des idées» (AT, IXa, p. 141; cf. sur ce point, Balz, 1952: p. 124; Beyssade, 1979: pp. 202-208; Kenny, 1968: pp. 70-78; McRae, 1972b). Il s'ensuivra que l'âme aura toujours quelque idée de façon non-dispositionnelle; car, qu'elle doute ou qu'elle ne doute pas de son existence, elle conçoit toujours quelque chose, ne serait-ce que sa propre pensée : «Par le nom de *pensée*, je comprends tout ce qui est tellement en nous, que nous en sommes immédiatement connaissants [conscients]. Ainsi toutes les opérations de la volonté, de l'entendement, de l'imagination et des sens, sont des pensées» (AT, IXa, p. 124); «il y a d'autres actes que nous appelons *intellectuels*, comme entendre, vouloir, imaginer, sentir, etc. tous lesquels conviennent entre eux en ce qu'ils ne peuvent être sans pensée, ou perception, ou conscience et connaissance» (AT, IXa, p. 137; cf. III, pp. 478-479).

Cette identification de la pensée à la conscience d'elle-même va, malgré son aspect contradictoire, emporter l'adhésion d'Arnauld (cf. Gouhier, 1978: p. 132; Rodis-Lewis, 1946: p. 482, 1950c). A cet égard, le traité *Des Vraies et des fausses idées* prolonge et force, une fois de plus, l'écrit «géométrique» des *Secondes réponses* : «quoi que ce soit que je connaisse, je connais que je le connais, par une certaine réflexion virtuelle qui accompagne toutes mes pensées. Je me connais donc moi-même, en connaissant toutes les autres choses» (*O*, XXXVIII, p. 184); «notre *pensée ou perception* est essentiellement réfléchissante sur elle-même; ou, ce qui se dit plus heureusement en latin, *est sui conscia* : car je ne pense point, que je ne sache que je pense. Je ne connais point un carré que je ne sache que je le connais : je ne vois point le soleil, ou, pour mettre la chose hors de tout doute, je ne m'imagine point voir le soleil, que je ne sois certain que je m'imagine de le voir. Je puis, quelque temps après, ne pas me souvenir que j'ai conçu telle ou telle chose; mais, dans le temps que je la conçois, je sais que je la conçois» (*O*, XXXVIII, p. 204, cf. aussi pp. 165-168, XLII, p. 381 et ma note 10).

L'attitude d'Arnauld découle, en premier lieu, du fait que la théorie de la «pensée réfléchissante» vient appuyer une conception non-réifiante de l'idée. En effet, la plupart des passages où Descartes paraît instituer l'idée comme une troisième entité entre l'objet et la modification de l'âme peuvent, à la rigueur, s'expliquer de manière à ce que l'idée conçue ne se distingue pas de l'idée qui la représente (cf. Cook,

1974: pp. 58-61; Rodis-Lewis, 1950c: p. 159). Encore faut-il maintenir, en l'espèce, l'identité de l'idée représentée et de l'idée représentante, ce que Descartes ne fait pas systématiquement (AT, V, p. 149). Ainsi, pour éviter la régression à l'infini dans laquelle Hobbes et les auteurs des *Sixièmes objections* veulent enfermer le *cogito* (cf. AT, IXa, pp. 135, 218; Beyssade, 1979: pp. viii-ix, 247-249; Hamelin, 1911: pp. 181-182 et Rodis-Lewis, 1950c: pp. 40-41, 119-120), Descartes et Arnauld devront séparer la conscience ou «réflexion *virtuelle*», «cette sorte de connaissance intérieure qui précède toujours l'acquise, et qui est si naturelle à tous les hommes, en ce qui regarde la pensée et l'existence», de la «réflexion *expresse*» où une «science de la science» porte son regard sur les idées, par l'intermédiaire sans doute obligatoire des mots (AT, IXa, p. 225, *O*, XXXVIII, pp. 204-205; cf. McRae, 1972b: pp. 67-68). Mais les avantages d'une telle conception s'avèrent considérables puisque tous les textes cartésiens où la pensée semble réduite à une pure faculté traitent, en réalité, de la possibilité d'appliquer une réflexion expresse à une idée factice ou innée (cf. plus haut; ainsi que McRae, 1972a et 1972b, malgré Guéroult, 1968: I, pp. 99-101 et Wilson, 1978: pp. 150-165).

Arnauld n'a pas aperçu d'emblée les relations qui existent entre la doctrine de la conscience et la théorie non-dispositionnelle (cf. Rodis-Lewis, 1950a: pp. 211-214, 1950c: pp. 63-64). Dans ses objections de 1641 et dans sa première lettre à Descartes (1648), il interprétait la définition cartésienne de l'âme en termes clairement dispositionnels: «cette vertu de penser semble être attachée aux organes corporels, puisque dans les enfants elle paraît assoupie, et dans les fous tout à fait éteinte et perdue (...) l'esprit d'un enfant qui est dans le ventre de sa mère, a bien la vertu ou la faculté de penser, mais il n'en a pas connaissance» (*O*, XXXVIII, pp. 18, 32-33); «il ne me semble pas nécessaire que l'âme pense toujours encore qu'elle soit une substance qui pense; car il suffit qu'elle ait toujours en soi la faculté de penser, comme la substance corporelle est toujours divisible, encore qu'en effet elle ne soit pas divisée» (*O*, XXXVIII, p. 70). Dès 1641, Descartes rétorque que sa thèse s'applique aux «opérations», alors qu'Arnauld la «nie des puissances» (AT, IXa, p. 180). Les arguments cartésiens, répétés dans les *Quatrièmes réponses* (AT, IXa, p. 190) et les lettres à Arnauld, ont finalement convaincu le théologien (AT, V, pp. 193, 221, *O*, XXXVIII, p. 80); celui-ci saura s'en souvenir lorsqu'il affrontera Nicole (cf. Laporte, 1923-52: II, p. 220, Zimmermann, 1911: pp. 10-16).

De la controverse sur la grâce générale, je n'évoquerai ni le déroulement historique (cf. mon introduction), ni le contenu proprement religieux (voir, à ce sujet, Arnauld, *O*, tomes X et XL; James, 1972; Laporte, 1923-52: vol. II; Thomas, 1942: pp. 100-131 et 1963). J'en étudierai les conséquences pour la théorie du langage au chapitre 3, et je vais m'attacher ici aux objections qu'Arnauld formule contre l'existence de «pensées imperceptibles». Avant cela, il faut néanmoins insister sur un aspect de la polémique qui n'a pas échappé aux commentateurs (James, 1972: pp. 32-43; Rodis-Lewis, 1950c: pp. 200-257). Durant toute la discussion, Nicole réagit plus en moraliste qu'en philosophe, de sorte qu'il n'énonce jamais vraiment la thèse extrême que lui prête Arnauld (voir Laporte, 1923-52: II, p. 223). Il n'empêche: les enseignements que Nicole prétend trouver dans sa théorie des «pensées imperceptibles» témoignent de son penchant décidé pour un dispositionnalisme platonisant[11]. Laissons donc Arnauld résumer les vues de son adversaire: «le Système ne peut subsister qu'en s'engageant de soutenir comme vraies les choses du monde les plus éloignées de toute vraisemblance, qui est que plusieurs millions de personnes ont eu une infinité de fois de certaines pensées dans l'entendement, et de certains mouvements dans la volonté, que jamais aucun d'eux ne se soit aperçu qu'il ait eus» (*O*, X, p. 460; cf. p. 468). On voit, par cet extrait, qu'Arnauld balance entre une réfutation logique et une argumentation plus souple. Au premier niveau, la notion de «pensée imperceptible» est simplement contradictoire: l'idée se confondant avec la perception (cf. plus haut), tout mouvement de l'entendement ou de la volonté est perçu, donc perceptible, dès lors qu'il se représente lui-même (cf. encore XXXI, p. 114). Les appels à la théorie cartésienne de la conscience appuient cette interprétation (cf. James, 1972: p. 42; Laporte, 1923-52: II, pp. 215-231; Rodis-Lewis, 1950c: pp. 214-215): «Quand on demande, s'il peut y avoir des pensées entièrement imperceptibles, il est bien clair que cela se doit entendre des pensées que j'ai actuellement, et dans le temps que je les ai. Car il ne serait pas étrange qu'une pensée que je n'aurais pas, et que je pourrais seulement avoir, me fût imperceptible. Je dis aussi, *entièrement imperceptibles*: car il est bien certain, qu'il y a des pensées plus ou moins perceptibles, et qu'on s'aperçoit beaucoup plus des pensées claires et distinctes, que de celles qui sont obscures et confuses, et plus des pensées auxquelles on fait une réflexion expresse, que de celles à quoi on fait seulement une réflexion virtuelle, qu'on doit juger être inséparable de la pensée» (*O*, XL, p. 172). Les textes (voir, par exemple, Chinard, 1948: pp. 126-127) indiquent cependant que Nicole aurait pu endosser ces conceptions. C'est pourquoi Arnauld, passant insensiblement au domaine psychologique, soutient qu'il est *invraisemblable* qu'un grand nombre de sujets aient quelque idée sans s'en apercevoir au moins une fois par une réflexion expresse : « l'Auteur croit avoir rendu toutes les démonstrations inutiles, en distinguant les pensées en distinctes et confuses, ou médiates et immédiates, en perceptibles et imperceptibles, afin que si on ne peut trouver les unes dans la tête d'un Iroquois, on y puisse faire trouver les autres. Ce qui me paraît aussi peu vraisemblable, que si on disait, qu'il n'y a point d'Iroquois qui ne soit Géomètre, Arithméticien et Logicien, parce qu'il a dans son esprit les principes de ces sciences, quoi qu'il n'en sache rien, n'en ayant de connaissance que par des pensées imperceptibles » (*O*, III, p. 334; cf. XXXI, pp. 332-333). De tels exemples se révèlent d'autant plus convaincants qu'ils concernent des principes que Descartes aurait rangés parmi les idées factices. Mais qu'en est-il des idées innées au sens strict? Toute l'œuvre d'Arnauld montre, je crois, qu'il incline à sacrifier le noyau même de l'innéisme cartésien, avec ses relents pélagiens, à la thèse janséniste que certaines vérités demeurent inaccessibles à l'homme privé de la foi et de la révélation (cf. introduction). D'autre part, cette position aboutit, comme l'a bien vu Nicole (cf. Chinard, 1948: p. 122 et la réponse évasive d'Arnauld, *O*, XL, p. 176), à accorder un privilège exorbitant au langage. Seul le langage peut, en effet, attester d'une réflexion expresse qui garantit, à son tour, la présence actuelle de l'idée (voir, sur ce point, mon chapitre 3).

1.2. Le calcul des idées

Considérons les extraits suivants: « dans les idées de toutes les autres natures, l'existence possible se trouve bien contenue, mais (...), dans l'idée de Dieu, non seulement l'existence possible y est contenue, mais de plus la nécessaire » (Descartes, AT, IXa, p. 126); « la Chasteté est tellement enfermée dans l'idée du mot de *pureté*, quoique ce dernier puisse avoir une signification plus étendue, que c'est tout-à-fait manquer au bon sens, que de dire qu'on a mis la pureté dans ces passages pour en *bannir la Chasteté* » (Arnauld, *O*, VII, p. 265); « *modéré*, enferme *doux* et quelque chose de plus; parce qu'on peut être *doux* par nature, au lieu que *modéré* exprime davantage qu'on l'est par vertu, et par le soin que l'on prend de modérer ses passions » (Arnauld, *O*, VII, p. 848). Issus de traités sans ambition logique aucune, ces textes font appel à une relation, exprimée par les verbes 'contenir' ou 'enfermer', dont je postulerai qu'elle lie des idées susceptibles de constituer le sens de certains mots (voir chapitre 2). Corrélativement se profile, au sein du troisième extrait, l'amorce d'une opération : l'idée de modéré égale l'idée de doux plus quelque idée de vertu. Ceci montre que, malgré l'analogie arithmétique, la somme sur les idées et l'inclusion entre idées sont dans le rapport qui unit, en logique des classes, l'inclusion et le produit: l'idée *a* égale l'idée *b* plus quelque idée *c* si, et seulement si, l'idée *b* est incluse («contenue», «enfermée») dans l'idée *a*.

L'intuition que je viens de cerner se trouve, on le sait, à la base de ce «calcul des idées» que Leibniz entreprit plusieurs fois de formaliser sans jamais y parvenir complètement (voir Couturat, 1901: en particulier, pp. 335-336, 345, 369; Kauppi, 1960; Lewis, 1918). Parmi les raisons de son échec figurent certainement l'attrait du modèle arithmétique (voir paragraphe 1.2.4), et le poids excessif de considérations grammaticales. Chose plus importante, que ne remarquent ni Couturat, Kauppi et Lewis ni les historiens de la logique (Blanché, 1970; Enriques, 1922; Kneale, 1962; Kotarbinski, 1964; Risse, 1970), une grande partie des résultats obtenus par Leibniz sont énoncés dans la *LAP*. Ce point a été clairement établi par Auroux (1973, 1978, 1979, 1982a, 1982b) qui montre que, si la *LAP* ne construit aucun langage-objet, elle use pourtant d'un métalangage logique ou grammatical suffisamment riche et explicite pour que nous puissions en dégager l'ébauche d'un véritable calcul. J'adopterai ici la même attitude qu'Auroux, tout en rejoignant, pour certains détails techniques comme le traitement de la négation, les opinions émises par Couturat et Kauppi (voir aussi Muller, 1926: p. 69).

Je supposerai, dès l'abord, que les axiomes et théorèmes du calcul des idées sont reliés par dualité aux axiomes et théorèmes de la logique des classes (voir page 41). Autrement dit, afin de passer d'une expression appartenant au calcul des idées à l'expression duelle appartenant à la logique des classes, il suffit d'effectuer les transformations figurées dans le tableau de correspondance; et réciproquement. Ainsi, pour reprendre mon exemple de départ, on obtiendra à partir de l'expression:

$a < b + c$ («*a* est inclus dans la somme de *b* et *c*»)

l'expression duelle:

$\beta \cap \gamma \subset \alpha$ («le produit de β et γ est inclus dans α»)

et vice versa. Ceci n'a, bien entendu, rien que de trivial (cf. Auroux, 1982a: pp. 25-27, 1982b: pp. 55-58; Couturat, 1901: pp. 372-376; Enriques, 1922: pp. 176-182; Kauppi, 1960: pp. 247-259). L'intérêt d'une telle reconstruction dépend de la capacité qu'elle nous donne à éclairer des thèses avancées en termes informels ou métalinguistiques.

$a = b$
$a < b$
(« L'idée a est incluse dans l'idée b »)
$a + b$
(« La somme de l'idée a et de l'idée b »)
$a \times b$
(« Le produit de l'idée a et de l'idée b »)
e
(« L'idée e »)
a'
(« L'idée non-a »)
e'
(« L'idée non-e »)

$\alpha = \beta$
$\beta \subset \alpha$
(« La classe β est incluse dans la classe α »)
$\alpha \cap \beta$
(« Le produit de la classe α et de la classe β »)
$\alpha \cup \beta$
(« La somme de la classe α et de la classe β »)
U
(« La classe universelle »)
$\bar{\alpha}, U|\alpha$
(« Le complément de la classe α »)
$\emptyset$
(« La classe vide »)

1.2.1. *La loi de Port-Royal*

Le chapitre I, v de la *LAP* distingue, parmi les « manières de concevoir les choses par abstraction », celle qui a pour effet que, « une même chose ayant divers attributs on pense à l'un sans penser à l'autre, quoiqu'il n'y ait entre eux qu'une distinction de raison. Et voici comme cela se fait. Si je fais, par exemple, réflexion que je pense; et que par conséquent je suis moi qui pense, dans l'idée que j'ai de moi qui pense, je puis m'appliquer à la considération d'une chose qui pense, sans faire attention que c'est moi, quoiqu'en moi, moi et celui qui pense ne soit que la même chose. Et ainsi l'idée que je concevrai d'une personne qui pense, pourra représenter non seulement moi, mais toutes les autres personnes qui pensent »; ainsi, « dans ces abstractions on voit toujours que le degré inférieur comprend le supérieur avec quelque détermination particulière; comme *moi* comprend ce qui pense, et le triangle équilatère comprend le triangle, et le triangle la figure rectiligne; mais que le degré supérieur étant moins déterminé peut représenter plus de choses ».

Il est tentant de reformuler cette thèse de la manière suivante. Soit a l'idée de triangle et b l'idée de triangle équilatéral. Alors, $a < b$ et $a \neq b$; donc il y a quelque idée c, apportant une « détermination particulière », telle que $b = a + c$ (Auroux, 1982a: pp. 17-18, 1982b:

pp. 39-40). Par dualité, il vient $\beta \subset \alpha$, $\alpha \neq \beta$ et $\beta = \alpha \cap \gamma$, où β est la classe des triangles équilatéraux et α la classe des triangles; il apparaît donc, de façon évidente, que l'idée *a* «représente plus de choses» que l'idée *b*. On peut aussi, plus traditionnellement, se borner à affirmer que «l'extension» ou «étendue» (α, β, ...) varie en proportion inverse de «l'intension» ou «compréhension» (*a*, *b*, ...), et retomber de la sorte sur la «loi de Port-Royal» immortalisée par les manuels (Blanché, 1970: p. 184; Kneale, 1962: pp. 318-319; Risse, 1970: p. 70).

Malheureusement, les définitions que la *LAP* (I, vi) nous fournit de la compréhension et de l'étendue semblent bien infirmer cette lecture: «J'appelle *compréhension* de l'idée, les attributs qu'elle enferme en soi, et qu'on ne peut lui ôter sans la détruire, comme la compréhension de l'idée du triangle enferme extension, figure, trois lignes, trois angles, et l'égalité de ces trois angles à deux droits, etc. J'appelle *étendue* de l'idée, les sujets à qui cette idée convient, ce qu'on appelle aussi les inférieurs d'un terme général, qui à leur égard est appelé supérieur, comme l'idée du triangle en général s'étend à toutes les diverses espèces de triangles». Pour commencer, la *LAP* parle de «la compréhension d'une idée», alors que, suivant l'approche que je viens d'esquisser, l'idée et la compréhension se confondent. La difficulté est partiellement surmontée si on se souvient que, dans son chapitre I, vi, la *LAP* tend à amalgamer les mots et les idées sous l'étiquette ambiguë de 'termes': «Et tant les idées universelles que les noms communs se peuvent appeler termes généraux» (Kneale, 1962: pp. 316-318; cf. Kauppi, 1960: pp. 39-40). Mais même en glosant 'compréhension de l'idée de triangle', par exemple, en 'compréhension (idée) du mot 'triangle''(cf. chapitre 2), nous n'évacuons pas tous les problèmes. Car la compréhension est traitée, par la *LAP*, non comme une idée (un attribut) incluant d'autres idées (attributs), mais comme une classe d'attributs (cf. pour une défense de cette conception, Enriques, 1922: pp. 180-181; Martin, 1964 et Rescher, 1954). Ceci explique partiellement, je crois, l'absence d'une formalisation satisfaisante de la négation, tant dans la *LAP* que chez Leibniz (cf. 1.2.2); aussi vais-je délibérément ramener la compréhension à l'idée. La définition de l'étendue nous confronte à un obstacle plus sérieux (cf. Auroux, 1973: pp. 27-29, 1978: pp. 4-7, 1979: pp. 137-140, 1982a: p. 17, 1982b: pp. 37-39; Kretzmann, 1972: p. 379). En effet, l'étendue n'est pas, selon la *LAP*, une classe incluant d'autres classes, mais une classe de classes[12]; et sa réduction à une simple classe s'avère impossible pour des raisons sémantiques.

Soit, en effet les idées de femme, de femme blonde et de femme non-blonde. Dans un univers où toutes les femmes sont blondes, parce qu'il n'y a pas de femmes ou parce qu'il n'y a, comme femmes, que des blondes, la classe des femmes égale la classe des femmes blondes. Mais l'idée de femme n'égale toujours pas l'idée de femme blonde et, parallèlement, la classe qui contient, comme éléments, la classe des femmes blondes et la classe (vide) des femmes non-blondes, n'égale pas la classe des femmes blondes (cf. Auroux, 1979: p. 139). Nous sommes, par conséquent, placés devant un dilemme: ou bien nous soumettons l'étendue à la réduction souhaitable que nous avons appliquée à la compréhension, et nous conservons la dualité au détriment de l'équivalence sémantique (cf. Kauppi, 1960: pp. 9, 45-46); ou bien, nous instituons entre la compréhension et l'étendue un rapport d'équivalence sémantique qui nous fait perdre la dualité, dans la mesure où le calcul *extensionnel* (en étendue) devient syntaxiquement plus riche que le calcul *intensionnel* (en compréhension).

Il s'offre néanmoins une troisième voie, qui, tout en préservant les intuitions captées par la dualité syntaxique, pourvoit le calcul des idées d'une sémantique adéquate (cf. Dominicy, 1983b). Donnons-nous la notion, aujourd'hui familière, de «monde possible», de manière à ce qu'un monde soit une classe d'objets (le terme 'objet' étant pris, à ce stade, dans son acception la plus large). Les idées seront alors des fonctions de l'ensemble des mondes sur l'ensemble des mondes; ainsi l'idée de femme associe, à chaque classe d'objets, une classe d'objets, éventuellement vide, qu'elle inclut. Notons a, b, c, ... les idées; m_i, m_j, m_k, ... les mondes; $a(m_i)$, $b(m_j)$, ... la valeur de l'idée a, b, ... pour le monde m_i, m_j, ... Les clauses qui suivent nous fournissent, récursivement, des conditions de vérité pour toute expression du calcul:

1. Pour tout a, tout b, $a = b$ ssi, pour tout m_i, $a(m_i) = b(m_i)$; corollairement, pour tout a, tout b, $a \neq b$ ssi, pour quelque m_i, $a(m_i) \neq b(m_i)$.
2. Pour tout a, tout b, $a < b$ ssi, pour tout m_i, $b(m_i) \subset a(m_i)$; corollairement, pour tout a, tout b, $a \not< b$ ssi, pour quelque m_i, $b(m_i) \not\subset a(m_i)$.
3. Pour tout m_i, $e(m_i) = m_i$.
4. Pour tout a, tout b, tout m_i, $a + b(m_i) = a(m_i) \cap b(m_i)$.
5. Pour tout a, tout b, tout m_i, $a \times b(m_i) = a(m_i) \cup b(m_i)$.
6. Pour tout a, tout m_i, $a'(m_i) = m_i | a(m_i)$.

Dans cette reconstruction, dire que l'idée de femme blonde est différente de l'idée de femme, cela revient à affirmer qu'il y a au moins un monde où la valeur de l'idée de femme blonde est distincte de la valeur de l'idée de femme; cela ne signifie donc pas qu'il n'y ait aucun monde où les deux idées possèdent la même valeur.

Quelles sont alors les relations entre le calcul des idées, flanqué de sa sémantique, et la théorie des idées que j'ai décrite au paragraphe précédent? «L'objet représenté par l'idée» se relativise: il ne s'agit plus d'un «objet» au sens technique (un élément d'un monde) ni seulement d'une classe, mais bien d'une classe (d'un objet) «possible». Si j'ai l'idée du triangle en général, la modification correspondante de mon esprit représente une classe (éventuellement vide) à l'intérieur de chaque monde. Ainsi, une expression telle que:

$a < b$ («L'idée a est incluse dans l'idée b»)

reçoit deux interprétations compatibles: l'une, privilégiée ici, se fait par rapport à l'objet:

«Dans tout monde, l'étendue de b est incluse dans l'étendue de a»

l'autre par rapport à l'âme modifiée:

«Pour tout sujet S, si S a l'idée b, alors il a l'idée a».

Notons que pareilles gloses n'impliquent pas que si S a l'idée b, il se représente effectivement l'étendue de b au sein d'au moins un monde, ni aperçoive, par une réflexion expresse, l'inclusion considérée. Cette restriction justifie plusieurs des développements qui vont suivre (cf. 1.3).

1.2.2. La négation

Le modèle que je viens de présenter contient deux négations. La première permet de nier l'identité ou l'inclusion entre idées — je l'appellerai 'négation faible'; la seconde définit, pour toute idée a, l'idée a' qui est son correspondant négatif — je parlerai alors de 'négation forte'.

Ni Descartes, ni Arnauld ni même Leibniz (cf. Castañeda, 1976; Couturat, 1901: pp. 342-357; Kauppi, 1960: pp. 76-79) ne sont parvenus à utiliser, de manière cohérente, la différence entre négation forte et négation faible, que connaissaient pourtant leurs prédécesseurs immédiats (Ashworth, 1974: pp. 189-192). Deux exemples, empruntés à Arnauld et à Descartes, suffiront à illustrer mon affirmation.

La *LAP* (I, vii) consacre un passage non dénué d'ambiguïté aux idées d'animal, d'homme et de bête: «il faut remarquer qu'il n'est pas toujours nécessaire que les deux différences qui partagent un genre soient toutes deux positives; mais que c'est assez qu'il y en ait une, comme deux hommes sont distingués l'un de l'autre, si l'un a une charge que l'autre n'a pas, quoique celui qui n'a pas de charge n'ait rien que l'autre n'ait. C'est ainsi que l'homme est distingué des bêtes en général, en ce que l'homme est un animal qui a un esprit (...) et que la bête est un pur animal (...). Car l'idée de la bête en général n'enferme rien de positif qui ne soit dans l'homme; mais on y joint seulement la négation de ce qui est en l'homme, savoir l'esprit. De sorte que toute la différence qu'il y a entre l'idée d'animal et celle de bête, est que l'idée d'animal n'enferme pas la pensée dans sa compréhension, mais ne l'exclut pas aussi, et l'enferme même dans son étendue, parce qu'elle convient à un animal qui pense; au lieu que l'idée de bête l'exclut dans sa compréhension, et ainsi ne peut convenir à l'animal qui pense». Dans un premier temps, l'extrait admet une lecture fort satisfaisante; l'idée d'animal n'inclut ni l'idée de pensée ni celle de non-pensée et on a:

animal + pensée = homme
animal + non-pensée = bête.

Malheureusement, la *LAP* se fourvoie quand elle suggère que certaines idées, comme l'idée de non-pensée ou celle de non-possession d'une charge, seraient négatives en tant que telles (cf. Jørgensen, 1931: II, pp. 4-6). En effet, dès que l'absence d'une qualité Q_1 compte pour une qualité Q_2, Q_1 et Q_2 entrent dans un rapport de négation mutuelle. La conception qui répartit, de manière absolue, les idées en positives et négatives, se retrouve chez Descartes (cf. 1.2.3), puis Leibniz (Couturat, 1901: pp. 194-195, 219, 329-330; Ishiguro, 1972: pp. 47-48; Mates, 1968), et désorganise, durant toute l'époque qui m'occupe ici, la logique de la négation. La raison en est qu'une confusion s'installe entre la négation faible, soit ici:

pensée $\not< $ animal

et la négation forte, soit ici:

non-pensée $<$ bête[13].

Je n'en prendrai pour preuve qu'un texte où Arnauld, polémiquant avec Mallet, tombe indubitablement dans le piège: «la bête n'est purement qu'*animal*, ce qu'est aussi l'homme. Mais l'homme de plus a une âme raisonnable, ce que n'a pas la bête. C'est pourquoi je puis bien dire, en comparant la bête avec l'homme, qu'une bête mange, se nourrit, marche et agit par l'impression de ses sens, mais que l'homme agit par raison. Et ce serait une absurdité de trouver à redire à cette comparaison, en objectant (...) qu'on ne dit rien de la bête qui ne convienne à l'homme, ce qui est vrai. Mais il suffit, dans ces sortes de comparaisons, que ce qu'on dit du membre le plus noble ne se trouve pas dans l'autre» (*O*, VII, p. 351). En réalité, je dois dire de la bête qu'elle agit sans pensée, et lui attribuer ainsi une propriété qui ne saurait convenir à l'homme.

L'argumentation cartésienne sur la distinction de l'âme et du corps recèle, à mon avis, une difficulté similaire. Dans la *seconde Méditation*, le 'je' du *cogito* établit, par réflexion expresse, que l'idée de sa pensée ne renferme pas l'idée de corps (AT, IXa, pp. 19-23). Mais il faut attendre la *sixième Méditation* pour que la distinction réelle entre la substance pensante et la substance étendue soit proclamée (AT, IXa, p. 62): «j'ai une claire et distincte idée de moi-même, en tant que je suis seulement une chose qui pense et non étendue et (...) j'ai une idée distincte du corps, en tant qu'il est seulement une chose étendue et qui ne pense point» (voir aussi la formulation rapide du *Discours*, AT, VI, p. 33). Ces pages ont suscité, on le sait, de nombreuses objections, réponses et mises au point (AT, III, pp. 420-421, 474-478, IV, p. 120, VII, pp. 7-8, 258-264 et 351-357, VIIIb, pp. 342-352, IXa, pp. 80 et 94-95, 97 et 104-105, 125 et 131-132, 154-159 et 170-177, 214-215), ainsi qu'une littérature critique abondante (voir, entre autres, Gilson, 1947: pp. 308-312; Gouhier, 1962: pp. 23-40, 375-400; Guéroult, 1968: I, pp. 84-91; Hooker éd.; Imlay, 1979; Kenny, 1968: pp. 79-95; Olgiati, 1937; Wells, 1966; Williams, 1978: pp. 102-129; Wilson, 1978: pp. 71-76, 185-200). Quant à moi, je considérerai, avec la plupart des commentateurs, que la *sixième Méditation* se borne à sanctionner l'objectivité d'une certitude subjective précédemment atteinte: «On dira peut-être que la difficulté demeure encore, à cause que, bien que je conçoive l'âme et le corps comme deux substances que je puis concevoir l'une sans l'autre, et même en niant l'une de l'autre, je ne suis toutefois pas assuré qu'elles sont telles que je les conçois (...) je ne nie pas (...) qu'il ne puisse y avoir dans l'âme ou dans le corps plusieurs propriétés dont je n'ai aucune idée; je nie seulement qu'il y en ait aucune qui répugne aux idées que j'en ai et, entre autres, à celle de leur distinction; car autrement, Dieu serait trompeur, et nous n'aurions aucune règle pour nous assurer de la vérité» (AT, III, pp. 476-478). Ceci provoque un hiatus considérable entre les deux stades du raisonnement, puisque le résultat obtenu dans la *seconde Méditation* à savoir:

corps (étendue) $\not< $ pensée[14]

se révèle intrinsèquement plus modeste que la thèse finale (cf. *LAP*, I, ii) dont la validité ontologique nous est garantie par l'existence de Dieu:

non-étendue $<$ pensée
non-pensée $<$ étendue.

Il paraît bien y avoir un amalgame entre négation faible ($a \not< b$) et négation forte ($a' < b$), en même temps qu'une conclusion abusive

($b' < a$). Descartes a eu conscience du premier problème, puisque, s'adressant à Mesland, il écrit à ce sujet : « Il y a une grande différence entre *l'abstraction* et *l'exclusion*. Si je disais seulement que l'idée que j'ai de mon âme ne me la représente pas dépendante du corps, et identifiée avec lui, ce ne serait qu'une abstraction, de laquelle je ne pourrais former qu'un argument négatif, qui conclurait mal. Mais je dis que cette idée me la représente comme une substance qui peut exister, encore que tout ce qui appartient au corps en soit exclu ; d'où je forme un argument positif, et conclus qu'elle peut exister sans le corps. Et cette exclusion de l'extension se voit fort clairement, en la nature de l'âme, de ce qu'on ne peut concevoir de moitié d'une chose qui pense » (AT, IV, p. 120, cf. III, p. 421). Autrement dit : si je passe par abstraction de l'idée $a = b + c$ à l'idée b, b n'inclura pas c (sinon $a = b$, et il n'y a pas abstraction), mais rien n'assure que b inclue c' (cf. 1.2.1) ; l'exclusion, par contre, me fournit une idée $d = b + c'$. En plusieurs occasions, Descartes semble néanmoins adopter une attitude inverse ; il prétend que la *seconde Méditation* n'effectue qu'une abstraction qui n'aboutit pas à ce que les idées de corps et de pensée soient incompatibles : « pendant que l'âme doute de l'existence de toutes les choses matérielles, elle ne se connaît que précisément, *praecise tantum*, comme une substance immatérielle (...) par ces mots, *praecise tantum*, je n'entends point une entière exclusion ou négation, mais seulement une abstraction des choses matérielles » (AT, IXa, p. 215 ; cf. pp. 21-22, VII, pp. 7-8, 357). Ce balancement s'explique à la fois par une conception incertaine de la négation et, comme je le montrerai plus loin (1.3.4), par les propriétés logiques des jugements considérés[15].

Si l'époque ne décrit pas correctement la négation forte, cela découle aussi de la manière dont la compréhension est ordinairement définie (cf. 1.2.1). En effet, la négation d'une classe d'attributs se réduit au complément de cette classe[16]. D'où deux conséquences peu souhaitables. D'abord, la négation d'une compréhension quelconque ne contient aucun des attributs de la compréhension niée : « je puis bien nier la prudence sans faire attention distincte à un homme qui soit prudent, mais je ne puis concevoir la prudence, en niant le rapport qu'elle a à un homme ou à une autre nature intelligente qui ait cette vertu » (*LAP*, I, ii ; cf. I, vii) ; en bref, si $a < b$, alors $a \not< b'$. Mais, pour toute idée a, $e < a$ et $e < a'$, et si $a < b = e$, alors $a < b' = e'$; de même, pour toute classe α, α et ᾱ sont incluses dans la classe universelle U et la classe vide est incluse dans α (cf. Couturat, 1901 : pp. 348-349, 366). D'autre part, si $a \neq e'$ et $b < a$, alors $b' \not< a$; par exemple, si l'idée d'intelligence est incluse dans l'idée de prudence, alors l'idée de non-intelligence n'est pas incluse dans l'idée de prudence. Il s'ensuit que le complément de la compréhension de *a* devra contenir *b'*; dans le cas présent, la compréhension de l'idée de non-prudence contiendra l'attribut de non-intelligence (cf. Auroux, 1979: pp. 140-143, 1982 a: pp. 32-33, 1982 b: pp. 69-70) et il deviendra contradictoire de soutenir qu'un être doué d'intelligence puisse être dénué de prudence. Ce second corrélat met également en péril la théorie des jugements catégoriques (cf. 1.3.3).

1.2.3. Vérité et fausseté des idées

Je viens de rappeler que, selon le formalisme précédemment introduit, l'idée *e* est incluse dans toute idée, même dans *e'*. Cette thèse se trouve explicitement énoncée par le traité *Des vraies et des fausses idées*, qui en offre deux interprétations compatibles: «Peut-être qu'il y a quelque pensée en moi qui ne change point, et qu'on pourrait prendre pour l'essence de mon âme (...) J'en trouve deux, qu'on pourrait croire être telles: la pensée de l'être universel, et celle qu'a l'âme de soi-même; car il semble que l'une et l'autre se trouve dans les autres pensées. Celle de l'être universel; parce qu'elle enferme toute l'idée de l'être, notre âme ne connaissant rien que sous la notion d'être ou possible ou existant. Et la pensée que notre âme a de soi-même, parce que, quoi que ce soit que je connaisse, je connais que je le connais, par une certaine réflexion virtuelle, qui accompagne toutes mes pensées» (*O*, XXXVIII, p. 184). Pour bien saisir l'affirmation d'Arnauld, il suffit de se souvenir que les expressions du calcul reçoivent une interprétation «par rapport à l'objet» et une interprétation par rapport à l'âme modifiée (cf. 1.1.1 et 1.2.1). Si, pour toute idée *a*, $e < a$, cela signifie donc en même temps que:

> Pour toute idée *a*, pour tout monde, l'étendue de *a* est incluse dans l'étendue de *e*

et que:

> Pour toute idée *a*, pour tout sujet *S*, si *S* a l'idée *a*, alors il a l'idée *e*.

L'idée *e* doit, par conséquent, se confondre avec l'idée d'être la plus générale, c'est-à-dire avec un concept intensionnel d'existence (au moins) possible[17]. Corrélativement, *e'*, qui se voit assigner l'étendue vide au sein de tout monde, deviendra l'idée d'existence impossible. Et puisque l'âme a toujours quelque idée, elle a toujours l'idée *e*, qu'on peut identifier, en tant que modification non nécessairement représentative d'un objet extérieur, à l'idée même de la pensée, c'est-à-dire à la conscience cartésienne. L'inclusion de e dans e' constitue, à ce niveau, la traduction formelle d'un *cogito* dégagé de la subjectivité; elle permet aussi à Arnauld d'abandonner sa tentative antérieure de construire la pensée par une abstraction opérant sur les modifications particulières de l'âme (deuxième lettre à Descartes, *O*, XXXVIII, pp. 80-82; cf. AT, V, p. 221).

Il est aisé de constater que cette double interprétation rencontre l'une des objections émises par Malebranche (cf. 1.1.1). Si je pense à une montagne de marbre, j'ai l'idée d'un objet possible, en ce sens que l'idée d'une telle montagne n'a pas de valeur vide dans tout monde; en outre, j'ai l'idée e de l'existence possible et de ma pensée. Si je pense à une montagne sans vallée (cf. AT, IXa, pp. 52-53; *O*, X, pp. 491-499, etc.), j'ai l'idée d'un objet impossible, mais, comme $e < e'$, j'ai toujours l'idée e de l'existence possible et de ma pensée (cf. aussi Auroux, 1979: p. 87). Malheureusement, Arnauld n'arrivera pas à utiliser ce résultat fondamental de manière conséquente: «il est bien certain qu'une montagne sans vallée, n'a point d'être représentatif: et ainsi le mot d'*idée*, au regard de la montagne sans vallée, ne peut signifier autre chose, sinon la jonction de deux idées ou perceptions; l'une positive de la *montagne*, l'autre négative de la *vallée*, que l'on voit clairement ne se pouvoir allier ensemble; et c'est ce qui fait que l'on dit que l'existence impossible est contenue dans cette idée complexe d'une montagne sans vallée; au lieu que les deux idées ou perceptions de *montagne* et de *marbre* se peuvent allier ensemble, parce qu'elles n'ont rien d'incompatible. De là vient aussi que l'on conçoit clairement, que l'existence possible est renfermée dans l'Idée complexe de *Montagne de marbre*» (*O*, II, pp. 407-408; cf. XXXIX, pp. 134-135, XL, pp. 86-87). En effet, dans tout le passage cité, Arnauld mélange la non-inclusion de e' avec l'inclusion de e, et en vient à nier, comme Malebranche (et, plus tard, Hume; cf. Hooker, 1978: p. 176), que l'idée représentative d'une montagne sans vallée puisse exister. Encore une fois, une syntaxe floue de la négation brouille une doctrine formellement cohérente.

A un second niveau, l'influence cartésienne ajoute une nouvelle confusion. Vers le milieu de la *troisième Méditation*, Descartes soutient que «la vraie et formelle fausseté» ne peut se rencontrer que dans les jugements (AT, IXa, p. 34). L'argument qui prétend fonder cette conclusion manque cependant de toute vertu démonstrative: «que j'imagine une chèvre ou une chimère, il n'est pas moins vrai que j'imagine l'une que l'autre (...) si je considérais seulement les idées comme de certains modes ou façons de ma pensée, sans les vouloir rapporter à quelque autre chose d'extérieur, à peine me pourraient-elles donner occasion de faillir» (AT, IXa, p. 29; cf. Balz, 1952: pp. 114-115; Wilson, 1978: pp. 102-103). Car s'il est vrai qu'une modification de l'âme, en tant que telle, ne saurait posséder quelque valeur de vérité, il reste qu'une idée représentative d'un objet extérieur ne devient pas *ipso facto* un jugement (cf. Kenny, 1968: pp. 117-118). Descartes va donc être conduit, en un second temps, à reconnaître qu'il «se peut néanmoins trouver dans les idées une certaine fausseté matérielle, à savoir, lorsqu'elles représentent ce qui n'est rien comme si c'était quelque chose» (AT, IXa, p. 34). Les exemples fournis à l'appui de cette thèse concernent tous des idées adventices (cf. 1.1.2): idée du soleil qui «tire son origine des sens» (AT, IXa, p. 31), idée du froid (AT, IXa, p. 34), idée de couleur (AT, V, p. 152). La notion de «fausseté matérielle» n'est guère élucidée par la *troisième Méditation* (AT, IXa, pp. 34-36), et il faut attendre les *Réponses* à Arnauld et l'entretien avec Burman pour voir Descartes préciser qu'une idée est matériellement fausse en ce que, «donnant matière ou occasion d'erreur», elle fait prendre pour «quelque chose de réel» ce qui n'est proprement rien (AT, V, p. 152, IXa, p. 180). La glose ainsi obtenue satisfait de nombreux commentateurs (par exemple, Beyssade, 1979: pp. 38-39; Gewirth, 1943: pp. 25-27; Gilson, 1947: pp. 317, 363-365 et 1979: pp. 113, 316-317; Guéroult, 1968: I, pp. 217, 288, II, pp. 125, 128, 140; Laporte, 1945: pp. 52-56; Nuchelmans, 1983: pp. 50-53); elle ne dissipe cependant pas toutes les difficultés.

Si Descartes ose prétendre que les idées adventices du soleil, du froid et des couleurs sont matériellement fausses, c'est évidemment parce qu'il les confronte à ses idées factices de ces entités. Or, objectent Hobbes, Arnauld et Gassendi, deux idées différentes — l'une adventice et fausse, l'autre factice et vraie — ne peuvent représenter un et un seul objet (AT, VII, p. 283, IXa, pp. 143, 161-162). Dans mon vocabulaire intensionnel, on dira que deux idées sont différentes si, et seulement si, elles représentent des «objets» différents, c'est-à-dire se voient assigner deux étendues différentes à l'intérieur d'au moins un monde. Certes, Descartes aurait pu rétorquer que les idées adventices sont, d'une manière ou d'une autre, restreintes à l'univers actuel (cf. Nuchelmans, 1983: p. 50), et que, dans ce monde, elles reçoivent la même valeur que l'idée factice correspondante. Mais comment affirmer alors que l'idée adventice de froid doit sa fausseté matérielle au fait qu'elle représente le froid comme «quelque chose de réel et de positif», tandis que l'idée factice le représente comme une «privation» (AT, IXa, pp. 34-35, 180-182)? Si les deux idées ont la même étendue dans le monde actuel, leur différence relève du domaine intensionnel; et dès lors, la fausseté matérielle ne provoquera pas de jugements erronés (cf. 1.3.2).

Je ne crois pas m'avancer beaucoup en conjecturant que, sur ce point précis, Descartes a été abusé par sa croyance en la positivité ou négativité absolue des idées (cf. 1.2.2 et Kenny, 1968: pp. 118-120; Wilson, 1978: pp. 108-119). Comme l'idée d'indéfini, que l'on confond trop aisément avec l'idée d'infini (AT, IXa, pp. 36-37; cf. Balz, 1952: pp. 138-154), l'idée adventice de froid ne possède pas la même caractéristique de positivité ou de négativité que ce qu'elle est censée représenter. Par un biais similaire, les rapports formels entre l'idée e de l'existence possible et sa négation e' vont être entièrement bouleversés. Il a été parfois remarqué que Descartes se montre relativement embarrassé dès qu'il traite d'idées qui renferment une contradiction (voir Belaval, 1960: pp. 215-216; Hamelin, 1911: pp. 111-113; Kenny, 1968: pp. 119-120). Tantôt il adhère à une position pré-malebranchiste, suivant laquelle une idée contradictoire, en tant qu'elle ne peut rien représenter d'extérieur à l'âme, n'est pas, ou pas vraiment, une idée: «Sed datur etiam idea nihili, quae non est idea rei» (...) «Illa idea est solum negativa, et vix vocari potest idea» (AT, V, p. 153); tantôt il n'hésite pas à proclamer que l'on peut concevoir des objets impossibles: «j'ignore (...) si les idées que je conçois [latin *habeo*, VII, p. 43] de ces qualités, sont en effet les idées de quelques choses réelles, ou bien si elles ne me représentent que des êtres chimériques, qui ne peuvent exister» (AT, IXa, p. 34); «Nec tamen inficior quin existentia possibilis sit perfectio in idea trianguli, ut existentia necessaria est perfectio in idea Dei; efficit enim illam praestantiorem quam sint illarum Chimaerarum, quarum existentia nulla esse posse supponitur» (AT, VII, p. 83); «les chimères même n'ont point en elles de fausseté» (AT, V, p. 354; cf. pp. 160-161). Cette situation découle, je l'ai déjà dit, des confusions qui entourent la négation. De $e' < a$, Descartes et ses disciples étaient naturellement poussés à déduire $e \not< a$, c'est-à-dire une thèse, inexprimable dans le calcul, qui revient à dénier le statut même d'idée à a[18]. Ils perdaient alors la seule notion de fausseté (formelle) qui s'avère applicable aux idées, c'est-à-dire la contradiction définie en termes intensionnels (cf. Hamelin, 1911: p. 112). Leibniz apercevra le problème (*Nouveaux essais*, II, xxxii; cf. Belaval, 1960: p. 155; Couturat, 1901: pp. 103-105, 176-207, 348-349, 457-472; Risse, 1970: pp. 180, 195) mais faute d'une logique cohérente de la négation, il commettra des erreurs similaires (voir 1.2.4 et 1.3.3).

Dans ses *Quatrièmes objections*, Arnauld avait vigoureusement attaqué la théorie de la fausseté matérielle (*O*, XXXVIII, pp. 21-23; cf.

Verga, 1972: I, pp. 372-430). Pourtant, la *LAP* bat en retraite sur ce point. Non seulement le chapitre I, ix reprend les exemples cartésiens (cf. l'éd. Clair-Girbal, pp. 381-383), mais Nicole consacre un long développement aux «fausses idées que l'on se forme à l'égard des biens et des maux» (I, x). Chose plus importante, un paragraphe ajouté en 1664 définit la vérité et la fausseté des idées de manière clairement extensionnelle: «si les objets représentés par ces idées (...) sont en effet tels qu'ils nous sont représentés, on les appelle véritables (...) si ils ne sont pas tels elles sont fausses en la manière qu'elles le peuvent être; et c'est ce qu'on appelle dans l'école êtres de raison, qui consistent ordinairement dans l'assemblage que l'esprit fait de deux idées réelles en soi, mais qui ne sont pas jointes dans la vérité pour en former une même idée, comme celle qu'on peut se former d'une montagne d'or, est un être de raison, parce qu'elle est composée de deux idées de montagne et d'or, qu'elle représente comme unies, quoiqu'elles ne le soient point véritablement» (I, ii). Cela ne veut pas dire, cependant, que la notion intensionnelle disparaisse de tous les autres secteurs de la *LAP* ni, nous l'avons vu, des écrits postérieurs d'Arnauld.

1.2.4. *La soustraction*

J'ai distingué, plus haut, l'abstraction, qui tire une idée b d'une idée $a = b + c$, et l'exclusion, par laquelle on passe de $a = b + c$ à $d = b + c'$ (cf. 1.2.2). Si l'abstraction consiste à «soustraire» l'idée c de l'idée a, alors l'exclusion est le composé de cette «soustraction» et d'une «addition» subséquente de c' à b. Poursuivant l'analogie arithmétique, on peut penser que les deux opérations considérées fonctionnent de manière mutuellement inverse (cf. Auroux, 1979: pp. 118-122, 126).

Leibniz a tenté, sans succès, d'introduire la soustraction dans son calcul des idées (cf. Couturat, 1901: pp. 376-385; Kauppi, 1960: pp. 233-239; Land, 1974: pp. 164-165; Lewis, 1918: pp. 17-18; Parkinson, 1966: pp. lvii-lviii; Rescher, 1954). Ceci tient au simple fait qu'il n'a pas su choisir entre un modèle de type arithmétique et un modèle préservant les intuitions captées par la dualité. En effet, si l'addition des idées se réduit à la somme sur les idées, c'est-à-dire à l'opération duelle du produit sur les classes, la soustraction ne peut être partout définie[19]. Lorsque $a < b$, et en particulier lorsque $a = b$, la notation '$a - b$' devient ininterprétable (cf. Auroux, 1973: pp. 26-27, 1979: pp. 128-129, 1982a: p. 25). Pour ma part, je glose de la sorte une thèse leibnizienne qui a soulevé bien des commentaires: «A − A est *Nihilum*. Sed A non-A est *Absurdum*» (Couturat, 1901: pp. 377-379;

Dürr, 1930; Kauppi, 1960; Lewis, 1918). Tandis que $a + a'$ égale l'idée e' d'existence impossible, $a - a$ «n'est rien» en ce sens que la notation '$a - a$' ne désigne aucune idée. Après Descartes, Arnauld et Malebranche, et avant Hume, Leibniz semble avoir éprouvé quelque peine à réaliser que la non-existence d'une idée ne se confond pas avec l'idée d'une non-existence.

Le formalisme que je propose ici traite la soustraction comme une relation ternaire du second ordre, qui se définit «en usage» à l'aide d'une quantification sur les idées:

Pour tout a, tout b, tout c, $a - b = c$, si, et seulement si, pour tout d, (1) est vrai si, et seulement si, (2) est vrai:
(1)   (i) $b + d = a$
     (ii) $d \not< b$
     (iii) pour tout f, si $a = b + d + f$, $f \not< d$ et $d \not< f$, alors $f < b$
(2) $c < d$.

De toute évidence, si $a - b = c$ et $a - b = d$, alors $c = d$. En outre, il est aisé de prouver que si l'idée a est incluse dans l'idée b, alors il n'existe aucune idée c telle que $a - b = c$[20]. La nécessité de la clause (1iii) apparaîtra par un exemple. Supposons que les idées de blond et de roux soient incompatibles:

blond + roux = e'

de même que les idées de chauve et de chevelu:

chauve + chevelu = e'.

Admettons, en outre, que l'idée de chevelu est incluse dans les idées de blond et de roux. Alors nous aurons:

(femme × roux) + blond = femme blonde
femme + blond = femme blonde
femme + (chauve × chevelu) + blond = femme blonde
femme + chevelu + blond = femme blonde.

Qu'obtiendrons-nous si nous soustrayons de l'idée de femme blonde l'idée de blond? L'idée d'un être qui est femme ou roux est exclue par (1iii) puisque nous avons:

(femme × roux) + (femme × chauve) + blond = femme blonde
femme × roux $\not<$ femme × chauve
femme × chauve $\not<$ femme × roux
femme × chauve $\not<$ blond.

Quant aux idées de femme chauve ou chevelue et de femme chevelue, elles se trouvent écartées en vertu de (2):

femme < femme + (chauve × chevelu)
femme < femme + chevelu.

La définition ne permet pas d'obtenir à coup sûr les résultats intuitivement souhaités. Supposons qu'il existe, parmi les phoques comme parmi d'autres espèces, des individus pourvus de tête et des individus dépourvus de tête. Imaginons de plus que nous ayons :

phoque non-viable < phoque non-pourvu de tête
phoque viable ≮ phoque pourvu de tête.

Autrement dit, le fait de posséder une tête constitue, en ce qui concerne les phoques, une condition nécessaire, mais non suffisante, pour la viabilité. Dès lors :

phoque pourvu de tête < phoque viable.

Supposons maintenant qu'il existe des êtres viables et dépourvus de tête :

pourvu de tête ≮ viable.

Si nous soustrayons de l'idée de phoque viable l'idée de viable, nous n'obtiendrons pas l'idée de phoque, car :

phoque + pourvu de tête + viable = phoque viable
phoque ≮ pourvu de tête
pourvu de tête ≮ phoque
pourvu de tête ≮ viable.

Pour éliminer ce genre de difficultés, il faut soumettre le calcul à un postulat très simple :

Pour tout a, tout b, tout c, si $a + b < a + c$, $a ≮ b$, $a ≮ c$, $b ≮ a$ et $c ≮ a$, alors $b < c$.

Ce postulat tolère deux interprétations. En intension, il définit les ensembles d'idées à l'intérieur desquels la soustraction opérera de manière intuitivement satisfaisante. En extension, il revient à faire peser une contrainte générale sur les taxinomies possibles, c'est-à-dire sur les classifications d'objets qui sont effectuables dans chaque monde[21]. La seconde interprétation s'avère d'autant plus plausible que l'arbre de Porphyre survit, comme modèle sous-jacent et parasitique, au sein de la *LAP* (I, vii; cf. l'éd. Clair-Girbal, p. 380; Auroux, 1978 : p. 3) et dans de nombreux textes leibniziens.

1.3. La théorie du jugement

« Raisonner, est se servir de deux jugements pour en faire un troisième » (*GGR*, II, i); « On appelle *raisonner* l'action de notre esprit, par laquelle il forme un jugement de plusieurs autres » (*LAP*, avant-propos). A ces définitions traditionnelles, la *LAP* ajoute une remarque qui justifie par avance son dédain pour les techniques formelles du raisonnement: «La plupart des erreurs des hommes (...) viennent bien plus de ce qu'ils raisonnent sur de faux principes, que non pas de ce qu'ils raisonnent mal suivant leurs principes» (avant-propos de la troisième partie; cf. p. 401). Autrement dit: le raisonnement se fait sur des «principes» que l'on identifiera, en un premier temps, à des jugements préalables, et la source de l'erreur gît essentiellement dans ces jugements (cf. Marin, 1975: p. 27; Pariente, 1978).

La conclusion que je viens de formuler se heurte, dès l'abord, à une affirmation du chapitre III, xx (cf. Marin, 1975: p. 342): «On ne s'est pas arrêté à distinguer les faux jugements des mauvais raisonnements; et on a recherché indifféremment les causes des uns et des autres; tant parce que les faux jugements sont les sources des mauvais raisonnements, et les attirent par une suite nécessaire; que parce qu'en effet il y a presque toujours un raisonnement caché et enveloppé en ce qui nous paraît un jugement simple, y ayant toujours quelque chose qui sert de motif et de principe à ce jugement». Certes, ce passage inséré en 1683 est indubitablement dû au seul Nicole (cf. James, 1972: p. 176). On sait, en effet, que Nicole privilégiait, parmi les «pensées imperceptibles», les «vues non exprimées» qui permettent l'enthymème, et donnent au raisonnement l'apparence du jugement (Chinard, 1948: pp. 123-130; cf. *LAP*, III, xiv; James, 1972: pp. 39-40; Rodis-Lewis, 1950c: pp. 224-225; Thomas, 1942: pp. 122-123). Cependant, durant toute la controverse sur la grâce générale, Arnauld n'a jamais rappelé la priorité du jugement (voir, par exemple, *O*, XL, p. 176); il lui est même arrivé de devancer Nicole: «Car tous nos jugements particuliers présupposent dans notre esprit, quoique nous n'y prenions pas garde, une maxime générale, sur laquelle ils sont appuyés. Je crois, par exemple, que Jésus-Christ est présent dans l'Eucharistie, quoiqu'il n'y paraisse que du pain; parce que je suis persuadé généralement que, dans les choses qui dépendent de la révélation de Dieu et de sa puissance infinie, je dois plutôt croire l'Eglise, instruite par Jésus-Christ, que mes propres sens» (*O*, XXI, p. 25).

La contradiction se comprend mieux si l'on replace la *LAP* dans son contexte épistémologique. «Juger, c'est affirmer qu'une chose que nous concevons est telle, ou n'est pas telle. Comme lorsque ayant conçu ce que c'est que *la terre*, et ce que c'est que *rondeur*, j'affirme de *la terre* qu'elle *est ronde*» (*GGR*, II, i); «On appelle *juger* l'action de notre esprit, par laquelle joignant ensemble diverses idées, il affirme de l'une qu'elle est l'autre, ou nie de l'une qu'elle soit l'autre, comme lorsque ayant l'idée de la terre, et l'idée de rond, j'affirme de la terre qu'elle est ronde, ou je nie qu'elle soit ronde» (*LAP*, avant-propos). D'après ces extraits, tout jugement opère à partir de deux perceptions préalables; ayant l'idée *a* et l'idée *b*, l'esprit accomplit un acte dont l'objet (je dirai bientôt la «matière») paraît saisi par des expressions telles que:

$$b < a, b \not< a$$

ou:

$$a = b, a \neq b.$$

Pour l'instant, je me bornerai à retenir les expressions de la première catégorie, et je justifierai mon choix plus loin (cf. 1.3.3). Admettons donc que tout jugement établit l'inclusion, ou la non-inclusion, d'une idée dans une autre: «être sujet d'une idée, et être contenu dans son extension, n'est autre chose qu'enfermer cette idée; et par conséquent quand on dit qu'une idée n'en enferme pas une autre, qui est ce qu'on appelle nier, on dit qu'elle n'est pas un des sujets de cette idée» (*LAP*, II, xix). Par cet intermédiaire, la confusion entre jugement et raisonnement peut s'installer. En effet, quand la *LAP* prétend énoncer le «principe général par lequel (...) on peut juger de la bonté ou du défaut de tout syllogisme», elle le fait en termes d'inclusion: «Lorsqu'on veut prouver une proposition dont la vérité ne paraît pas évidemment, il semble que tout ce qu'on a à faire soit de trouver une proposition plus connue qui confirme celle-là, laquelle pour cette raison on peut appeler la proposition *contenante*» (III, x; cf. *GP*, II, pp. 437-438). Dans le même sens, Leibniz met sur un pied d'égalité des thèses comme:

$$a < a$$

et

$$(a < b) < (b' < a').$$

Il ramène donc l'implication entre jugements à un cas particulier du rapport d'inclusion (cf. Couturat, 1901: pp. 354-357; Dürr, 1947; Kauppi, 1960: pp. 256-259; Kotarbinski, 1964: pp. 134-139 et Dominicy, 1983a). Que, sur ce premier amalgame, vienne se greffer l'assimilation séculaire de l'inférence à l'implication et la réduction est consommée. S'inspirant de la *LAP*, Bernard Lamy peut écrire: «Il n'y a proprement que deux différentes opérations de l'Esprit. Par la première l'on aperçoit; par la seconde l'on consent. Dans un jugement, dans un raisonnement l'esprit aperçoit un rapport, une liaison, et ensuite il consent» (*Entretiens*, p. 81; cf. les notes de Clair et Girbal, pp. 389-392).

Mais l'affaire ne s'arrête pas là. Si le raisonnement se laisse ramener à un jugement, à une «pensée» éventuellement «imperceptible», alors les deux membres de l'inclusion, ou de la non-inclusion, établie redescendent au niveau des perceptions préalables, et deviennent des idées (voir Castañeda, 1976: pp. 486-487; Ishiguro, 1972: pp. 19-20, 27; Nuchelmans, 1983: p. 219). Et puisque tout jugement peut être intégré à un jugement plus complexe, la dichotomie précédemment instaurée entre l'idée et le jugement tend à s'effacer. Parallèlement, la source de l'erreur ne gît plus dans le jugement, mais quelque part dans la manière dont nous percevons nos idées: «Les hommes ne jugeant qu'en affirmant qu'une idée est ou n'est pas quelque chose; et les idées n'étant que ce qu'elles sont. Si les hommes les comprenaient et les envisageaient parfaitement ils ne douteraient jamais de rien, et ne tomberaient jamais dans l'erreur. Car ils ne manqueraient jamais d'affirmer d'une idée ce qu'ils y verraient être, et ils ne manqueraient jamais de nier de cette même idée ce qu'ils n'y verraient pas être. Et ainsi ils ne se tromperaient jamais ni en niant ni en affirmant. Non seulement ils ne se tromperaient jamais; mais ils ne feraient même jamais de raisonnement parce qu'ils n'ignoreraient rien de ce qui est compris dans les idées» (*LAP*, version manuscrite, éd. von Freytag Löringhoff-Brekle, III, p. 31).

Cette résorption du jugement, puis du raisonnement, dans l'idée figure parmi les héritages les plus marquants du cartésianisme. Elle se traduit par le fait que Descartes et ses continuateurs appliquent les termes 'idée' et 'pensée' à des opérations mentales qui vont de la sensation élémentaire jusqu'au raisonnement le plus imbriqué (cf. Ashworth, 1972: pp. 91-92; Kenny, 1972: pp. 13-14; Nuchelmans, 1983: pp. 42-44). Les causes profondes d'une telle réduction, et les conséquences qu'elle entraîne pour la théorie logique proprement dite méritent que nous nous y attardions quelque peu.

1.3.1. *Matière et forme*

La doctrine cartésienne distingue, dans le jugement, une «matière» et une «forme»: «cum viderem, praeter perceptionem, quae praerequiritur ut judicemus, opus esse affirmatione vel negatione ad formam judicii constituendam» (AT, VIIIb, p. 363); «il faut distinguer entre la matière, ou la chose à laquelle nous donnons notre créance, et la raison formelle qui meut notre volonté à la donner» (AT, IXa, p. 115; cf. sur ce point, Beck, 1952: pp. 18-20; Gilson, 1979: p. 153; Kenny, 1972: pp. 7-12; Nuchelmans, 1983: pp. 43-50). De toute évidence, la matière renferme les deux idées mises en rapport: «Car par l'entendement seul je n'assure ni ne nie aucune chose, mais je conçois seulement les idées des choses que je puis assurer ou nier » (AT, IXa, p. 45). Quant à la forme, elle peut se reconstruire de trois manières, que je figurerai comme suit:

Interprétation I
Forme	Matière
Affirmation	a, b
Négation	a, b

Interprétation II
Forme	Matière
Affirmation	$b < a$
Négation	$b < a$

Interprétation III
Forme	Matière
Assentiment	$b < a$
Assentiment	$b \not< a$

Selon l'interprétation I, la matière ne contient rien d'autre que les idées mises en rapport, de sorte que l'affirmation et la négation seront respectivement symbolisées par '$<$' et '$\not<$'. Contre cette lecture, j'invoquerai un seul fait. Descartes admet que l'on conçoive « la distinction de deux idées » (AT, III, p. 478; cf. plus haut) et la *LAP*, plus nettement encore, écrit: « Quand j'ai l'idée d'un corps, l'idée que j'en ai me représente une chose ou une substance (...) quand je considère que ce corps est rond, l'idée que j'ai de la rondeur ne me représente qu'une manière d'être » (I, ii). Il faut donc que la perception préalable au jugement englobe, outre a et b, « l'idée » de l'inclusion de b dans a. Les interprétations II et III, si elles malmènent le formalisme, collent davantage aux textes examinés. Considérons d'abord l'interprétation II: l'affirmation, non symbolisée ici, serait un assentiment volontaire et la négation, symbolisée ici par le trait oblique qui barre le signe de l'inclusion, le refus tout aussi volontaire de donner cet assentiment: « [la volonté] consiste seulement en ce que nous pouvons faire une chose, ou ne la faire pas (c'est-à-dire affirmer ou nier, poursuivre ou fuir), ou plutôt seulement en ce que, pour affirmer ou nier, poursuivre ou fuir les choses que l'entendement nous propose, nous agissons en telle sorte que nous ne sentons point qu'une force extérieure nous y contraigne » (AT, IXa, p. 46; cf. p. 204). Mais l'asymétrie ainsi instaurée entre l'assentiment et le refus de l'assentiment se heurte à un autre témoignage: « nobis (...) saepe esse liberum ut cohibeamus assensionem, etiamsi rem percipiamus: ipsum actum judicandi, qui non nisi in assensu, hoc est, in affirmatione vel negatione consistit, non retuli ad perceptionem intellectus, sed ad determinationem voluntatis» (AT, VIIIb, p. 363). Ce passage nous conduit à l'interprétation III, suivant laquelle l'affirmation et la négation se réduisent respectivement à l'assentiment volontaire donné à une inclusion, et à l'assentiment volontaire donné à une non-inclusion (cf. aussi AT, IV, p. 291).

Si nous adoptons l'interprétation III, nous pouvons aborder certains problèmes techniques de manière plus rigoureuse, tout en apercevant les nombreuses difficultés soulevées par les concepts d'affirmation et de négation. Pour commencer, l'assentiment est un acte mental, dont le sujet qui l'accomplit prend nécessaire conscience; dès lors, l'assentiment est à la fois une modification de l'âme non représentative d'un objet extérieur, et l'idée de cette modification (cf. 1.1.2). Considérons, dans pareille optique, un extrait de la *LAP*: «celui qui juge que la terre est ronde, et celui qui juge que la terre n'est pas ronde ayant tous deux les mêmes choses peintes dans le cerveau, savoir la terre, et la rondeur, mais l'un y ajoutant l'affirmation qui est une action de son esprit, laquelle il conçoit sans aucune image corporelle, et l'autre une action contraire qui est la négation, laquelle peut encore moins avoir d'image» (I, i; cf. *O*, XLII, p. 381). «L'idée d'affirmation», comme «l'idée de négation», s'avère susceptible de recouvrir deux choses: soit l'idée d'inclusion (de non-inclusion) incluse dans la matière du jugement, soit l'idée qui renferme cette idée d'inclusion (de non-inclusion), plus l'idée de l'assentiment donné par l'esprit. La différence entre ces interprétations saute aux yeux quand on étudie un raisonnement, c'est-à-dire un jugement complexe, dont la matière est décrite par une expression telle que:

$$(a < b) < (b' < a').$$

Seule l'inclusion principale, celle qui est désignée par l'occurrence de '$<$' non flanquée de parenthèses appariées, fait l'objet d'un assentiment. Si je prétends que le sujet qui effectue le jugement examiné conçoit son affirmation, cela voudra donc dire soit qu'il a l'idée de l'inclusion en question, soit qu'il a, en outre, l'idée de son assentiment à cette inclusion. En revanche, si je prétends que chaque membre de ce jugement «contient l'idée d'affirmation», cela signifiera uniquement que l'idée d'inclusion se trouve renfermée dans chacun des deux membres.

La doctrine ainsi reconstruite frôle souvent le non-sens et elle échappe, inéluctablement sans doute, à tout formalisme. Néanmoins, la lecture que je viens d'esquisser éclaire certaines thèses connexes. La première concerne la notion de «préjugé», que Descartes invoque tantôt de manière surtout polémique, tantôt en termes plus élaborés[22].

Hérité, presque toujours, de l'enfance, le pré-jugé apparaît comme l'idée résiduelle d'un jugement antérieur: «nous attribuons à l'entendement les jugements nouveaux et non accoutumés que nous faisons touchant toutes les choses qui se présentent, et (...) nous attribuons aux sens ceux que nous avons été accoutumés de faire dès notre enfance touchant les choses sensibles, à l'occasion des impressions qu'elles font dans les organes de nos sens; dont la raison est que la coutume nous fait raisonner et juger si promptement de ces choses-là (ou plutôt nous fait ressouvenir des jugements que nous avons fait autrefois), que nous ne distinguons point cette façon de juger d'avec la simple appréhension ou perception de nos sens» (AT, IXa, p. 237; cf. *LAP*, I, ix, x et xi). L'analyse cartésienne pose évidemment problème. Si le résidu d'un jugement ou d'un pré-jugé ne recouvre que la matière (cf. AT, III, p. 65), l'idée obtenue sera matériellement vraie ou matériellement fausse; ce qui nous replonge dans des difficultés précédemment abordées (cf. 1.2.3). De plus, la différence entre jugement et préjugé semble artificielle. Pourtant, le second obstacle s'avère surmontable si on admet que le jugement se distingue du pré-jugé en ce que l'un exige une réflexion expresse tandis que l'autre l'exclut. «Aveugle et téméraire impulsion», l'assentiment qui produit le préjugé s'effectue dans la «précipitation», c'est-à-dire sans conscience expresse de l'acte mental accompli (AT, IXa, p. 31; *LAP*, I, ix, IV, ii). Au contraire, le jugement implique une authentique itération de la pensée, et opère vraisemblablement par l'intermédiaire obligé des mots (cf. 1.1.2 et chapitre 2).

J'utiliserai la même stratégie pour interpréter la thèse cartésienne selon laquelle toutes les idées «qui n'enveloppent aucune affirmation ni négation» nous sont innées de manière dispositionnelle (AT, III, p. 418, VIIIb, pp. 358-359; cf. 1.1.2). En effet, nous ne saurions disposer, par avance, de l'idée expresse de notre assentiment à telle ou telle inclusion ou non-inclusion particulière comme nous disposons, par avance, des autres idées, qu'elles soient innées au sens strict, factices ou adventices. L'itération de la pensée réclame la prise de conscience expresse, et l'acquisition sans doute corrélative du langage, qui s'insèrent entre la zone du préjugé ('in-fantia') et le domaine où le jugement devient possible: «ce qui a fait que je n'ai point en mon enfance donné de faux jugement touchant ces propositions qui sont reçues généralement de tout le monde [*que deux et trois joints ensemble font le nombre de cinq*], a été parce qu'elles ne m'étaient pas encore pour lors en usage, et que les enfants n'apprennent point à assembler deux avec trois, qu'ils ne soient capables de juger s'ils font le nombre de cinq» (AT, IXa, pp. 242-243).

1.3.2. Une déduction intuitive

Répondant aux auteurs des *Sixièmes objections*, Descartes distingue «trois degrés en la certitude du sens»: «Dans le premier, on ne doit considérer autre chose que ce que les objets extérieurs causent immédiatement dans l'organe corporel (...) Le second contient tout ce qui résulte immédiatement en l'esprit, de ce qu'il est uni à l'organe corporel ainsi mû et disposé par ses objets (...) le troisième comprend tous les jugements que nous avons accoutumé de faire depuis notre enfance, touchant les choses qui sont autour de nous, à l'occasion des impressions, ou mouvements, qui se font dans les organes de nos sens» (AT, IXa, p. 236). Ce développement est reproduit, quasiment mot pour mot, par la *LAP*[23], qui proclame, plus explicitement encore que Descartes, «qu'il ne peut y avoir d'erreur ou de fausseté, ni en tout ce qui se passe dans l'organe corporel, ni dans la seule perception de notre âme, qui n'est qu'une simple appréhension; mais que toute l'erreur ne vient que de ce que nous jugeons mal» (I, xi; cf. AT, IXa, p. 237). Nous retrouvons là une conception de l'erreur déjà défendue par Epicure, et qui refera surface chez Condillac (Auroux, 1979: pp. 87-89). En termes cartésiens, elle revient à situer l'erreur dans un assentiment volontaire que le sujet donne indûment à une inclusion, ou non-inclusion, préalablement perçue (AT, IXb, p. 39).

Une fois cette conclusion atteinte, la méthode à suivre pour éliminer l'erreur se trouve virtuellement tracée. Il faudra garantir que les idées à partir desquelles opère le jugement soient l'objet d'une réflexion expresse qui permette d'apercevoir les rapports d'inclusion, ou de non-inclusion, qu'elles entretiennent. C'est en fonction de l'exigence ainsi formulée que je comprends, pour moi, la différence que Descartes institue entre les idées «claires et distinctes», et les idées «obscures» ou «confuses» (voir Ashworth, 1972; Gewirth, 1943; Gilson, 1947: pp. 202-204, 1979: pp. 84-85; Kenny, 1968: pp. 121-125). En soi, nulle idée ne mérite aucun de ces qualificatifs; mais toute idée doit être perçue clairement et distinctement pour s'intégrer à la matière d'un jugement fondé (AT, IXa, p. 115; cf. Ashworth, 1972: p. 95; Gewirth, 1943: pp. 20-24, 32). Bien plus, la clarté et la distinction d'une perception expresse suffit à assurer que la volonté n'errera pas en donnant son assentiment à une inclusion considérée[24]: «nous ne prendrons jamais le faux pour le vrai, tant que nous jugerons de ce que nous apercevrons clairement et distinctement» (AT, IXb, p. 43); «*Tout ce qui est contenu dans l'idée claire et distincte d'une chose, se peut affirmer avec vérité de cette chose*. Ainsi parce qu'*être animal* est enfermé dans l'idée de *l'homme*, je puis affirmer de l'homme qu'il est animal: parce qu'avoir tous ses diamètres égaux est enfermé dans l'idée d'un cercle, je puis affirmer de tout cercle que tous ses diamètres sont égaux: parce qu'avoir tous ses angles égaux à deux droits, est enfermé dans l'idée d'un triangle, je le puis affirmer de tout triangle» (*LAP*, IV, vi; cf. aussi IV, vii, Axiome 1; Gewirth, 1943: p. 25 et Vuillemin, 1961: p. 280).

Comme le montre la discussion de 1641 (AT, IXa, pp. 157-158, 174-176), Descartes et Arnauld ne tombent d'accord que sur cette thèse minimale. Descartes se borne à soutenir que la perception claire et distincte ne provoquera jamais un assentiment erroné. Arnauld, par contre, semble estimer que la perception claire et distincte d'une idée entraîne automatiquement la perception de toutes les idées qu'elle inclut, et partant la perception d'un ensemble — exhaustif pour l'idée en question — d'inclusions auxquelles l'esprit peut donner son assentiment. La position d'Arnauld offre l'avantage de préserver la symétrie entre «affirmation» et «négation»: si j'ai une perception claire et distincte de l'idée a, et que b ne figure pas parmi les idées que a inclut, alors je suis autorisé à juger que a n'inclut pas b.

Quoi qu'il en soit, les deux auteurs aboutissent à un principe de déduction intuitive qui subsume non seulement le jugement, mais aussi toutes les variétés concevables de l'inférence. Il reste qu'une difficulté fondamentale demeure, puisque pour arriver à ce résultat, on a postulé que l'idée ne saurait receler aucune fausseté. Or, nous avons vu par ailleurs que les idées pouvaient être déclarées «fausses» au sens matériel ou formel (cf. 1.2.3).

Je ne m'attarderai pas beaucoup sur la théorie de la fausseté matérielle, qui ne résiste guère à un second examen. Une idée matériellement fausse est une idée adventice que nous lègue un assentiment «précipité» de l'enfance (Gewirth, 1943: p. 29); elle fournit la matière d'un jugement erroné. Soit alors f_1 l'idée adventice de froid, et f_2 l'idée factice qu'il faut lui préférer. S'il y a une idée a telle que $a < f_1$ et $a \not< f_2$, et si je juge que f_1 inclut a, je ne me trompe aucunement. Mes seules erreurs pourraient consister à évaluer incorrectement l'étendue de f_1 dans un monde et, en particulier, dans le monde actuel, ou à confondre f_1 avec f_2; et de telles aberrations ne se relient en rien au caractère adventice ou factice des idées manipulées. Comme le soulignent Kenny (1968: pp. 120-121), Marin (1975: pp. 198-202) et Wilson (1978: pp. 102-119), la doctrine cartésienne est calquée ici sur une analogie dangereuse entre idées et signes. Un portrait représentera son modèle d'une manière plus ou moins «vraie» ou «fausse»; et un sujet francophone mêlera d'autant plus facilement f_1 et f_2 que les deux idées sont associées au mot 'froid' (cf. *LAP*, I, xi et chapitre 3). Mais le rapport entre l'idée et son «objet» ne relève pas des mêmes mécanismes (voir chapitre 2).

La fausseté formelle des idées nous confronte à des problèmes d'ordre technique. Descartes et Arnauld affirment que «l'existence possible» est incluse dans toute idée perçue clairement et distinctement: «tout ce que nous apercevons clairement est vrai, et ainsi (...) il existe, si nous apercevons qu'il ne puisse pas ne pas exister; ou bien (...) il peut exister, si nous apercevons que son existence soit possible» (AT, III, p. 545); «l'existence possible est contenue dans le concept ou l'idée de toutes les choses que nous concevons clairement et distinctement» (AT, IXa, p. 92; cf. pp. 93-95, 117-119, 126-128, VIIIb, p. 60, IXb, p. 31); «L'existence, au moins possible, est enfermée dans l'idée de tout ce que nous concevons clairement et distinctement» (*LAP*, IV, vii, Axiome 2; cf. Gilson, 1979: p. 235; Picardi, 1976: p. 379; Vuillemin, 1961: p. 281). Ceci peut se gloser, *a priori*, de deux façons: (i) l'idée e est incluse dans toute idée «claire et distincte»; (ii) l'idée e' n'est incluse dans aucune idée «claire et distincte». L'interprétation (i) énonce un résultat trivial, et ne saisit pas les intentions de nos auteurs. Il convient donc de se rabattre sur (ii), ce qui soulève de sérieux obstacles logiques.

Si l'on suit Descartes et Arnauld, on se voit contraint d'accepter qu'une idée formellement fausse ne peut être soumise à une perception claire et distincte. Or, remarquent successivement Caterus, Bourdin et le ministre protestant Claude, celui qui juge, avec raison, que l'idée d'une montagne sans vallée n'enferme pas l'idée d'existence possible (contient l'idée d'existence impossible) concevra clairement et distinctement l'idée e' (voir AT, IXa, pp. 75-82, VII, pp. 516-519; *GP*, I, ii, pp. 391-392, 425-430; *O*, XII, pp. 428-431). L'objection s'applique aussi aux preuves par l'absurde, que Descartes et Arnauld, à la différence de Pascal et de Leibniz, n'apprécient naturellement pas (AT, I, p. 490, II, p. 177; *LAP*, IV, ix; cf. mon introduction ainsi que Belaval, 1960: pp. 221-230; Bopp, 1902: pp. 218-220, 230-231; Desgrippes, 1935: pp. 38-39; Le Guern, 1971: pp. 102-103; Schobinger, 1974: pp. 334-337; Vuillemin, 1961: p. 270). L'embarras d'Arnauld sur ce sujet se devine à plusieurs indices. La première édition de la *LAP*, et le manuscrit, consacrent encore un chapitre, qualifié de «fort inutile», à la réduction des syllogismes. Y figure, entre autres choses, un paragraphe traitant de la «réduction à l'impossible», où il est écrit que «le moyen ordinaire dont on se sert pour montrer que l'argument dont on doute est bon, n'est pas de réduire à l'impossible celui qui en a nié la conclusion, mais de faire un autre argument semblable composé de termes plus clairs et plus simples qui paraisse clairement bon» (éd. Clair-Girbal, pp. 204-205; cf. Pariente, 1975b: p. 232). Ailleurs, Arnauld nous invite à méditer sur le «cas de deux Philosophes qui auraient tous deux supposé une montagne sans vallée. L'un dirait: quand une montagne serait sans vallée, il y aurait du haut et du bas, autrement elle ne serait pas montagne. Et l'autre dirait au contraire: il n'y aurait ni haut ni bas; on ne pourrait ni y monter ni en descendre; autrement elle ne serait pas sans vallée. Qui a tort, ou qui a raison de ces deux disputants? Des contradictoires peuvent-elles être toutes deux vraies, ou toutes deux fausses?» (*O*, X, p. 505). Il ne nous dit pas que, sous la supposition initiale, ces philosophes ont tous deux raison et tort.

Dans les *Réponses* à Bourdin, Descartes rétorque qu'on ne doit pas avoir l'idée d'une montagne sans vallée, c'est-à-dire l'idée e', pour concevoir qu'il n'y a pas de montagne sans vallée (AT, VII, p. 518). Réciproquement, je puis «entendre» que l'idée d'un Dieu fini, ou d'une étendue atomiste, implique contradiction, et cependant ne pas «comprendre» l'infini (AT, IXa, pp. 85-89). Arnauld a d'abord penché vers cette solution, qu'il a rapproché de la notion pascalienne de «vérité incompréhensible» (fr. 233, 282): grâce à un raisonnement par l'absurde, l'esprit se persuade aisément de la divisibilité à l'infini de la matière, sans pour autant arriver à fonder son jugement sur une perception claire et distincte (*LAP*, IV, i; cf. *GP*, I, ii, pp. 573-574). Le manuscrit de la *LAP* précise encore la doctrine: «Que s'il y avait des propositions qui ne se pussent prouver qu'en cette manière [par l'absurde - MD], ce serait une marque qu'elles seraient évidentes et claires d'elles-mêmes, et qu'elles n'auraient besoin que d'explication» (éd. von Freytag Löringhoff - Brekle, III, p. 63). En d'autres termes: la preuve par l'absurde ne peut fonder un jugement, parce que partout où elle se révèle irremplaçable elle «explique» un axiome[25]. Durant la polémique avec Claude, Arnauld fera glisser son argumentation vers le terrain métalinguistique; j'y reviendrai au chapitre 4.

1.3.3. Les jugements catégoriques

Le formalisme auquel j'ai eu recours jusqu'ici jette aussi quelque lumière sur la théorie des jugements catégoriques. En termes cartésiens, on dira qu'un jugement est *universel* ou *particulier* selon que sa matière se laisse décrire par une expression du type (1) ou par une expression du type (2):

(1) $b < a$
(2) $b \not< a$.

D'autre part, on dira qu'un jugement est *affirmatif* relativement à une idée b, si, et seulement si, sa matière se laisse décrire par une expression du type (1) ou du type (3):

(3) $b' \not< a$

et qu'un jugement est *négatif* relativement à une idée b si, et seulement si, sa matière se laisse décrire par une expression du type (2) ou du type (4):

(4) $b' < a$.

On voit d'emblée qu'un jugement sera affirmatif ou négatif indépendamment du fait que l'esprit, en l'accomplissant, «affirme» ou «nie», c'est-à-dire donne son assentiment à une inclusion ou à une non-inclusion. Ceci s'explique dans la mesure où le jugement ne peut être déclaré négatif que par rapport à une certaine idée b soumise ou non à la négation forte[26].

Les schèmes (1) à (4) semblent avoir été familiers aux logiciens médiévaux et renaissants (Ashworth, 1974: pp. 189-206). La *LAP*, par contre, ne manie guère que (1) et (2); et lorsqu'elle utilise la négation forte, elle repasse vite à un langage extensionnel dont la syntaxe demeure obscure (III, ix, cf. note 26). Leibniz, on le sait, rencontrera des difficultés similaires (Couturat, 1901: pp. 20-22, 347-348; cf. aussi Auroux, 1979: pp. 140-143). Cette situation curieuse découle à la fois de la confusion entre négation faible et négation forte, et de la tendance à définir l'idée comme une classe d'attributs (cf. 1.2.2). En effet, si le schème (1) s'interprète en:

«La classe des attributs contenus dans b est incluse dans la classe des attributs contenus dans a»

alors le schème (4) reçoit une interprétation insatisfaisante:

«La classe des attributs qui ne sont pas contenus dans b est incluse dans la classe des attributs contenus dans a»

qui compromet à son tour l'interprétation de (3). Pour échapper à ce péril, la *LAP* (II, xix) formule «l'axiome» suivant: «La proposition négative ne sépare pas du sujet toutes les parties contenues dans la compréhension de l'attribut: mais elle sépare seulement l'idée totale et entière composée de tous ces attributs unis». Arnauld et Nicole perdent ainsi, de leur propre aveu, l'une des intuitions majeures captées par la dualité: «Il en est tout au contraire de l'extension de l'idée. Car la proposition négative sépare du sujet l'idée de l'attribut selon toute son extension» (cf. Auroux, 1982a: pp. 19-20, 1982b: p. 43). Chose remarquable, le calcul leibnizien de Rescher (1954) souffre du même défaut (voir Dummett, 1956; Ishiguro, 1972: pp. 39-40).

Par ailleurs, les schèmes (1) à (4) se révèlent équivalents à:
(1a) $a + b' = e'$ (universel affirmatif)
(2a) $a + b' \neq e'$ (particulier négatif)
(3a) $a + b \neq e'$ (particulier affirmatif)
(4a) $a + b = e'$ (universel négatif)

Bien évidemment, (1a) sous-tend tous les développements consacrés aux idées incompatibles. L'ensemble (1a-4a) apparaît chez Leibniz (Couturat, 1901: pp. 358, 385-386) qui ne parviendra pourtant pas à construire une logique cohérente de l'existence possible. La raison en est que, confondant la non-inclusion de e' avec l'inclusion de e, Leibniz substitue à (3a) et (4a), ou plutôt aux expressions équivalentes (3b) et (4b), la tautologie (3c) et la contradiction (4c):

(3b) $a + b \neq a + b + e'$
(4b) $a + b = a + b + e'$
(3c) $a + b = a + b + e$
(4c) $a + b \neq a + b + e$

(voir, sur ce point, Castañeda, 1976: pp. 488-490; Couturat, 1901: pp. 350-353; Lewis, 1918: p. 14).

Leibniz utilise encore une troisième formalisation, que je symboliserai comme suit:

(1d) $b + x = a$
(2d) $b + x \neq a,\ b' + x = a + y$
(3d) $b' + x \neq a,\ b + x = a + y$
(4d) $b' + x = a$

(voir Couturat, 1901: p. 375; Parkinson, 1966: pp. xlvii-xlix; Risse, 1969 et 1970: pp. 199-200). Le 'x' et le 'y' de (1d-4d) fonctionnent, en fait, comme des variables liées par une quantification existentielle du métalangage sémantique. Ladite quantification se trouve elle-même sous la portée de la négation symbolisée par le trait oblique qui barre le signe '$=$'. Les schèmes (1d-4d) se liront donc:

(1e) Pour quelque c, $b + c = a$
(2e) Pour tout c, $b + c \neq a$; pour quelque c, quelque d, $b' + c = a + d \neq e'$
(3e) Pour tout c, $b' + c \neq a$; pour quelque c, quelque d, $b + c = a + d \neq e'$
(4e) Pour quelque c, $b' + c = a$

Dans la *LAP*, ce résultat nous est livré en termes extensionnels: «L'attribut est mis dans le sujet par la proposition affirmative selon toute l'extension que le sujet a dans la proposition (...) L'extension de l'attribut est resserrée par celle du sujet» (II, xvii; cf. Auroux, 1982a: 19 et 1982b: pp. 41-42; Couturat, 1901: p. 446). Ainsi s'explique le fait que la *LAP* décrive si souvent la matière du jugement à l'aide des notions d'identité et de non-identité: «la nature de l'affirmation est d'unir et d'identifier (...) le sujet avec l'attribut» (II, xvii; cf. plus haut). Assez étrangement, Arnauld et Nicole limitent leur conclusion aux jugements affirmatifs («L'attribut d'une proposition négative est toujours pris généralement», II, xix), et à l'extension («L'attribut d'une proposition affirmative est affirmé selon toute sa compréhension», II, xvii). C'est qu'ils retombent alors, sans s'en rendre compte, sur les schèmes (1-4). Car la proposition 'Il y a des riches qui ne sont pas amis de Dieu' est effectivement transformable en 'Il y a des riches qui sont du nombre de ceux qui ne sont point amis de Dieu', où l'expression 'du nombre de' restreint l'extension de l'attribut, et répond dès lors à une augmentation corrélative de la compréhension[27].

Tel quel, mon traitement ne garantit ni l'implication de l'universel au particulier, ni le rapport de contrariété entre l'universel affirmatif et l'universel négatif (*LAP*, II, iv; cf. Couturat, 1901: pp. 443-456). Pour retrouver les deux relations, il faut admettre que l'idée a des schèmes examinés est différente de e'. Dans une logique d'inspiration cartésienne, c'est-à-dire non purement formelle, ce postulat revient à exiger que l'idée dont on établit qu'elle inclut, ou n'inclut pas, une certaine idée, fasse l'objet d'une perception claire et distincte (cf. 1.3.2).

1.3.4. Nécessité et contingence

Comme le rappelle Nuchelmans (1983: pp. 43-44, 50), Descartes distinguait nettement les vérités «éternelles», ou nécessaires, des vérités contingentes. Arnauld suit le même chemin. Dans son second écrit sur la signature (*O*, XXII, pp. 785-794), puis dans les chapitres de la *LAP* qui en sont issus (IV, xiii-xvi; absents du manuscrit), il prétend bâtir sur cette dichotomie une pragmatique générale du savoir et de la croyance que j'étudierai plus loin (cf. Imbert, 1982; Picardi, 1976: pp. 377-379; et mon chapitre 3). Longtemps après, durant sa polémique avec Nicole, il s'attachera à séparer l'impossibilité logique, ou contradiction, de l'impossibilité «restreinte aux causes naturelles», laquelle viole l'une ou l'autre loi physique (*O*, X, pp. 491-499). Et cependant, il ne cessera de défendre une doctrine intensionnelle qui promeut la matière de tout jugement fondé au statut de vérité nécessaire.

Chaque fois qu'Arnauld aborde cette difficulté, c'est à la faveur d'une polémique, et donc de manière très indirecte (*O*, XIII, pp. 639-

640; *GP*, II, p. 378, III, pp. 120-121; cf. Pariente, 1975b: p. 230). Sa tactique consiste invariablement à déplacer le problème vers la grammaire (cf. 1.3.2); autant dire qu'il n'apporte aucune réponse satisfaisante du point de vue logico-philosophique.

Le traitement que la *LAP* applique aux propositions singulières renforce la conclusion que je viens de tirer. Contrairement à ce qui est souvent affirmé (éd. Clair-Girbal, p. 344; Barth, 1974: pp. 162, 175; Kneale, 1962: p. 319; Kretzmann, 1972: p. 379; Verga, 1972: I, pp. 208-209), Arnauld et Nicole n'adoptent pas une attitude très franche à ce sujet. Tantôt ils proclament que «les propositions singulières tiennent lieu d'universelles» (II, iii); tantôt ils écrivent, de certaines propositions, qu'elles ne sont ni «proprement universelles, ni encore moins particulières; mais singulières» (II, xiii). Les causes de tels flottements se découvrent aisément. Une proposition singulière (au sens de Port-Royal) exprime un jugement qui établit qu'une idée individuelle[28] inclut, ou n'inclut pas, une autre idée. Par 'idée individuelle', j'entends, avec la tradition (Gilson, 1947: p. 90), une idée qui remplit l'exigence suivante:

> Pour tout a, a est une idée individuelle si, et seulement si, pour tout b tel que $a < b$, l'une au moins des deux conditions (i) et (ii) est satisfaite: (i) $a = b$; (ii) $b = e'$.

Il est clair, alors, qu'un jugement «individuel» ne fonctionne ni comme un jugement universel, ni comme un jugement particulier. En effet, si a est une idée individuelle différente de e', le jugement universel:

$$b < a, a + b' = e'$$

implique le particulier:

$$b' \not< a, a + b \neq e'$$

et réciproquement[29]. Ceci entraîne l'équivalence de l'universel négatif avec le particulier négatif; de sorte que la frontière s'efface entre négation faible et négation forte.

Nous tenons là un résultat qui élucide, je crois, l'argumentation cartésienne sur l'âme et le corps (cf. 1.2.2). Postulons, avec Beck (1965: p. 63), Williams (1978) et contre Wilson (1978: pp. 4-5), que l'usage de la première personne grammaticale joue un rôle déterminant dans les *Méditations*, en ce sens que l'idée de «mon corps» et l'idée de «ma pensée» sont des idées individuelles différentes de e'. A partir de:

$$\text{mon corps} \not< \text{ma pensée}$$

je déduis:
   non-mon corps < ma pensée
et par conséquent:
   non-ma pensée < mon corps[30].

A ce stade, il reste seulement à admettre qu'un jugement fondé, s'il est effectuable à la première personne par tout sujet, vaut à la troisième personne pour chaque sujet. Comme l'existence de Dieu garantit qu'un tel postulat ne produira jamais l'erreur, la distinction réelle s'en trouve démontrée[31].

Malheureusement, pareille théorie du jugement «individuel» abolit tout vestige de contingence. Arnauld se heurtera de plein fouet à ce résultat lors de sa discussion avec Leibniz (cf. Barber, 1955: pp. 10-17; Couturat, 1901: pp. 208-211; Kneale, 1962: pp. 323-324; Robinet, 1955; Russell, 1937). Soit en effet a une idée individuelle et b une idée quelconque; si j'aperçois que a n'inclut pas b, je dois en inférer que a inclut b' (pour un exposé plus détaillé, voir Dominicy, 1983b). Après une longue résistance, Arnauld s'avoua vaincu, en des termes qui ne laissent planer aucun doute sur l'origine de sa résignation: «je suis satisfait de la manière dont vous expliquez ce qui m'avait choqué d'abord, touchant la notion de la nature individuelle (...) j'ai surtout été frappé de cette raison, que dans toute proposition affirmative véritable, nécessaire ou contingente, universelle ou singulière, la notion de l'attribut est comprise en quelque façon dans celle du sujet: *praedicatum inest subjecto*» (Leibniz, *Discours*, p. 133). Certes, il aurait pu répondre qu'une idée invividuelle ne saurait se concevoir clairement et distinctement. C'est, semble-t-il, la solution qui aurait tenté Descartes: «clare video Petrum stantem, sed non video clare stare contineri et connexum esse cum Petro» (AT, V, p. 160). Mais le retour d'une véritable contingence minait, nous venons de le voir, les fondements logiques implicites du dualisme. Pour réconcilier sur ce thème l'intuition et la doctrine du jugement, le seul recours gît dans une conception subjective de la probabilité, dont la *LAP* se fait occasionnellement l'avocat: «On ne doit pas diviser aussi les opinions en vraies, fausses, et probables; parce que toute opinion probable est vraie ou fausse. Mais on peut les diviser en vraies et en fausses; et puis diviser les unes et les autres en certaines et en probables» (II, xv; cf. II, iii et chapitre 3).

NOTES

[1] Voir l'éd. Clair-Girbal, pp. 373-374, Nuchelmans (1983: pp. 36-37) et Verga (1972: I, p. 189). Je néglige ici les problèmes que soulève le dualisme cartésien, en particulier toutes les difficultés centrées autour de la formule 'donner occasion' que ni Descartes ni la *LAP* ne se soucient d'élucider (cf. Gouhier, 1926: pp. 83-88).

[2] «Il est à noter que la définition psychologique des *II*ᵉˢ *Objections* a été naturellement accueillie comme authentique par les esprits faibles du cartésianisme: Arnauld (...) Desgabets (...) alors qu'elle est rejetée par les grands cartésiens, Malebranche et Leibniz» (Guéroult, 1968: II, p. 316).

[3] Ceci n'empêchera pas Nicole, qui exprime certainement une opinion plus générale, de déplorer le caractère philosophique et cartésien des critiques adressées à Malebranche (cf. Arnauld, *O*, II, pp. 570-576, 645-646; Chédozeau, 1981: p. 27; Jacques, 1976: pp. 262, 454-456; Malebranche, XVIII, pp. 235-242, 281-283, 286-287, 303-306, 337-338, 383-392; Rodis-Lewis, 1950b).

[4] C'est consciemment que j'évite ici l'emploi d'indices temporels (cf. plus bas, note 10).

[5] Pour l'interprétation de la préface latine et des *Premières réponses* (à Caterus), je me range à l'avis de Cook (1975), Gilson (1947: pp. 318-321), Lennon (1974), Nuchelmans (1983: pp. 37-41) et Yolton (1975a: pp. 150-151), contre Kenny (1968: pp. 115-116).

[6] Une fois encore, la traduction française force parfois l'original à cet égard: «duas diversas solis ideas apud me invenio (...) utraque profecto similis eidem soli extra me existenti esse non potest», traduit par: «je trouve dans mon esprit deux idées du soleil toutes diverses (...) Certes, ces deux idées que je conçois du Soleil, ne peuvent pas être toutes deux semblables au même Soleil» (AT, VII, p. 39-IXa, p. 31).

[7] Sur ce point, je me sépare de Cook (1974: p. 54): «Arnauld (...) denies that the occurrence of a perceiving requires the existence of the perceptual object: one can perceive without perceiving an existent. When one perceives an oasis, nothing need exist except, of course, the perceiving of the oasis (an Arnauldian idea)». Si l'idée n'est pas contradictoire, l'oasis en question sera un objet possible (cf. plus bas).

[8] Sur les rapports complexes entre idées et jugements, voir le paragraphe 1.3.1 ci-dessous.

[9] Ou du raisonnement éclairé par la foi comme le montre l'*Entretien avec Burman* (AT, V, p. 165): «Sed an ergo mysterium Trinitatis, etc. sunt innata?» (...) «Etiamsi illa idea tam expresse, ut nobis Trinitatem representet, innata non sit, ejus tamen elementa et rudimenta nobis innata sunt, ut habemus ideam Dei, numeri ternarii, *et similium*, innatam, ex quibus facile, accedente ex Scriptura revelatione, plenam mysterii ideam formamus, et illud sic formatum concipimus». Voir cependant AT, V, p. 176.

[10] Notons que si j'ai l'idée I_i de façon non-dispositionnelle au moment t, cela implique l'existence d'une occurrence M_{i_j} qui affecte mon esprit en un moment quelconque, et non nécessairement en t (cf. Descartes, AT, V, pp. 149-150 et ma note 4). Sur ce point, Arnauld se montrera plus exigeant que Descartes (cf. plus bas).

[11] Sur le platonisme de Nicole, voir Arnauld lui-même (*O*, III, p. 609, X, pp. 538-548), ainsi que James (1972: pp. 5, 33), Orcibal (1954), Rodis-Lewis (1950c; cf. aussi 1977), Verga (1972: II, p. 71).

[12] Ceci apparaît de manière encore plus claire dans le chapitre I, xiii de la version manuscrite éditée par von Freytag Löringhoff et Brekle (III, pp. 28-30; cf. Pariente, 1975b: p. 232).

[13] Voir, par exemple, chez Descartes: «de cela seul que je conçois l'*être* ou *ce qui est* sans penser s'il est fini ou infini, c'est l'être *infini* que je conçois» (AT, V, p. 356), où l'idée d'infini est «positive». Rescher commet encore cette confusion alors que son calcul contient les deux négations: «The result of operating on a 'term' (property) by

non is the property of not having the property in question — *non* represents the *negatio* or negation of properties» (1954: p. 5).
[14] Dans la *seconde Méditation*, l'étendue n'est encore qu'un des attributs essentiels envisageables du corps (AT, IXa, pp. 20-21; cf. Williams, 1978: p. 106).
[15] Guéroult (1968: I, pp. 90-91) a tenté de supprimer la difficulté en distinguant «le point de vue de la vérité de la science», où se situerait la lettre à Mesland, et «le point de vue de la vérité de la chose», qui serait adopté au sein du dernier extrait cité (cf. aussi Gouhier, 1962: pp. 389-390 et Rodis-Lewis, 1950a: pp. 102-103). Contre cette interprétation, j'invoquerai le simple fait que, même dans sa réponse à Mesland, Descartes conclut, par «exclusion», que l'âme «peut exister sans le corps» (ce que l'abstraction suffit à prouver), alors qu'il veut établir, en réalité, qu'elle *doit* exister sans le corps. Sur cette question, je me sens plus proche de Kenny, bien que je ne partage pas ses conceptions sur les rapports entre les deux *Méditations*.
[16] Sous cet aspect, la doctrine de Port-Royal peut être considérée comme une extrapolation malheureuse de traitements extensionnels (cf. Ashworth, 1974: p. 190; Törnebohm, 1960).
[17] Cf. *LAP*, I, vii et Couturat, 1901: pp. 348-349. Le terme 'être universel' est, de ce point de vue, extrêmement dangereux, puisqu'il renvoie à Dieu en d'autres contextes (cf. *O*, XL, pp. 198-199). Je ne l'utiliserai donc pas.
[18] Kenny (1968: pp. 119-120) suggère, de manière fort convaincante, que ce flottement est lié à la similitude des expressions 'vera idea' (en français, 'véritable idée') et 'idea vera' (en français, 'idée vraie'). Théoriquement, une idée fausse reste une véritable idée, c'est-à-dire quelque chose qui est véritablement une idée (cf. aussi Danto, 1978). Mais la confusion entre idée fausse et non-idée se fait d'autant plus facilement que la logique de la négation n'obéit à aucun principe rigoureux: «Et je ne dois pas m'imaginer que je ne conçois pas l'infini par une véritable idée, mais seulement par la négation de ce qui est fini, de même que je comprends le repos et les ténèbres par la négation du mouvement et de la lumière» (AT, IXa, p. 36; cf. AT, VII, p. 45).
[19] Même dans le calcul de Dürr (1930), qui suit de très près les énoncés leibniziens, la notation '$a - b$' n'est interprétable que lorsque b est inclus dans a. Pour le cas où a est inclus dans b, Dürr recourt à la notation 'a/b', et il se retrouve avec quatre opérations (addition, multiplication, soustraction, division) dont les deux dernières correspondent à la soustraction généralisée de Leibniz. En outre, la soustraction de Dürr, et sa division, sont les inverses respectifs de son addition et de sa multiplication, ce qui rompt tout lien de dualité avec la logique des classes (voir Dürr, 1930: pp. 81-100, 167-178).
[20] Démonstration par l'absurde:
    (i) $a < b$ (hypothèse)
    (ii) $a - b = c$ (hypothèse)
    (iii) $b + c = a$ (de ii par la définition)
    (iv) $c < a$ (de iii)
    (v) $c < b$ (de i et iv)
    (vi) $c \not< b$ (de ii par la définition)
[21] Notons qu'en extension, $\alpha - \beta$, ne se confond pas avec $\alpha|\beta$ contrairement à ce que suggère Kauppi (1960: pp. 253-254).
[22] Cf. Gilson, 1947: pp. 199, 287-294; Gouhier, 1962: pp. 41-62 et l'éd. Clair-Girbal de la *LAP*, p. 383. Passages pertinents chez Descartes: II, pp. 39, 212-213, 518, III, pp. 420-424, IV, p. 114, V, pp. 275-276, VII, pp. 377-378, 385-386, 526-527, IXa, pp. 17, 31, 179, 204-205, 236-244, IXb, pp. 25, 46, 58-60, X, pp. 495-496, 507-509. Voir aussi Arnauld, *O*, XXXVIII, pp. 92-93, 183, 190.
[23] Mais pas dans la version manuscrite (éd. von Freytag Löringhoff-Brekle, III, p. 14). Voir aussi La Forge (pp. 249-250) et la *GP* (III, pp. 391-405).
[24] L'interprétation que j'avance ici paraît cerner de très près la pensée d'Arnauld. La

version manuscrite de la *LAP* énonçait que «Tout ce qui est contenu dans la véritable idée d'une chose, se peut affirmer avec vérité de cette chose» (éd. von Freytag Löringhoff-Brekle, III, p. 62). En remplaçant 'véritable' par 'claire et distincte', Arnauld marque plus nettement la stratification qui s'installe entre l'idée et la conscience expresse. Plus tard, il écrira: «tout ce qui est contenu dans la vraie Idée d'une chose (c'est-à-dire, dans la perception claire que nous en avons) en peut être affirmé avec vérité» (*O*, XXXVIII, p. 210).

[25] Pour l'idée qu'un axiome peut être «expliqué» mais non «démontré», voir la *LAP*, IV, vi et Picardi, 1976: p. 380. Ceci montre que, sur certains points, Descartes et Arnauld sont moins éloignés de Pascal qu'on ne le prétend souvent (cf., par exemple, Belaval, 1960: pp. 227-230; Guenancia, 1976: pp. 305-306; Marin, 1975: pp. 105-111, 265-269; Mesnard, 1976: pp. 65-66).

[26] La *LAP* est parfois tombée dans les pièges tendus par cette terminologie imbriquée. Ainsi, elle classe la proposition 'Tous ceux qui n'aiment que Dieu sont du nombre de ceux à qui on ne peut ravir ce qu'ils aiment' parmi les universelles affirmatives, et elle précise, un peu plus loin, «que c'est la même chose de dire négativement qu'un homme n'est pas ami de Dieu, et de dire affirmativement qu'il est non ami de Dieu, c'est-à-dire, du nombre de ceux qui ne sont pas amis de Dieu» (III, ix).

[27] Cet exemple provient du chapitre III, ix, où, pour ajouter à la confusion, il est considéré comme une particulière affirmative (cf. note 26). Je reviendrai sur la sémantique de la quantification dans mon chapitre 4.

[28] «Les idées qui ne représentent qu'une seule chose s'appellent singulières ou individuelles» (*LAP*, I, vi; pour la synonymie entre 'singulier' et 'individuel', voir *O*, XII, p. 388 et Barth, 1974: pp. 141-143). Par la suite, j'aurai à distinguer entre idées individuelles et idées singulières (cf. Dominicy, 1983b).

[29] Preuve de l'implication du particulier à l'universel:
  (i) $a + b \neq e'$ (hypothèse)
  (ii) $a < a + b$ (thèse du calcul)
  (iii) $a = a + b$ (de i et ii par la définition)
  (iv) $b < a$ (de iii)

[30] Preuve par l'absurde:
  (i) non-ma pensée $\not<$ mon corps (hypothèse)
  (ii) ma pensée $<$ mon corps (de i)
  (iii) non-mon corps $<$ ma pensée (résultat obtenu)
  (iv) non-mon corps $<$ mon corps $\neq e'$ (de ii et iii; hypothèse)

[31] La *GP* (I, ii, pp. 394-399, 407-409) renferme un passage qui me paraît analysable selon les mêmes principes. Arnauld et Nicole veulent établir le point suivant: ne pas croire que Constantinople soit en Asie, c'est croire que Constantinople n'est pas en Asie. Le développement s'inspire directement de la distinction réelle: «nous n'avons point d'autres preuves qui nous convainquent de la distinction des choses, que lorsque nous les concevons par des idées entièrement séparées, et qui sont ainsi exclusives les unes des autres, de sorte que lorsque l'idée de l'une n'enferme aucunement l'idée de l'autre dans notre esprit, nous savons que l'une n'est pas l'autre». Or, toutes les propositions discutées sont, à une, voire deux exceptions près, des singulières.

2. La théorie du signe

« Quand on considère un objet en lui-même et dans son propre être, sans porter la vue de l'esprit à ce qu'il peut représenter, l'idée qu'on en a est une idée de chose, comme l'idée de la terre, du soleil. Mais quand on ne regarde un certain objet que comme en représentant un autre, l'idée qu'on en a est une idée de signe, et ce premier objet s'appelle signe. C'est ainsi qu'on regarde d'ordinaire les cartes et les tableaux. Ainsi le signe enferme deux idées, l'une de la chose qui représente, l'autre de la chose représentée; et sa nature consiste à exciter la seconde par la première » (*LAP*, I, iv). Cette définition étonne à deux égards au moins. D'abord, par son émergence tardive, puisqu'elle n'apparaît que dans la cinquième édition de la *LAP*, en 1683, c'est-à-dire après que La Forge, Cordemoy et Malebranche aient tracé l'ébauche d'une sémiologie cartésienne (cf. Rodis-Lewis, 1964, 1966, 1968a). Ensuite, par son contenu : l'existence du signe implique non seulement l'association de deux idées qui renvoient chacune à une « chose », mais peut-être aussi l'intrusion d'une troisième entité mentale, par laquelle « on regarde un certain objet comme en représentant un autre ». Pour reprendre l'interrogation de Foucault (1966 : p. 78), « N'aurait-on pas trois termes : l'idée signifiée, l'idée signifiante et, à l'intérieur de celle-ci, l'idée de son rôle de représentation ? »

La première surprise grandit encore lorsqu'on relit les éditions antérieures de la *GGR* et de la LAP. Dès 1660, la *GGR* écrit dans son introduction que « Parler, est expliquer ses pensées par des signes, que les hommes ont inventés à ce dessein»; en 1662, la *LAP* renchérit: «nous ne pouvons faire entendre nos pensées les uns aux autres, qu'en les accompagnant de signes extérieurs» (avant-propos). La notion de signe figurerait donc, à ce stade, parmi les concepts théoriques trop fondamentaux pour être mis immédiatement à jour (Auroux, 1979: pp. 21-22; Foucault, 1969: p. xvi; Swiggers, 1981b: p. 268). D'autre part, on rencontre, de 1660 à 1683, maint passage où le modèle sémiologique semble se réduire à un rapport binaire entre mots et idées (cf. Swiggers, 1981b: p. 271): «l'on peut définir les mots, des sons distincts et articulés dont les hommes ont fait des signes pour signifier leurs pensées» (*GGR*, II, i, 1660; cf. *LAP*, II, i); «il y a une grande différence entre la lettre et le sens littéral: la lettre n'est autre chose que le son littéral des paroles, *quod verba sonant*; c'est-à-dire ce que les paroles expriment. Le sens littéral est ce que les paroles signifient, selon l'intention de l'Auteur» (Arnauld, *O*, IX, p. 150; c. 1661, cf. p. xi); «Le meilleur moyen pour éviter la confusion des mots qui se rencontrent dans les langues ordinaires, est de faire une nouvelle langue, et de nouveaux mots qui ne soient attachés qu'aux idées que nous voulons qu'ils représentent» (*LAP*, I, xii; 1662); «les sons ne sont point tellement attachés à certaines idées, que l'esprit ne les applique souvent à d'autres idées voisines ou semblables» (*O*, XII, p. 359; cf. p. 367; 1671); «les hommes (...) ne s'attachent point servilement à la signification grammaticale des mots. Ils y joignent les idées qu'ils tirent de la doctrine de l'Eglise de leur temps» (*GP*, III, p. 34; 1676); «l'idée du mot de *pureté*» (*O*, VII, p. 265; 1679); «les mots sont signes d'institution des pensées» (*LAP*, I, iv; 1683). Confrontée à de tels extraits, la définition de 1683 se révèle soit redondante, soit incomparablement plus ambitieuse.

Le but du présent chapitre est, avant tout, de découvrir l'origine et le soubassement formel de la doctrine sémiologique défendue par Arnauld. Cette entreprise me fournira l'occasion d'élucider certains des problèmes précédemment abordés, et de montrer par quelles transitions la théorie logico-philosophique se relie à l'analyse linguistique, puis au détail de la description grammaticale.

2.1. Une sémiologie cartésienne

Plusieurs commentateurs ont voulu trouver chez Augustin les sources qui auraient inspiré ici la *LAP* (voir Brekle, 1975: pp. 335-337; éd. Clair-Girbal: p. 378; Picardi, 1976; Rey, 1973: pp. 111-112; Robinet, 1978: pp. 13-51; Rodis-Lewis, 1968b: p. 22; Swiggers, 1981a, b et c). A l'appui de leur thèse, on signalera que la définition augustinienne du signe[1] est reprise telle quelle au sein de la *GP* (1676) : « un signe n'est autre chose qu'un objet, qui imprimant dans les sens une certaine espèce en fait concevoir une autre à l'esprit » (III, p. 17); « Le signe, dit-on, est une chose qui outre l'idée qu'elle imprime dans les sens porte l'esprit d'en concevoir une autre » (III, p. 104); et dans deux lettres de Nicole à Arnauld : « S. Augustin dit qu'un signe *est quod praeter rem quam exhibet sensibus, aliud animo repraesentat*. Il faut donc deux idées pour un signe, l'une pour le signe représentant, l'autre pour la chose représentée, que l'on connaît par le signe. Le signe excite l'esprit, mais il faut qu'en vertu de cette excitation, il se forme une idée distincte de la chose représentée; mais si on n'a qu'une seule idée, on ne voit point le signe comme signe, mais comme chose » (début février 1684; Malebranche, XVIII, p. 288); « L'idée commune que l'on a d'une chose qui représente, *c'est-à-dire d'un signe* est celle même que St Augustin en a eue lorsqu'il définit un signe *quod praeter speciem quam exhibet sensibus aliud quid animo repraesentat* » (12 avril 1684; Malebranche, XVIII, p. 303; cf. Rodis-Lewis, 1950b). A cela s'ajoute le fait qu'Arnauld cite Augustin de manière encore plus fidèle dans sa *Défense* de 1684 : « Signum est quod praeter speciem quam ingerit sensibus facit aliquid aliud in cognitionem venire » (*O*, XXXVIII, p. 587; cf. XLII, p. 382 (1694) et la note de Robinet dans Malebranche, XVIII, p. 288). La filiation s'expliquerait d'autant mieux que Nicole a pris une part prépondérante, sinon essentielle, à l'élaboration de la *GP* (Snoeks, 1951 : pp. 11-12, 176-178, 193-196), et que le chapitre I, iv de 1683 lui est souvent attribué (James, 1972 : p. 176).

J'avancerai, quant à moi, une hypothèse assez différente, qui s'appuie sur trois arguments principaux. Pour commencer, le langage scolastique que Nicole conserve pour traduire Augustin dans le premier extrait de la *GP* contraste avec la terminologie indubitablement cartésienne des passages postérieurs; j'y décèlerais volontiers une intervention d'Arnauld. Par ailleurs, le modèle augustinien ne mentionne que trois termes ('res', 'species', 'aliud aliquid'), à l'opposé de la *LAP*, qui en utilise quatre au moins, si on accepte de négliger provisoirement l'idée même de représentaiton. Certes, le phénomène ne revêtira pas grande importance aux yeux des auteurs pour lesquels cette structure quaternaire se laisse ramener à une variante de structures binaires ou ternaires (Auroux, 1979 : pp. 22-26; Marin, 1975 : pp. 61-62; Rey, 1973 : pp. 112, 119). Mais la réduction ainsi appliquée se heurte à d'autres témoignages, qui concernent tous l'écriture[2]. Selon la *GGR*, « les sons ont été pris par les hommes, pour être signes des pensées, et (...) ils ont aussi inventé certaines figures pour être les signes de ces sons» (I, v; cf. avant-propos). Cet alignement des caractères écrits sur les signes nous est confirmé par des textes postérieurs : « je ne crois pas que les yeux découvrent autre chose dans les livres, que des traits qui forment les caractères (...) le rapport que les caractères (...) ont avec certains sons, et celui que ces sons ont avec certaines idées, ne se voient point du tout par les yeux» (*O*, XII, p. 359); «Un discours écrit ou imprimé, c'est-à-dire des pensées revêtues de caractères, sont des signes de ce même discours prononcé» (*GP*, III, p. 114); «les mots sont signes d'institution des pensées, et les caractères des mots» (*LAP*, I, iv); «On peut tirer encore d'aussi forts arguments de l'art d'écrire; c'est-à-dire, de former de certains caractères visibles, qui pussent réveiller, dans l'esprit de ceux qui les verraient, les idées des sons, qui avaient déjà été pris pour signes des pensées» (*O*, XXXVIII, p. 356). Comme l'ont pertinemment remarqué Donzé (1967: pp. 52, 58-59) et Swiggers (1981a, 1981b: pp. 273-274, 1981c: pp. 125-126), nulle structure binaire ou ternaire ne suffit à expliquer une telle conception de l'écriture. En effet, si le caractère signifie le son, en «réveillant» l'idée de ce son, et que le son signifie la chose en «réveillant» l'idée de cette chose, les termes de la structure quaternaire — son, idée du son, chose, idée de la chose — se trouvent distingués; de sorte que ce sont les structures binaires ou ternaires qui reviennent à des interprétations d'un modèle plus fondamental.

Je tenterai d'organiser l'ensemble de ces données en replaçant l'héritage augustinien dans le contexte du temps (cf. Gouhier, 1978; Rodis-Lewis, 1950c, 1951, 1954). A mon sens, la source véritable de la doctrine sémiologique développée par Arnauld se situe chez Descartes; ce qui n'exclut pas, comme en d'autres circonstances, que le cartésianisme n'ait provoqué une redécouverte d'Augustin, laquelle exercera à son tour une influence décisive. A cet égard, je pense que Nicole, dont les connaissances cartésiennes doivent avoir été limitées (cf. mon introduction), a vraisemblablement pris contact avec la sémiologie par le biais augustinien. De manière plus générale, la référence à Augustin servait sans doute à justifier la réduction d'un modèle quaternaire clairement élaboré par La Forge et Cordemoy[3].

2.1.1. Nature et institution

L'une des thèses majeures du cartésianisme — et qui relie cette philosophie à l'avènement de la physique nouvelle — énonce que les impressions mécaniques causées à nos organes sensibles par les objets extérieurs, ne ressemblent en rien aux idées que nous nous formons des objets extérieurs à l'occasion desdites impressions (voir, entre autres, AT, VI, pp. 84-85, 107-114, 130-132, 140-142, IXb, pp. 315-316, XI, pp. 3-10). Chaque fois que Descartes s'efforce de rendre plausible une affirmation aussi radicale, il recourt à l'analogie linguistique (cf. Larmore, 1980; Marin, 1975: pp. 87-92, 100-103; Maull, 1980; Pucelle, 1935; Robinet, 1978: pp. 87-88; Rodis-Lewis, 1950a: p. 213, 1964, 1966, 1968a et b). Trois textes pertinents mériteraient d'être reproduits ici (AT, VI, p. 112, IXb, pp. 315-316, XI, pp. 3-4); je choisirai le plus célèbre: «encore que chacun se persuade communément, que les idées que nous avons en notre pensée sont entièrement semblables aux objets dont elles procèdent, je ne vois point toutefois de raison, qui nous assure que cela soit; mais je remarque, au contraire, plusieurs expériences qui nous en doivent faire douter. Vous savez bien que les paroles, n'ayant aucune ressemblance avec les choses qu'elles signifient, ne laissent pas de nous les faire concevoir (...) Or, si des mots, qui ne signifient rien que par l'institution des hommes, suffisent pour nous faire concevoir des choses, avec lesquelles ils n'ont aucune ressemblance: pourquoi la Nature ne pourra-t-elle pas aussi avoir établi certain signe, qui nous fasse avoir le sentiment de la Lumière, bien que ce signe n'ait rien en soi, qui soit semblable à ce sentiment? Et n'est-ce pas ainsi qu'elle a établi les ris et les larmes, pour nous faire lire la joie et la tristesse sur le visage des hommes?» (AT, XI, pp. 3-4).

Comme le soulignent Gouhier (1958, 1962), Foucault (1966; cf. Dascal, 1978: pp. 63-75) et Marin (1975: pp. 88-91), le cartésianisme renverse ainsi toutes les perspectives sémiologiques antérieures. Tandis qu'au seizième siècle encore, le signe naturel constituait un idéal, au regard duquel le signe d'institution se définissait comme par défaut, c'est désormais la source de l'institution, et non plus le caractère intrinsèque ou extrinsèque du rapport sémiologique, qui sépare les deux types de signes: institution divine dans un cas, institution humaine dans l'autre. Du point de vue iconique, le signe naturel s'avère aussi «arbitraire» que le signe d'institution, et la langue fournit dès lors une analogie précieuse au dualisme. Esquissée par Descartes (AT, IV, pp. 603-604), la comparaison entre la régularité des liaisons occasionnelles, et le statut contraignant du signe d'institution, fera fortune chez La Forge (pp. 161-173), chez Cordemoy (pp. 209-210), chez Malebranche (I, pp. 212-222, 508-509)[4]: «lorsqu'on apprend une langue, on joint les lettres ou la prononciation de certains mots, qui sont des choses matérielles, avec leurs significations, qui sont des pensées; en sorte que, lorsqu'on oit après derechef les mêmes mots, on conçoit les mêmes choses; et quand on conçoit les mêmes choses, on se resouvient des mêmes mots» (AT, IV, p. 604); partant, «on ne doit pas avoir de peine à concevoir que l'Auteur de la nature, en formant un homme, unisse si bien quelques pensées de son âme à quelques mouvements de son corps, que ces mouvements ne puissent être excités, dans le corps, qu'aussitôt des pensées ne soient excitées dans l'âme; et que réciproquement, dès que l'âme veut que le corps soit mû d'une certaine façon, il le soit en même temps» (Cordemoy, p. 210).

Tous ces développements imposent la structure quaternaire. Descartes parle, en plusieurs endroits, de «l'idée des sons» (AT, XI, p. 149; cf. p. 346), ou des «idées que nous avons des couleurs, des sons, des odeurs ou des goûts» (AT, IXb, p. 316); corrélativement, il s'attache à distinguer «l'idée du son» et «l'idée du mot»: «Quelqu'un répondra peut-être que l'écriture et les paroles ne représentent immédiatement à l'âme *que la figure des lettres et des sons*, en suite de quoi elle, qui entend *la signification de ces paroles*, excite en soi-même les imaginations *et passions* qui s'y rapportent» (AT, IXb, p. 316); «vous direz, peut-être, que nos oreilles ne nous font véritablement sentir que le son des paroles, ni nos yeux que la contenance de celui qui rit ou qui pleure, et que c'est notre esprit, qui ayant retenu ce que signifient ces paroles et cette contenance, nous le représente en même temps» (AT, XI, p. 4). Le même thème réapparaît, de manière moins explicite, dans les réponses à Hobbes (AT, IXa, pp. 138-141; cf. III, pp. 391-397), et se trouve repris, presque littéralement, par La Forge (pp. 161-163), et par la *LAP* (I, i). Chez La Forge, le modèle sémiologique à quatre termes se met définitivement en place: «quand nous ne savons pas encore l'usage et la prononciation des mots, l'impression qu'ils font sur nos sens ne nous fait point concevoir autre chose que les sons ou les figures des Lettres; mais lorsque nous l'avons apprise, et que nous y sommes accoutumés, (...) cette impression nous donne (...) la pensée qui nous représente ces paroles en elles-mêmes, et (...) celle de la chose qu'elles signifient» (p. 162). La *LAP*, au contraire, se borne d'abord à critiquer Hobbes en recourant au langage informel des *Troisièmes réponses*; et il faut attendre 1683 pour voir le chapitre I,i augmenté d'un paragraphe qui invoque clairement la structure quaternaire: «Que si l'on objecte qu'en même temps que nous avons l'idée des choses spirituelles comme de la pensée, nous ne laissons pas de former quelque image corporelle, au moins du son qui la signifie, on ne dira rien de contraire à ce que nous avons prouvé. Car cette image du son de pensée que nous nous imaginons, n'est point l'image de la pensée même, mais seulement d'un son, et elle ne peut servir à nous la faire concevoir qu'en tant que l'âme s'étant accoutumée quand elle conçoit ce son, de concevoir aussi la pensée, se forme en même temps une idée toute spirituelle de la pensée, qui n'a aucun rapport avec celle du son, mais qui y est seulement liée par l'accoutumance» (cf. Swiggers, 1981b: p. 270).

Au sein du passage cité, le «son» ne doit se confondre ni avec son «image corporelle» ni avec son «idée»: «Pensez-vous, lors même que nous ne prenons pas garde à la signification des paroles, et que nous oyons seulement leur son, que l'idée de ce son, qui se forme en notre pensée, soit quelque chose de semblable à l'objet qui en est la cause? (...) le son n'est autre chose qu'un certain tremblement d'air, qui vient frapper nos oreilles; en sorte que, si le sens de l'ouïe rapportait à notre pensée la vraie image de son objet, il faudrait, au lieu de nous faire concevoir le son, qu'il nous fît concevoir le mouvement des parties de l'air qui tremble pour lors contre nos oreilles» (AT, XI, p. 5; cf. Arnauld, *O*, XXXVIII, pp. 145-149). Il en résulte que, sous la forme élaborée que lui confère Cordemoy, la sémiologie cartésienne manipulera six entités différentes:

signe ←→ mouvement corporel$_1$ ←→ idée$_1$ ←→ idée$_2$ ←→ mouvement corporel$_2$ ←→ chose
(1) (2) (3) (2) (1)

Ainsi, pour la communication verbale, Cordemoy isole successivement: la «voix»; «la façon dont l'air, en frappant le nerf de notre oreille, ébranle notre cerveau» et «la formation de la voix»; l'idée$_1$ de la voix et l'idée$_2$ de la chose; «les impressions que les choses laissent dans le cerveau»; la chose signifiée (pp. 218-223, 232-239)[5].

Le modèle de Cordemoy éclaire aussi la doctrine dont il s'inspire. Les rapports numérotés (1) dans le schéma relèvent du seul mécanisme; ceux numérotés (2) sont naturels et universels, car établis par la volonté divine; (3) procède, selon les cas, d'une institution divine ou d'une institution humaine: ainsi «une image qui paraît dans un miroir est un signe naturel de celui qu'elle représente» parce que l'idée de cette image et l'idée de l'individu représenté entrent dans un rapport général voulu par Dieu; d'autres signes, comme les mots, «ne sont que d'institution et d'établissement», en ce que (3) découle alors d'une convention passée par l'espèce humaine ou particulière à chaque communauté (*LAP*, I, iv; cf. La Forge, pp. 123-124, 294-296; Cordemoy, pp. 207, 235). Par conséquent, notre activité sémiologique contraste à double titre avec les comportements, similaires en apparence, de l'animal-machine privé de véritables sensations[6]. Qu'ils soient naturels ou d'institution, nos signes mettent en jeu les rapports du type (2) et les rapports du type (3), qui échappent, les uns comme les autres, aux lois mécanistes.

2.1.2. *Connaissance et volonté*

C'est à ce niveau que la pensée d'Augustin peut enrichir la sémiologie cartésienne. En effet, la théorie esquissée jusqu'ici possède une dimension pragmatique cachée, qu'Augustin avait su expliciter (cf. Baratin-Desbordes, 1982; Picardi, 1976: p. 348; Simone, 1972: pp. 15-18). Pour que le signe fonctionne, il faut d'abord que ses utilisateurs le connaissent *en tant que signe*. Contrairement à ce que soutient Simone (1972: p. 29), Arnauld et Nicole ont aperçu cette première exigence. Elle transparaît déjà dans la *LAP* (I, iv), ainsi que dans la lettre de février 1684 précédemment citée (Malebranche, XVIII, p. 288). De plus, Arnauld consacre quelques pages de sa *Défense* à paraphraser les vues augustiniennes (*O*, XXXVIII, pp. 584-588), et la *GP* nous fournit deux exemples très clairement argumentés: «il y a des choses que nous regardons comme *des choses*, c'est-à-dire que nous considérons en ce qu'elles sont en elles-mêmes; et d'autres au contraire que nous considérons comme signes, c'est-à-dire dans lesquelles nous avons moins égard à ce qu'elles sont, qu'à ce qu'elles signifient, ou naturellement ou par institution (...) non seulement nous considérons nous-mêmes ces choses en deux manières: mais (...) nous savons aussi par le commerce que nous avons les uns avec les autres, de quelle sorte les autres les regardent. Ainsi nous savons communément que ceux à qui on parle, regardent un cheval, un arbre, du pain, du vin comme des choses, et un tableau, une carte géographique comme des signes» (II, p. 67); «l'on dira (...) d'une carte que c'est la France ou l'Allemagne, mais (...) on ne se sert de ce langage qu'à l'égard de ceux qui savent en général qu'on représente ainsi les provinces sur les cartes, et qui ignorent seulement quelle est la province figurée. C'est pourquoi si on montrait une carte à un Américain qui n'eût jamais ouï parler de cette manière de peindre des pays, et qui ne sût pas même l'usage de l'écriture, on choisirait naturellement d'autres termes pour lui faire entendre sa pensée» (II, pp. 75-76, 597-598; cf. *LAP*, II, xiv). Arnauld et Nicole développent encore une analyse similaire de la génuflexion (I, ii, pp. 527-530): si l'on s'agenouille pour boire, le geste reste perçu en tant que «chose»; mais une fois institué et connu comme signe, il acquiert une valeur contraignante.

La connaissance ne suffit pourtant pas à décrire tous les usages que nous faisons des signes. La volonté humaine intervient aussi, non seulement pour établir les signes d'institution, mais pour pervertir le rapport (3) entre idées. L'importance du mensonge a été clairement dégagée par Cordemoy (pp. 207, 234, 246-248; cf. Picardi, 1976: pp. 359-360; Rodis-Lewis, 1968a: pp. 11-12), qui démontre que l'homme va jusqu'à détourner parfois les signes naturels, tels le rire, les larmes, l'air du visage, dans le but de feindre quelque mouvement de l'âme. Ceci prouve que la même «chose» fonctionnera tantôt comme un indice, ou un symptôme, tantôt comme un signe naturel. Si je ris parce que je suis joyeux, mon rire constitue, pour moi, un indice (un symptôme), mais il se mue en signe naturel pour celui qui m'observe et conclut que je suis joyeux. Si par contre, je ris afin de dissimuler ma tristesse, j'utilise mon expérience passive des signes naturels, en les retournant littéralement contre les autres. Tout maniement des signes, naturels ou d'institution, implique donc une conscience, virtuelle ou expresse, du rapport (3); de sorte que même un signe naturel — une image reflétée ou un tableau, par exemple — peut ne pas être connu en tant que signe (*GP*, II, p. 76).

Fait remarquable, Arnauld exploite la structure quaternaire, et ses corrélats pragmatiques, dès les années 1660-1668, lors des interminables controverses sur la signature du Formulaire. Mais, plongé qu'il se trouve dans les polémiques ponctuelles, il se borne à nous léguer quelques indications éparses. Premier acquis: la signature exigée est le signe d'une «disposition intérieure» (*O*, I, p. 632, XXI, pp. 331, 691, XXIII, pp. 317-318, 449, 506, 520, 531, XXIV, pp. 74-75, XLIII, p. 256); «puisque la Signature est signe de quelque disposition d'esprit, il était nécessaire, avant que de la faire, de s'informer exactement quelle est cette disposition dont elle est signe» (XXIII, p. 531; cf. Nicole, *Imaginaires*, I, pp. 174-176). Il faut donc distinguer quatre éléments, à savoir les caractères qui constituent la signature, l'idée de cette signature, l'idée de la disposition intérieure signifiée, et cette disposition elle-même: «le nom mis au bas du Mandement est un signe (...), et il n'imprime pas seulement l'idée du nom de celui qui signe, mais aussi l'idée de son consentement» (XXIV, p. 75). En outre, la signature résulte d'une institution humaine, qui n'échappe pas à la mutabilité (I, p. 632, XXI, p. 691, XXIII, pp. 449, 520, XXIV, pp. 74-75): «comme la souscription est d'elle-même un signe arbitraire, et que tout signe arbitraire et d'institution est muable, le même signe qui était licite, parce qu'il était déterminé par le consentement de l'Eglise à ne signifier qu'un respect extérieur, est devenu illicite à ceux qui ne croient pas le fait, parce qu'on l'a déterminé à marquer la créance humaine du fait, laquelle ils n'ont pas» (XXIII, p. 449). En synchronie, la signature, prise comme telle, demeure vide de sens ou ambiguë (XXI, pp. 331, 691): «pourquoi les signatures d'un Juge, d'un Greffier, d'un Notaire, ne sont point des témoignages de leur sentiment? Parce que la coutume et l'institution des hommes, dont dépend la signification de tous les signes, même des paroles, a déterminé ces sortes de

Souscriptions à signifier autre chose; savoir la vérité et la validité des actes quant à la forme» (XXI, p. 331). Enfin, la volonté humaine peut manipuler la signature pour feindre une disposition intérieure, ou authentifier un faux (XXII, pp. 789-792; cf. *LAP*, IV, xv).

2.2. Vers un modèle formel

Le paragraphe précédent a cerné, je pense, le contenu intuitif et les sources de la théorie sémiologique d'Arnauld. Il reste que de nombreux points techniques doivent être éclairés.

Je postulerai, dès l'abord, que l'idée de la chose qui représente, et celle de la chose représentée, sont des fonctions de l'ensemble des mondes sur l'ensemble des mondes (cf. 1.2.1). Ceci a été mis en doute: Swiggers (1981 b: pp. 270-271) invoque un passage déjà commenté de la *LAP* (I, i; dernier paragraphe de 1683, cf. 2.1.1) pour écrire que «les sons ne représentent pas la réalité, mais les *idées* que nous avons de cette réalité». En fait, le texte traite d'une réflexion expresse qui s'applique aux opérations de l'esprit signifiées par les mots. Dans de tels cas, la «chose» représentée n'est certes pas un objet matériel; rien ne nous empêche, pourtant, de la considérer comme un «objet», au sens le plus abstrait du terme.

Une fois cette difficulté écartée, d'autres questions surgissent (cf. Auroux, 1979: p. 23). Pourquoi la *LAP* se croit-elle autorisée à affirmer que «le signe enferme deux idées»? S'il en allait ainsi, le signe se réduirait à une seule idée complexe, et le rapport de représentation s'évanouirait. Il faut donc que l'idée d'un signe «enferme», de quelque manière, les deux idées associées, plus une troisième idée relationnelle; ce qui semble donner raison à Foucault. Or, la réponse qu'on voit se profiler ainsi rappelle étrangement la théorie cartésienne du jugement, du moins selon les interprétations II et III (cf. 1.3.1). Là aussi, nous devions supposer, sans fondement technique aucun, qu'une idée d'inclusion, ou de non-inclusion, vient s'ajouter à deux perceptions préalables a et b pour constituer la matière du jugement.

Dans les lignes qui suivent, je vais introduire un modèle formel qui clarifie ce problème délicat, et montrer que certains textes appuient ma reconstruction.

2.2.1. Les idées du second ordre

Définissons, pour toute idée a et toute idée b, la famille $\Sigma ab = \{\Sigma_1 ab, \Sigma_2 ab, \ldots\}$ d'idées du second ordre, telles que :
(1) Pour tout monde m_i, tout $\Sigma_j ab$, la valeur de $\Sigma_j ab$ en m_i (en abrégé : '$\Sigma_j ab(m_i)$') est incluse dans l'ensemble des couples ordonnés $<o_k, o_l>$ tels que $o_k \in a(m_i)$ et $o_l \in b(m_i)$.

Tout $\Sigma_j ab$ est l'idée d'un signe et, plus précisément, une idée de $a(m_i)$ et $b(m_i)$ en tant que $a(m_i)$ représente $b(m_i)$ au sein de tout monde $m_i{}^7$. Par rapport à $\Sigma_j ab$, et à un monde m_i, la partie de $a(m_i)$ qui contient tous les éléments appartenant à un couple ordonné de $\Sigma_j ab(m_i)$, et seulement ces éléments, sera appelée «signe», et la partie de $b(m_i)$ qui contient tous les éléments appartenant à un couple ordonné de $\Sigma_j ab(m_i)$, et seulement ces éléments, sera appelée «chose». Clairement, une idée du second ordre $\Sigma_j ab$ n'inclut ni a ni b; mais elle les «enferme» au niveau psychologique, dans la mesure où aucun sujet ne peut avoir $\Sigma_j ab$ sans avoir a et b.

La clause (1) implique, bien entendu, que la valeur des idées a et b, leur «objet» au sens intuitif du terme, soit une classe (cf. 1.2.1). Par là, je récupère la distinction sémiologique entre *type* et *token*, que l'âge classique n'a pas théorisée (cf. Dascal, 1978: pp. 98-99). Ceci éclaire considérablement la typologie des signes présentée dans le chapitre I, iv de la *LAP* (cf. Auroux, 1979: p. 26; Donzé, 1967: p. 51; Foucault, 1966: pp. 72-73; Picardi, 1976: pp. 356-358; Robinet, 1978: pp. 40-51; Swiggers, 1981b: pp. 275-277). En dépit des apparences[8], Arnauld et Nicole ne proposent pas une tripartition, mais bien trois critères de classement; un signe peut-être : (i) naturel ou d'institution, (ii) «joint à la chose» ou «séparé de la chose», (iii) «probable» ou «certain». Je ne m'attarderai pas sur la première dichotomie, qui a déjà fait l'objet d'un long développement. Le critère (ii) est directement issu de la controverse eucharistique (voir *O*, XII; *GP*, I, ii; Imbert, 1982: p. 327; Marin, 1975: pp. 51-77, 92-100 et l'éd. Clair-Girbal, p. 378). Il importait en effet de prouver que le pain consacré «signifie» le corps de Jésus-Christ sans pour autant s'en distinguer. Nos auteurs veulent d'abord établir «qu'on ne peut jamais conclure précisément ni de la présence du signe à la présence de la chose signifiée, puisqu'il y a des signes de choses absentes; ni de la présence du signe à l'absence de la chose signifiée, puisqu'il y a des signes de choses présentes. C'est donc par la nature particulière du signe qu'il faut en juger» (*LAP*, I, iv; cf. *O*, XII, pp. 92, 172; *GP*, I, ii, pp. 144-151, 247-248, 409, 459-461, 488-491, 513-518, II, p. 195, III, pp. 28-29). Pour ce faire, il suffit de se rappeler que certains mondes se définissent

intuitivement à l'aide d'une «section temporelle», c'est-à-dire par le choix d'un moment t; je les appellerai «mondes-t». On dira alors que:
(2) Une idée $\Sigma_j ab$ est l'idée d'un signe joint à la chose si, et seulement si, pour quelque monde-t m_i, $\Sigma_j ab(m_i)$ n'est pas vide.
(3) Une idée $\Sigma_j ab$ est l'idée d'un signe séparé de la chose si, et seulement si: (i) pour tout monde-t m_i, $\Sigma_j ab(m_i)$ est vide; (ii) pour quelque monde m_i, $\Sigma_j ab(m_i)$ n'est pas vide.

Ainsi, «l'air du visage, qui est signe des mouvements de l'âme, est joint à ces mouvements qu'il signifie», puisque la cooccurrence temporelle d'un mouvement de l'âme et d'un état du visage s'avère possible. Au contraire, «les sacrifices de l'ancienne loi, signes de Jésus-Christ immolé, étaient séparés de ce qu'ils représentaient», dans la mesure où l'institution de l'eucharistie, qui garantit la présence réelle, a simultanément aboli toute occurrence des anciens sacrements (cf. *GP*, II, p. 598, III, pp. 70-71, *O*, XXIX, pp. 33-34). De plus, il y a des signes joints aux choses, comme le pain consacré, qui satisfont à une exigence supplémentaire:

(4) Pour tout m_i, tout $< o_k, o_l > \in \Sigma_j ab(m_i)$, $o_k = o_l$.

En d'autres termes, «il est très possible qu'une chose dans un certain état, se représente dans un autre état (...) ainsi la seule distinction d'état suffit entre la chose figurante et la chose figurée» (*LAP*, I, iv). Par «distinction d'état», j'entendrai le fait que le même objet appartient à la valeur de deux idées différentes. Ceci met à jour une propriété des idées de signes qui demeurait implicite jusqu'à maintenant: si $\Sigma_j ab$ est une idée de signe, alors $a \neq b$.

On voit, par les définitions (2) et (3), qu'il se révèle beaucoup plus aisé d'inférer l'absence d'une chose à partir de la présence d'un signe, que de se fonder sur cette présence pour en conclure à la présence d'une chose. Dans le cas des signes manipulables, tels les mots, une théorie pragmatique devra compléter l'analyse formelle, en limitant les effets d'un mensonge toujours envisageable (cf. chapitre 3). Si la plupart des signes sont donc «probables (...) comme la pâleur n'est qu'un signe probable de grossesse dans les femmes», il y a néanmoins «des signes certains (...) comme la respiration l'est de la vie des animaux» (*LAP*, I, iv; cf. 1.3.4). Les signes mentionnés dans ces deux exemples remplissent la condition (4), mais on a:

femme grosse $\not< $ femme pâle
animal vivant $<$ animal respirant;

ce qui suggère une dernière définition :
(5) Une idée $\Sigma_j ab$ est une idée de signe certain (resp. probable) si, et seulement si, $b < a$ (resp. $b \not< a$).

De toute évidence, seuls les signes qui échappent à la volonté humaine possèdent quelque chance d'être certains.

2.2.2. *Idées et signes*

Descartes, on le sait, aimait comparer les idées à des images ou à des tableaux: «Entre mes pensées, quelques-unes sont comme les images des choses, et c'est à celles-là seules que convient proprement le nom d'idée» (AT, IXa, p. 29); «les idées sont en moi comme des tableaux, ou des images» (AT, IXa, p. 33; cf. Belaval, 1960: p. 143; Cook, 1975: p. 91; Gilson, 1947: p. 319; Guéroult, 1968: I, pp. 140-141; Kenny, 1968: pp. 105-110; Nuchelmans, 1983: p. 37; Vuillemin, 1961: p. 276). Cette analogie conduit facilement à un amalgame entre idées et signes (voir, par exemple, Alquié, 1960; Foucault, 1969: pp. xvi-xix), donc à une théorie réifiante du type malebranchiste[9]. La manifestation la plus claire d'un tel glissement apparaît dans la doctrine de la fausseté matérielle (cf. chapitre 1). L'idée adventice du froid f_1 et l'idée factice f_2 sont associées aux impressions corporelles par un rapport (2) d'institution divine :

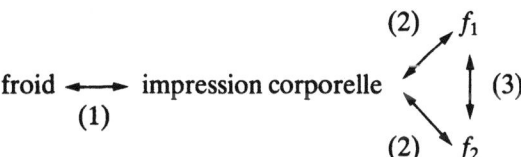

Si, maintenant, un rapport (3) s'établit entre f_1 et f_2 comme en figure, je puis me donner l'idée adventice du froid en tant que la valeur de cette idée me représente le froid par le biais de l'idée factice; de même que la valeur d'un mauvais portrait peut me représenter le modèle par le biais d'un portrait idéal. Dans les deux cas, le «signe» et la «chose» se confondent en tant qu'objets; ainsi le pain consacré et le corps de Jésus-Christ ne font qu'un, tout en constituant la valeur de deux idées distinctes. Or, aucune idée adventice n'exhibe de ressemblance avec les impressions corporelles ou les objets extérieurs qui la réveillent. Il est dès lors tentant d'imaginer que la perception des objets extérieurs passe successivement par une impression corporelle, une première idée réduite à une modification de l'âme et une deuxième idée possédant le perçu comme valeur.

Cette reconstruction explique l'embarras qui saisit Arnauld devant la notion de fausseté matérielle ou l'analogie iconique (cf. chapitre 1; Cook, 1974: p. 61; Radner, 1978: pp. 108-109; Zimmermann, 1911: p. 17): «Quand on dit que nos idées et nos perceptions (car je prends cela pour la même chose) nous représentent les choses que nous concevons, et en sont les images, c'est dans un tout autre sens, que lorsqu'on dit, que les tableaux représentent leurs originaux et en sont les images, ou que les paroles prononcées ou écrites, sont les images de nos pensées» (*O*, XXXVIII, p. 199; voir encore II, pp. 406-407, XXXVIII, pp. 584-588, XL, p. 87). C'est une discussion avec Nicole qui lui permettra de clarifier ses vues en la matière (Rodis-Lewis, 1950b). Dans les deux lettres de 1684 que j'ai déjà utilisées, Nicole trace un lien explicite entre le modèle sémiologique et la théorie réifiante [10]: «Si le Père Malebranche disait donc qu'ayant connu l'étendue intelligible comme représentant des créatures, nous nous formons une perception distincte des créatures qui les a pour objet, il admettrait en effet que nous connaissons les créatures mais il aurait tort de dire que nous ne les connaissons pas en elles-mêmes. Je connais le Pape par son portrait, mais en suite de ce portrait, je me forme une idée du Pape qui a le Pape même pour objet» (Malebranche, XVIII, p. 288). Très vite, Nicole en conclut que la perception arnaldienne ne peut être conçue comme représentative: «Elle connaît mais elle n'est pas connue. Elle montre le but mais elle ne se montre pas elle-même. On voit l'objet par elle mais on ne voit point l'objet en elle, et par le rapport qu'elle y a. Elle est donc simplement perceptive mais elle n'est pas représentative parce que pour être représentative il faut être connu et faire connaître. On dira peut-être que nos perceptions sont connues parce que l'âme est *conscia suae operationis* mais la connaissance réflexe que nous avons de nos perceptions, nous assure seulement que nous connaissons les objets que les perceptions nous les [sic] font connaître mais non qu'elles les représentent» (Malebranche, XVIII, pp. 303-304). On voit, par ces extraits, que Nicole suit l'itinéraire précédemment imaginé: la perception, si elle représente son objet ainsi que le ferait un portrait, doit s'associer à une autre idée prenant l'objet pour valeur; sinon elle ne représente pas. La réponse d'Arnauld va puiser dans l'héritage scolastique (cf. Nuchelmans, 1980: p. 14). Certains mots, tels l'adjectif 'sain' qui «s'attribue à l'animal, et à l'air et aux viandes» présentent une équivocité systématique. «Car l'idée jointe à ce mot est principalement la santé qui ne convient qu'à l'animal, mais on y joint une autre idée approchante de celle-là, qui est d'être cause de la santé, qui fait qu'on dit qu'un air est sain, qu'une viande est saine, parce qu'ils servent à conserver la santé» (*LAP*, I, vi)[11]. On comprendra de manière similaire l'opposition entre 'méchant' et 'pernicieux' : «Les choses saintes ne deviennent pas *méchantes* par l'abus que les hommes en font. On peut bien dire qu'elles leur sont *pernicieuses*, parce que c'est un terme relatif, qui marque le mauvais effet qu'elles font dans les méchants à cause de leurs indispositions» (*O*, VIII, p. 328). Soit alors les mots 'représentatif', 'représentation', 'représenter'; comme 'sain', ils oscillent entre deux significations, dont l'une est clairement dérivée : «Ils conviennent proprement, premièrement et principalement, à la représentation formelle qui ne se trouve que dans nos perceptions, et ce n'est que par rapport à nos perceptions que les tableaux, les images, les paroles, l'écriture, et tous les autres signes, soit naturels, soit d'institution, sont dits *représenter* ou être *représentatifs*; parce qu'ils réveillent la perception que nous avons de certains objets, ou qu'ils sont la cause occasionnelle de ce que nous avons ces perceptions (...) c'est le même sophisme, de vouloir que nos perceptions ne soient pas représentatives, parce qu'elles ne le sont pas en la manière des tableaux, que si on prétendait que l'on ne peut pas dire qu'un homme soit *sain*, parce qu'il n'est pas *sain* comme un aliment est *sain*, et comme l'air est *sain*» (*O*, II, pp. 406-407; cf. XXXVIII, pp. 584-588). Si un signe «représente» en rendant la chose présente à l'esprit (*GP*, II, pp. 194-196), la perception «représente» parce qu'elle se réduit à la présence même de la chose à l'esprit. Arnauld réaffirme ainsi la théorie non-réifiante des *Premières* et *Secondes réponses* (cf. *O*, II, p. 410 pour une référence explicite).

2.3. Mots et propositions

Nous avons constaté, à plusieurs reprises, que le mot se définit comme la plus petite unité linguistique («son» ou «figure») susceptible de signifier une chose par l'intermédiaire de deux idées. Il semble donc que le rapport à une «idée de chose» soit requis pour qu'il y ait mot (cf. Auroux, 1973, 1978, 1979, 1980; Marin, 1975 : p. 47). Cette condition sous-tend un passage particulièrement symptomatique de la *GP* : «Que M. Claude fasse réflexion, s'il lui plaît sur le mot qui commence cette période que je lui adresse, c'est-à-dire, *Que* soit que l'on s'en serve au commencement, soit que l'on en use dans la suite du discours, comme il y a des exemples de l'un et de l'autre dans cette période même : je crois qu'il avouera qu'il n'est pas facile de déterminer quelle est l'idée qu'il forme dans l'esprit, quoique jamais personne ne se soit avisé de le trouver obscur, et que l'on en sente très distinctement l'omission» (II, p. 105). Une telle attitude présente, on s'en doute, des avantages et des inconvénients. D'un côté, elle unifie le traitement sémantique du mot, en englobant celui-ci dans la catégorie plus vaste des signes d'institution (Swiggers, 1981b). D'un autre côté, l'association inéluctable du mot et de l'idée confronte l'analyse logico-grammaticale de la proposition à des difficultés sans nombre. Comme j'aurai l'occasion de revenir abondamment sur ces problèmes, je vais me borner, pour l'instant, à dégager les conséquences qu'entraîne immédiatement la définition sémiologique du mot.

2.3.1. La signification

Conformément à la pratique inaugurée plus haut (cf. 1.2.1), j'appellerai 'compréhension' l'idée de chose associée à un mot, et j'appellerai 'extension' la valeur de cette idée au sein d'un monde considéré. Ainsi redéfini, le couple compréhension/extension préfigure la distinction frégéenne entre sens et référence, ou encore les textes dans lesquels Saussure sépare nettement le signifié de la chose signifiée[12].

Descartes a souvent affirmé, ou laissé entendre, que le sens, la signification, d'un mot est une idée (AT, IV, p. 604, V, p. 150, IXa, pp. 91, 139; cf. Gilson, 1947: p. 320; Kenny, 1968: pp. 97-98; Nuchelmans, 1983: pp. 41-42). Plusieurs fois, il se sert de ce point d'appui pour argumenter contre Hobbes et Gassendi: «si on n'a aucune idée, c'est-à-dire aucune perception qui réponde à la signification de ce mot *Dieu*, on a beau dire qu'on croit que *Dieu* est, c'est le même que si on disait qu'on croit que *rien* est» (AT, IXa, p. 210); «si ce n'est pas par l'imagination qu'il [Dieu] est conçu, ou l'on ne conçoit rien quand on parle de Dieu (ce qui marquerait un épouvantable aveuglement), ou on le conçoit d'une autre manière» (AT, III, p. 393; cf. IXa, pp. 91,93). La prémisse générale qui autorise à raisonner de la sorte se trouve énoncée par l'écrit «géométrique» des *Secondes réponses*: «je ne puis rien exprimer par des paroles, lorsque j'entends ce que je dis, que de cela même il ne soit certain que j'ai en moi l'idée de la chose qui est signifiée par mes paroles» (AT, IXa, p. 124; cf. III, p. 393). Le postulat ainsi formulé réapparaît, quasiment mot pour mot, dans la *LAP* (I, i) et chez La Forge (p. 158). Il revient à observer qu'aucun sujet ne peut avoir une idée de signe $\Sigma_i ab$ sans avoir les idées a et b (cf. 2.2.1).

En systématisant la démarche cartésienne, on arrive à décrire le fonctionnement du signe — et *a fortiori* du mot — sous l'angle du sujet passif:

(1) Pour tout sujet S, pour tout moment t, si S a l'idée $\Sigma_i ab$ en t et

que l'esprit de S soit affecté par une occurrence de a et t, alors l'esprit de S est affecté par une occurrence de b et t.

En conséquence, si un objet o_k appartenant à la valeur de a déclenche en S, par des lois mécanistes, une impression corporelle associée à a, alors l'idée b est nécessairement éveillée: «sitôt que le son frappe l'oreille, l'idée qui est ordinairement jointe à ce son, se présente incontinent à l'esprit» (O, XII, p. 123). Parler, ou écrire, consiste donc à produire volontairement des objets physiques qui mettent ce processus en marche: «les mouvements des lèvres et de la langue, qui servent à prononcer les paroles, se nomment volontaires, à cause qu'ils suivent de la volonté qu'on a de parler, nonobstant qu'on ignore souvent quels ils doivent être pour servir à la prononciation de chaque lettre» (AT, VI, pp. 107-108; cf. IXa, p. 124 et Cordemoy, p. 249). Le principe (1) admet-il une réciproque? *A priori*, certain passage de la *LAP* semble le suggérer: «il est de quelque utilité pour la fin de la Logique, qui est *de bien penser*, d'entendre les divers usages des sons qui sont destinés à signifier les idées, et que l'esprit a de coutume d'y lier si étroitement que l'une ne se conçoit guère sans l'autre; en sorte que l'idée de la chose excite l'idée du son, et l'idée du son celle de la chose» (II, i, cf. Clair-Girbal, p. 391). Cependant, un tel résultat conduit très vite à des absurdités. En effet, j'ai toujours l'idée de ma pensée; d'où il découlerait que l'idée du son 'ma pensée' est activée en moi de manière permanente dès que je dispose de ce signe. Afin de sortir de l'impasse, il faut effectuer, une fois de plus, la différence entre conscience virtuelle et réflexion expresse (cf. 1.1.2):

(2) Pour tout sujet S, pour tout moment t, si S a l'idée $\Sigma_j ab$ en t et que l'esprit de S soit affecté par une occurrence de b en t, alors si S applique une réflexion expresse à b en t, son esprit est affecté par une occurrence de a en t.

Remarquons-le d'emblée: (2) n'implique pas que n'importe quelle réflexion expresse provoque l'occurrence d'une idée recevant un signe comme valeur. Pour parvenir à cette dernière conclusion, l'on doit accepter que tout homme capable d'une réflexion expresse possède un appareil sémiologique suffisamment riche, et se donner, de surcroît, un postulat d'effabilité que j'énoncerai au chapitre 3.

Le principe (1) présuppose, bien évidemment, l'univocité des signes. Or, le langage naturel regorge de mots équivoques, qui se laissent répartir en deux catégories (*LAP*, I, vi, xi, III, xix). Première situation: «les différentes idées jointes à un même son (...) n'ont aucun rapport naturel entre elles, comme dans le mot de *canon*» qui «signifie une machine de guerre, et un décret de Concile, et une sorte d'ajustement; mais (...) ne les signifie que selon des idées toutes différentes» ou dans le «mot de *bélier*, qui signifie un animal, et un signe du Zodiaque» (le second exemple reparaît chez Malebranche, II, p. 301). Arnauld et Nicole n'accordent guère d'attention à ces cas d'homonymie, qui n'engendrent aucune erreur. Par contre, ils s'intéressent à la polysémie des «mots équivoques (...) *analogues*», tels que l'adjectif 'sain' (cf. 2.2.2), les mots 'vertu', 'âme', 'sens', 'vue', 'ouïe', etc. Car l'équivocité naît ici d'un rapport naturel entre deux idées de choses: relation de cause à effet pour 'sain', association d'une idée adventice et d'une idée factice pour 'vertu', 'âme', 'sens', 'vue' et 'ouïe' (cf. Descartes, AT, VII, pp. 355-356; *O*, XII, p. 92, XXXVIII, pp. 167-168). Pareils rapports, s'ils sont sources d'erreur, constituent aussi un objet d'étude relevant de la théorie pragmatique que j'évoquerai bientôt (chapitre 3).

Par définition, la polysémie touche au domaine complexe des figures de signification (cf. Auroux, 1980). Pour des raisons conjoncturelles, les deux *Perpétuités* se sont longuement penchées sur la métaphore. A la différence de tous les glissements de sens déjà discutés, la métaphore opère en deux temps; elle «consiste non à se servir des mots et des sons pour représenter les choses que l'on veut faire entendre: mais à présenter à l'esprit par le moyen des sons, les images de certaines choses pour en faire concevoir d'autres. Le mot ne sert qu'à peindre l'image de la chose dans l'esprit. Mais c'est la chose même qui en représente une autre» (*GP*, III, p. 61). Autrement dit, si je dispose, comme mon interlocuteur, d'une idée de signe d'institution $\Sigma_j ab$, et d'une idée de signe naturel ou d'institution $\Sigma_k bc$, je puis éveiller en lui l'idée c rien qu'en produisant un événement physique relié à l'idée a. Ainsi les «expressions métaphoriques (...) présentent à l'esprit la chose que l'on lui veut faire entendre, et elles lui font voir en même temps l'image par laquelle on la lui représente. L'une de ces idées est naturelle à l'égard de la chose, et étrangère à l'égard du mot; et l'autre idée est naturelle à l'égard du mot, et étrangère à l'égard de la chose» (*GP*, I, ii, p. 441, II, pp. 588-589). Il en résulte que la métaphore ne donne jamais lieu à équivocité (*GP*, I, ii, p. 442): si elle est comprise, l'esprit aperçoit les deux idées dans le rapport voulu; si elle n'est pas comprise, seule l'idée «naturelle à l'égard du mot» se trouve activée.

2.3.2. *La loi de compositionnalité*

Si le mot répond à l'idée, la proposition, simple ou non, sera corrélée au jugement. Malheureusement, ce beau parallélisme ne résiste pas à l'épreuve des textes. Ecrivant à Mersenne, Descartes affirme sans ambages que les idées «s'expriment par des noms ou par des propositions»: «Je n'entends pas bien la question que vous me faites, savoir si nos idées s'expriment par un simple terme; car les paroles étant de l'invention des hommes, on peut toujours se servir d'une ou de plusieurs pour expliquer une même chose» (AT, III, pp. 395, 417; cf. Gewirth, 1943: pp. 26-27; Kenny, 1968: pp. 97-98). La doctrine logico-grammaticale ne fait que consacrer, sur ce point, la résorption du raisonnement et du jugement dans l'idée (cf. 1.3). Mais elle se dote par la même occasion d'un principe extrêmement puissant, que j'appellerai 'loi de compositionnalité'. Supposons, de manière encore grossière, que les mots se combinent en vertu d'une opération notée ' $\cap$ '; et réservons les lettres 'A', 'B', ..., pour les mots ou les combinaisons de mots. La loi de compositionnalité stipule qu'il existe une fonction φ de l'ensemble des (combinaisons de) mots sur l'ensemble des idées, telle que :

$$\varphi (A \cap B) = \varphi (A) + \varphi (B) = a + b.$$

Le rôle spécifique de la grammaire revient à limiter le nombre de combinaisons possibles, tandis que la logique prendra en charge l'addition des idées. De ce partage du travail dérivent deux corollaires essentiels.

Imaginons que des mots A et B se combinent de telle sorte que :

$$\varphi (A \cap B) = a + b \neq a.$$

Dans ce cas, le mot B «détermine» le mot A, puisque l'idée a se révèle plus «abstraite» que l'idée $a + b$ (cf. 1.2.1). Si, au contraire, on a :

$$\varphi (A \cap B) = a + b = a,$$

alors le mot B «explique» le mot A (*LAP*, I, vi, viii; voir Auroux, 1978, 1979: pp. 176-181, 1981, 1982b: pp. 39-40). Tels quels, les concepts de détermination et d'explication se définissent sans allusion aucune aux particularités syntaxiques des langues naturelles. La généralité qu'ils acquièrent ainsi explique l'usage très large qui sera fait d'eux par la composante proprement pragmatique de la théorie (cf. chapitre 3). Comme ils réduisent, grâce à la fonction φ, un rapport de mot à mot, à une relation sur les idées, ils appartiennent de plein droit à la logique (cf. Pariente, 1979: pp. 109-110).

A l'inverse, l'ordre des mots ne relève que de la grammaire (cf. Delesalle, 1980; Dominicy, 1982 et 1983a; Donzé, 1967: pp. 167-168;

Ogle, 1980; Ricken, 1978; Rodis-Lewis, 1968b). Soit en effet une idée a telle que:

$$a = \varphi(A_1) + \varphi(A_2) \ldots + \varphi(A_n).$$

Même s'il n'existe pas de mot A tel que $\varphi(A) = a$, je puis avoir l'idée a en un seul instant t (Descartes, AT, V, pp. 148, 150). Il s'ensuit que l'ordre des mots ne reflète en rien une quelconque priorité temporelle entre des occurrences d'idées. Comparant le discours à la peinture, Nicole en tire une conclusion que Bernard Lamy et les grammairiens des Lumières populariseront définitivement: «L'esprit a une manière d'agir en lui-même beaucoup plus prompte que celle qu'il fait paraître aux autres quand il leur parle: et souvent cette longue suite de paroles n'est que l'expression de ce qu'il a conçu tout d'un coup et en un instant» (*Essais*, IV, pp. 381-382). La *GP* contient une application subtile de cet axiome de simultanéité: «Jésus-Christ changeant le pain en son corps, avait dans le même moment toutes ces idées ensemble, l'idée du pain qui cessait d'être, l'idée de son corps qu'il voulait produire, l'idée de sa volonté, l'idée de son opération, l'idée de son corps produit» (II, p. 146). Dans un tel cas, cependant, le contexte apporte des déterminations que les paroles 'Ceci est mon corps' ne peuvent exprimer (cf. chapitre 5).

2.3.3. *Définition de nom et définition de chose*

Lors de sa polémique avec Noël, Pascal avait esquissé une théorie purement formelle de la définition: «l'on doit toujours définir les choses, avant que de chercher si elles sont possibles ou non (...) d'abord nous concevons l'idée d'une chose; ensuite nous donnons un nom à cette idée, c'est-à-dire que nous la définissons; et enfin nous cherchons si cette chose est véritable ou fausse (...). D'où il est évident qu'il n'y a point de liaison nécessaire entre la définition d'une chose et l'assurance de son être; et que l'on peut aussi bien définir une chose impossible qu'une véritable» (*OD*, pp. 562-563). Tout ce développement montre que Pascal endosse une thèse étrangère à Descartes (cf. Kenny, 1968: p. 97); à savoir qu'un mot peut exprimer l'idée e' d'impossible. Il suffit de se reporter au passage déjà cité sur le mot 'Dieu' (AT, IXa, p. 210) pour constater que Descartes, à son habitude, confond la situation, exclue d'avance, où un mot n'exprimerait rien, avec le simple fait que le mot 'rien' exprime e'. Nous rejoignons, par là, l'ensemble des problèmes évoqués aux paragraphes 1.2 et 1.3[13].

Vu sa tendance à ramener l'inclusion de e' à la non-inclusion de e, et l'aversion qu'il manifeste vis-à-vis des preuves par l'absurde, Arnauld devrait pencher pour la solution cartésienne. Or, la *LAP* avance une théorie de la définition qui procède directement du traité *De l'esprit géométrique* (I, xii, xiii, II, xvi, IV, iii, iv, v, viii, xi; cf. Clair-Girbal, pp. 386-388, 400, 414; *O*, XXII, pp. 750-752). L'interprétation de cet emprunt massif divise les commentateurs. Scholz (1961 : pp. 57-60, 123-127) ne décèle aucun écart entre Pascal et la *LAP*. Pour Marin (1975 : pp. 239-269), au contraire, Arnauld et Nicole subvertissent le projet pascalien : «Alors que la *Logique* trouve dans la définition de nom opposée à la définition de chose la chance d'une réaffirmation du modèle du signe comme représentation et le remède aux difficultés de la confusion qui entravaient son fonctionnement, le texte pascalien qu'elle cite et sur lequel elle s'appuie provoque, en réalité, sous des apparences semblables, une remise en question non seulement du modèle et de son fonctionnement, mais de l'idéologie de la représentation qui en était le présupposé implicite» (p. 269).

Afin de clarifier le débat, je crois utile de rappeler quelques notions fondamentales. Les définitions discutées par Pascal comme par la *LAP* sont des énoncés métalinguistiques qui établissent l'équivalence sémantique d'un mot A et d'une certaine combinaison de mots :

$$\varphi(A) = \varphi(A_1 \cap \ldots \cap A_n) = \varphi(A_1) + \ldots + \varphi(A_n)$$

Les trois types de définitions retenus dans la *LAP* — définitions de nom, de chose ou d'usage — se distinguent par la procédure qui y conduit. La définition de nom opère à partir d'une combinaison de mots donnée, qu'elle permet d'abréger ; l'auteur de la définition institue le mot A en tant que signe de l'idée a exprimée par $A_1 \cap \ldots \cap A_n$: «dans la définition du nom (...) on ne regarde que le son et ensuite on détermine ce son à être signe d'une idée que l'on désigne par d'autres mots» (*LAP*, I, xii). Il n'est pas nécessaire, à ce stade, que l'idée a fasse l'objet d'une perception claire et distincte ; de sorte que a peut se révéler égale à e' au terme d'une démonstration : «l'on ne doit pas contester que l'idée qu'on a désignée ne puisse être appelée du nom qu'on lui a donné ; mais on n'en doit rien conclure à l'avantage de cette idée, ni croire pour cela seul qu'on lui a donné un nom, qu'elle signifie quelque chose de réel. Car, par exemple, je puis définir le mot de *chimère*, en disant, j'appelle chimère ce qui implique contradiction. Et cependant il ne s'ensuivra pas de là que la chimère soit quelque chose» (*LAP*, I, xii)[14]. Par contre, la définition de chose se fonde sur une idée a, clairement et distinctement conçue, et exprimée par le mot a. En vertu de ce qui a été dit plus haut (cf. 1.3.2), l'esprit apercevra, pour toute idée b, si elle est, ou non, incluse dans a; il pourra donc découvrir un ensemble d'idées $\{a_1, \ldots a_n\}$ tel que:

$a_1 + \ldots + a_n = a$.

«Car dans la définition de la chose (...) on laisse au terme qu'on définit (...) son idée ordinaire, dans laquelle on prétend que sont contenues d'autres idées» (*LAP*, I, xii). Pareille définition devient possible lorsque, pour tout i ($1 \leq i \leq n$), il existe un mot A_i, ou une combinaison de mots $A_{i_1} \cap \ldots \cap A_{i_m}$, tels que:

$\varphi(A_i) = a_i$

ou

$\varphi(A_{i_1}) + \ldots + \varphi(A_{i_m}) = a_i$;

ce qui nous renvoie au postulat d'effabilité (cf. chapitre 3). Par sa provenance même, la définition de chose exclut la contradiction, et acquiert ainsi la portée ontologique que lui reconnaîtra Leibniz (Couturat, 1901: pp. 103-105, 176-207, 457-472): «rien ne découvre mieux la nature d'une chose que sa définition» (*O*, XVIII, p. 680; cf. X, pp. 483-484, XXXVIII, p. 209). Reste, enfin, la définition d'usage, c'est-à-dire «l'explication de ce qu'un mot signifie selon l'usage ordinaire d'une langue, ou selon son étymologie» (*LAP*, I, xii). Ici, le point de départ est le mot A, dont on observera les emplois pour débusquer l'idée, ou les idées, qu'il exprime. La prise en compte de l'homonymie et de la polysémie conférera souvent à la définition d'usage une forme disjonctive que l'on ne saurait rencontrer, sauf incohérence, dans les définitions de noms et de choses.

Après cette mise au point technique, le parallèle entre Pascal et la *LAP* s'éclaircit quelque peu. Pascal s'intéresse d'abord à la définition de nom, et ne mentionne la définition de chose que pour mémoire (p. 351; cf. Enriques, 1922: pp. 72-81). Selon lui, en effet, la définition de chose se réduit soit à «l'explication» redondante d'un terme primitif, soit à une proposition déguisée, donc «sujette à contradiction», qui ne peut servir de principe fondateur à une déduction intuitive (Canilli, 1977: pp. 86, 89; Marin, 1975: pp. 248-250, 259-265). Une nouvelle fois, le formalisme pascalien se heurte de front à l'épistémologie défendue par Descartes et Arnauld (cf. introduction). Pour surmonter la difficulté, Arnauld et Nicole introduisent dans la discussion la définition d'usage, qui vient corriger «l'arbitraire» de la définition de nom, tout en justifiant ses limites: «il serait souvent inutile de définir de certains noms. Car lorsque l'idée que les hommes ont de quelque chose est distincte, et que tous ceux qui entendent une langue forment la même idée en entendant prononcer un mot, il serait inutile de le définir, puisqu'on a déjà la fin de la définition, qui est que le mot soit attaché à une idée claire et distincte (...) il ne faut point changer les définitions déjà reçues, quand on n'a point sujet d'y trouver à redire (...) quand on est obligé de définir un mot, on doit autant que l'on peut s'accommoder à l'usage, en ne donnant pas aux mots des sens tout à fait éloignés de ceux qu'ils ont, et qui pourraient même être contraires à leur étymologie» (*LAP*, I, xiii; cf. Marin, 1975: pp. 242-243, 256-258, 316-317; Swiggers, 1981b: p. 275). Nos auteurs en appellent ainsi au langage ordinaire, conçu comme une source ambivalente d'erreur et de vérité. Leur théorie ultime de la définition s'intègre, nous allons le voir, à une pragmatique générale où l'étude et la réforme constante des langues prennent une place naturelle et prévisible.

NOTES

[1] «Signum est enim res, praeter speciem quam ingerit sensibus, aliud aliquid ex se faciens in cogitationem venire» (*De doctrina christiana*, II, i, 1). Sur la sémiologie d'Augustin, on consultera Baratin-Desbordes (1981: pp. 52-56, 1982) et Simone (1972).

[2] On notera, incidemment, que Port-Royal n'a pas manqué de se pencher sur l'orthographe et son apprentissage (*GGR*, I, v et vi; Arnauld, *O*, I, pp. 101-102, II, pp. 616-617, XLI, p. iii; Pascal, *OC*, IV, pp. 77-80; cf. Donzé, 1967: pp. 196-197; Sainte-Beuve, 1961-65: II, pp. 451-455).

[3] De ce point de vue, le cas de Bernard Lamy se révèle exemplaire. Dès la deuxième édition (1676, la première que j'aie pu consulter), son *Art de parler* recourt à la structure ternaire son-idée-chose (p. 4). En 1688, la trichotomie augustinienne s'impose: «On appelle signe une chose qui, outre l'idée qu'elle donne d'elle-même quand on la voit, en donne une seconde qu'on ne voit point» (Foucault, 1969: p. xviii; Rodis-Lewis, 1968a: p. 21, 1968b: p. 22). Voir aussi la citation d'Augustin chez Arnauld (*O*, IX, p. 150; texte cité plus haut).

[4] Sur ces trois auteurs, voir les ouvrages cités dans les notes 4 et 5 de l'introduction ainsi que Dreyfus (1966), Ricken (1978: pp. 42-53, 1979), Simone (1971).

[5] Cordemoy remarque, à ce propos, que le mot 'son' désigne tantôt un mouvement corporel, tantôt une idée (p. 234). Descartes, on l'a vu, appelle 'son' le phénomène physique auquel Cordemoy réserve le terme plus technique de 'voix'. Le «son» ou la «voix» ne correspond pas au phonème des modernes (*pace* Brekle, 1964: pp. 106-108), mais à une classe d'équivalence de segments sonores complexes. Par contre, «l'idée du son» préfigure bien le signifiant saussurien (Brekle, 1964: p. 110).

[6] Sur l'absence de sensations chez l'animal, voir la note 5 de l'introduction, ainsi que Caton (1973).

[7] On notera qu'il s'agit «d'une idée de $a(m_i)$ et $b(m_i)$ ...» et non «de l'idée de $a(m_i)$ et $b(m_i)$ ...»; ceci en vertu de la clause (1) qui énonce une condition à laquelle doivent satisfaire tous les éléments de la famille Σab.

[8] Ces mêmes apparences ont amené Marin à conclure que «la région des signes dans sa totalité se redistribue en trois ensembles à valeur ontologique (...) les signes naturels, les signes surnaturels et les signes institutionnels» (1975: p. 82). La distinction, toute pélagienne, entre signes naturels et signes surnaturels plongerait la théorie dans l'incohérence. Pour un janséniste, la classe des signes naturels se sépare en deux sous-catégories, qui se caractérisent par le type de conscience expresse que nous pouvons en avoir: foi humaine ou connaissance rationnelle dans un cas, foi divine dans l'autre (cf. chapitre 3).

[9] Voici, à titre d'exemple, comment Guéroult, qui se montre favorable à une théorie réifiante (cf. note 2 du chapitre 1) glose Descartes: «L'esprit ne voit pas la chose, mais un tableau qu'il conçoit comme simple tableau» (1968: I, pp. 140-141). Notons que nous rejoignons là un problème classique de l'exégèse lockienne (cf. Ashworth, 1981; Aspelin, 1967; Greenlee, 1967; Kretzmann, 1972: p. 380, 1976; Landesman, 1976; Mackie, 1976; McRae, 1965; Nuchelmans, 1983: pp. 141-145). D'une part, Locke semble souvent assimiler les idées à des signes; mais d'autre part, il se livre à une critique serrée du malebranchisme (Duchesneau, 1973). En tout état de cause, je trouve paradoxal de soutenir, comme le fait Yolton (1975a: pp. 158-164, 1975b: pp. 382-386), que la conception sémiologique de l'idée bat en brèche les théories réifiantes; je suivrais plutôt McRae (1975).

[10] Ceci montre que la réflexion de Nicole n'a pu inspirer que par accident les passages superficiellement similaires de la *Défense* (cf. Robinet, dans Malebranche, XVIII, p. 288).

[11] Dans la version manuscrite, cette remarque termine le chapitre I, xi de 1683 (cf. von Freytag Löringhoff-Brekle, III, pp. 13, 15). Dès 1662, elle passe au chapitre I, vi de 1683. Je reviendrai plus loin sur la signification de cet aménagement.

[12] Voir Frege (1971), Saussure (1972: pp. 97-100, 465), Brekle (1964: p. 110), Chomsky (1969: pp. 65-66), Kretzmann (1972, 1976) et Imbert (1982: pp. 326-327). L'interprétation que je propose ici a été critiquée par Auroux (1978: p. 9, 1979: pp. 82-84), Ishiguro (1972: pp. 23-24), Landesman (1976) et Marin (1975: pp. 123, 240, 249). La première objection d'Auroux (1978) ne s'applique pas au modèle étudié ici; la seconde (1979) se fonde sur un passage de d'Alembert que je discute ailleurs (Dominicy, 1983a). Ishiguro invoque un texte de Leibniz où il y a, sans doute, confusion entre usage et mention (Mates, 1974). Quant à Marin, il note que la distinction entre sens et référence est seulement utilisée quand certaines difficultés sémantiques surgissent; ce qui ne me paraît guère étonnant.

[13] Notons que, selon l'approche formelle esquissée plus haut, les expressions 'homme non-homme' et 'carré non-carré' sont différentes en tant que choses, mais identiques en tant que signes. Quels que soient m_i et a, une idée de signe $\Sigma_i ae'$ se voit assigner une valeur vide.

[14] Voir Auroux (1979: pp. 129-135), Brekle (1964: p. 114), Donzé (1967: pp. 53-55), Guenancia (1976: pp. 317-318), Harrington (1982: pp. 53-54, 71), Picardi (1976: pp. 380-383), Robinet (1978: pp. 51-56), Schobinger (1974). La théorie de la définition nominale fait souvent l'objet de malentendus. Certains pensent, à tort, qu'elle est nécessairement liée au nominalisme doctrinal (Canilli, 1977: p. 84; Magnard, 1962 et 1963; Plainemaison, 1979: pp. 230, 236). D'autres ne voient pas son importance pour les preuves par l'absurde: «Une telle définition garantit l'adéquation parfaite du langage à l'objet, l'objet n'existant que par le langage» (Mesnard, 1976: pp. 85-86); «Au moment de la définition, le risque de contradiction est inexistant» (Morot-Sir, 1973: p. 17).

3. Une pragmatique générale

Quiconque lit les œuvres théologiques d'Arnauld ne peut qu'être frappé par la place obsédante et ambiguë qu'y occupe le langage ordinaire. Très souvent, la langue paraît constituer la clef d'une rationalité universellement répandue; de sorte que l'usage et la grammaire, s'ils sont expressément analysés, viennent dissiper les opinions fausses ou perverses[1]: «Que l'on consulte tous les Grammairiens du monde, et l'on est assuré, qu'à moins que de renverser toutes les règles du discours, ils ne pourront trouver d'autre sens dans ces paroles» (*O*, VI, p. 813); «à moins que de vouloir faire violence aux paroles des hommes et au sens commun, et de supposer que l'Eglise s'est toujours servie d'un langage inintelligible, trompeur et illusoire, on ne peut douter que ces paroles, *j'anathémise un tel*, ne signifient, dans l'intention de l'Eglise, qu'on le croit effectivement digne d'anathème» (*O*, XXI, p. 690); «Pour moi, qui ne fais en ceci que suivre la manière ordinaire d'entendre les discours des hommes, je suis dans la règle, et la règle la plus généralement établie qui fut jamais, puisque c'est celle qui a toujours été en usage parmi toutes les nations du monde, pour régler le commerce de la parole» (*O*, XXIII, p. 565). Ailleurs, au contraire, c'est le rôle néfaste du langage ordinaire qui se trouve souligné: «toutes les calomnies que l'on publiait contre les défenseurs de la grâce, et toutes les erreurs qu'on leur attribuait n'étaient fondées que sur les équivoques de quelques termes» (*O*, I, p. 522; cf. I, p. 179, VII, p. 629, XXI, p. 73); «La plupart des disputes des hommes ne viennent que de l'ambiguïté des termes» (*GP*, III, p. 250). Bien plus,

Arnauld dépeint parfois, dans un grand mouvement, « l'indignation qu'un vrai Catholique doit avoir contre ces Grammairiens, qui se persuadent ridiculement qu'ils ont une parfaite intelligence de la doctrine des Pères, parce qu'ils en connaissent les lettres et les syllabes » (*O*, X, p. 175).

Il ne faut pas chercher bien loin pour trouver des attitudes similaires. Descartes, je l'ai montré au chapitre précédent, invoque le langage ordinaire lorsqu'il veut établir que nous avons l'idée de Dieu (cf. 2.3.1). Mais il écrit dans sa correspondance que « la plupart des hommes (...) s'arrêtent aux syllabes de son nom [de Dieu], et pensent que c'est assez le connaître, si on sait que *Dieu* veut dire la même chose que ce qui s'appelle *Deus* en latin, et qui est adoré par les hommes » (AT, I, p. 150). De même, si l'occurrence d'un jugement fondé comme le *cogito* des *Méditations* (AT, IX a, p. 19) éveille sans doute toujours les idées des mots qui l'expriment (cf. 1.1.2, 1.3.1, 2.3.1; Röd, 1964: pp. 78-81), la proposition correspondant à la matière d'un pré-jugé peut être « proférée sans attention », et tromper ainsi les hommes « plus attentifs aux sons des paroles qu'à leur véritable signification » (AT, IX a, pp. 205, 225; cf. Robinet, 1978: pp. 99-103): « tous les hommes donnent leur attention aux paroles plutôt qu'aux choses; ce qui est cause qu'ils donnent bien souvent leur consentement à des termes qu'ils n'entendent point, *et qu'ils ne se soucient pas beaucoup d'entendre*, ou pource qu'ils croient les avoir entendus autrefois, ou pource qu'il leur a semblé que ceux qui les leur ont enseignés en connaissaient la signification, *et qu'ils l'ont apprise par même moyen* » (AT, IX b, pp. 60-61; cf. pp. 57-58). « Ainsi, pource qu'une cruche est faite pour tenir de l'eau, nous disons qu'elle est vide lorsqu'elle ne contient que de l'air »; et nous sommes ainsi conduits à nous imaginer que le vide soit possible (AT, IX b, p. 72; cf. Belaval, 1960: pp. 182-183).

Chez le Pascal des *Provinciales*, l'ambivalence du langage ordinaire est constamment exploitée. D'un côté, l'usage commun témoigne d'une rationalité que les Jésuites et leurs acolytes tentent de surprendre: « Tout ce qu'il y a de personnes au monde entendent le mot de *suffisant* en un même sens: les seuls nouveaux Thomistes l'entendent en un autre. Toutes les femmes, qui font la moitié du monde, tous les gens de la cour, tous les gens de guerre, tous les magistrats, tous les gens de Palais, les marchands, les artisans, tout le peuple; enfin toutes sortes d'hommes, exceptés les Dominicains, entendent par le mot de *suffisant* ce qui enferme tout le nécessaire » (p. 377; cf. pp. 376, 379). D'un autre côté, « le monde se paye de paroles: peu approfondissent les choses» (p. 376); en conséquence, les pires malentendus, et les hérésies les plus pernicieuses, naissent d'un comportement langagier irresponsable et relâché (pp. 373-374, 376, 464). Ainsi que l'a montré Pouzet (1974: pp. 47-49, 55-62, 95-106), Nicole adopte la même position. Ses *Essais de morale*, et les passages de la *LAP* qui leur répondent (III, xx), voient dans le langage commun et la conversation l'une des sources de corruption les plus dangereuses. Lui aussi pense que l'abus des mots provoque bien des malentendus (*Imaginaires*, I, p. 209). Pourtant, comme Arnauld, il ne trouve d'autre issue que dans l'étude et la réforme des langues.

Les conceptions que je viens de décrire se rattachent immédiatement à un thème central de l'apologétique chrétienne. L'activité sémiologique est l'indice qui permet, à coup sûr, de situer l'homme entre la bête et l'ange (Pariente, 1978: pp. 393-394). Si l'animal-machine ne saurait utiliser aucun signe (cf. 2.1.2), l'ange, en tant que pur esprit, s'avère capable d'imprimer ses pensées à un autre esprit sans intermédiaire matériel. La thèse selon laquelle de purs esprits peuvent communiquer se trouve clairement énoncée chez Cordemoy (pp. 239-240, 248-251, 341-347). Bien qu'elle embarrasse La Forge (pp. 324-327, 407), Malebranche (I, p. 416), Desgabets et Régis (cf. Rodis-Lewis, 1968a: pp. 13-14), elle constitue un point de rencontre essentiel pour les jansénistes et les cartésiens, qui s'accordent à relier la force et la faiblesse de la nature humaine, avec ses tensions opposées vers la vérité et vers l'erreur, à l'union presque paradoxale de l'âme et du corps (cf. Robinet, 1978: p. 32). La parole sépare effectivement l'homme de la bête, mais sa nécessité est due, en fin de compte, à l'obstacle corporel: «si les hommes voyaient immédiatement ce qui se passe dans l'esprit et dans le cœur des uns et des autres, ils ne parleraient point du tout, et les paroles deviendraient de nul usage, puisqu'elles n'en ont point d'autre, que de faire connaître nos pensées à ceux de qui nous supposons qu'elles ne sont pas connues» (*GP*, II, pp. 66-67). Corollairement, l'exercice même du langage suffit à nous assurer que les corps existent (*O*, XXXVIII, pp. 354-357).

L'originalité de Port-Royal — j'entends ici Arnauld, Nicole et Pascal — consiste à dériver de ce dualisme extrême une pragmatique suffisamment explicite pour aboutir, dans certains cas, au détail logique ou grammatical. La part respective des trois auteurs est difficile à évaluer: Arnauld met l'accent, en priorité, sur les problèmes techniques, tandis que Nicole évoque plus volontiers les conséquences morales de ses analyses; quant à la contribution de Pascal, elle reste, comme ailleurs, ponctuelle ou peu systématique.

Dans ce qui suit, je vais reconstruire cette pragmatique en la fondant sur trois postulats: l'effabilité, la vraisemblance, l'existence de deux langages et de deux fonctionnements du langage. Concernant le premier postulat, je n'avancerai d'autres arguments que la cohérence et l'unité qui se dégagent, à travers mon exposé, d'une série de textes écrits sous la pression de polémiques indépendantes.

3.1. L'effabilité

Dans la forme que lui a récemment conférée Katz (1972: pp. 18-24, 1978), le postulat d'effabilité apparaît moins comme une hypothèse falsifiable, que comme un programme métaphysique dont s'inspirent un grand nombre de propositions empiriques. En effet, nulle donnée n'est susceptible de réfuter l'affirmation selon laquelle toute langue peut exprimer n'importe quoi pour peu que certaines conditions annexes (de connaissance, de culture, ...) s'avèrent satisfaites. Afin de parvenir à un énoncé réellement testable, il faut maîtriser les conditions annexes de telle manière qu'elles n'immunisent plus la thèse centrale contre tout contre-exemple. D'autre part, le contenu à exprimer doit être décrit par une théorie sémantique assez souple pour intégrer les apports du contexte proprement linguistique et de la situation.

Le postulat d'effabilité sous-tend l'ensemble des discussions menées par Arnauld sur les problèmes de traduction. Dans ces polémiques, Arnauld avait à affronter les adversaires de Port-Royal et le groupe barcosien. A l'extérieur, les critiques visaient d'abord le projet même: rendre les Ecritures accessibles en langue vernaculaire et favoriser leur lecture (voir *O*, II, III, IV, pp. 67-68, VI, VII, VIII, IX, XXX, pp. 140-142, XXXI, p. 176, XXXII, pp. 417-426; cf. Tavard, 1969). La plupart du temps, cependant, les reproches, qu'ils soient dus à Maimbourg, Mallet, Bouhours ou à Richard Simon, vont au détail, et jusqu'à la tracasserie grammaticale (cf. Auvray, 1974: pp. 107-111; Rosset, 1908; von Kunow, 1926). A l'intérieur, le débat porte sur des questions fondamentales. Selon Barcos et ses proches (Hamon, Lancelot, Singlin), ce n'est pas «en rendant l'Ecriture élégante, claire, et aisée à entendre à toutes sortes de gens, qu'on édifie les âmes, et qu'on sert utilement l'Eglise (...) les Livres de Dieu (...) ne doivent pas être soumis aux règles de la Grammaire et de l'Académie, mais à celles du S. Esprit et de l'Eglise, lesquelles sont inconnues aux gens du monde aussi bien que le Saint-Esprit même qui est en est l'auteur» (Goldmann, 1956a: pp. 370-376; cf. pp. 83, 104, 290-292); le traducteur se recommande, avant tout, par la piété (voir Cognet, 1950: pp.

150-151; Delassault, 1957: pp. 151-166; Goldmann, 1955: pp. 157-182; Marin, 1975: pp. 10-12 et 1976; Mesnard, 1979: pp. 77-78; Munteano, 1956; Orcibal, 1957a: p. 882; Sainte-Beuve, 1961-65: I, pp. 797-799). Le texte préfacé aux *Heures* de Port-Royal contient à cet égard un passage symptomatique: «Quoique la science de la langue hébraïque soit nécessaire pour bien prendre le sens des paroles originales, cela néanmoins est fort peu de chose au prix de cette lumière qui doit être prise de l'intelligence et du fond de l'Ecriture, et de son esprit inconnu à la plupart des Hébreux, qui n'ont presque tous connu que la lettre, et dans lequel Saint Augustin a pénétré plus avant qu'aucun des Pères, quoique l'obscurité de la version dont il se servait lui ait souvent donné beaucoup de peine» (Sainte-Beuve, 1961-65: I, pp. 600-601). Arnauld et Nicole défendent une position exactement inverse. Le but du traducteur est de rendre le «langage du ciel» en un langage «clair et intelligible» (*O*, XIX, pp. 495-496), qui élucide l'obscurité voulue des Ecritures (*O*, VI, p. xvii). Dans cette tâche, la simple maîtrise des langues compte au moins autant que la piété, et davantage qu'une prétendue pénétration supra-rationnelle: «il ne s'ensuit nullement, qu'une personne qui aura moins de piété, moins de vertu, et moins de lumière en toute autre chose, ne puisse trouver des manières de parler plus propres et plus naturelles pour exprimer la simplicité de l'Evangile, qu'un autre beaucoup plus pieux et incomparablement plus éclairé dans le fond de la Religion et des vérités chrétiennes (...) C'est une science fort humaine que la connaissance d'une langue vulgaire. On la peut avoir sans piété» (*O*, I, pp. 555-558; cf. Nicole, *Essais*, VII, pp. 219-222)[2]. Pris entre ces deux feux, Sacy optera pour une attitude relativement complexe. Sa correspondance avec Barcos nous le montre en constante situation d'accusé, sans doute parce que les remarques qui lui sont adressées rejoignent ses convictions les plus intimes (Delassault, 1959; cf. Marin, 1976: pp. 558-573; Zuber, 1968: pp. 109-118). Il suivra pourtant la voie tracée par Arnauld en augmentant son texte, fidèle autant que possible à la lettre originale, d'un appareil de notes et d'italiques qui apporte les éclaircissements nécessaires (*O*, VI, pp. xxi-xxv; cf. de Certeau, 1978; Delassault, 1959: pp. 200-203, 220-224; Munteano, 1956).

Proclamer qu'on peut tout traduire, même les Ecritures, et cela grâce à des procédures rationnelles, équivaut à endosser indirectement le postulat d'effabilité. Mais Arnauld ne s'en tient pas à une position de principe légitimée par la pratique de traductions. Bien au contraire, il rattache le postulat d'effabilité à une conception authentiquement historique des langues, et développe une théorie de l'indétermination qui débouche sur la pragmatique du contexte et de la situation.

3.1.1. *L'historicité des langues*

La sémiologie cartésienne, en dévoilant l'arbitraire des signes naturels, rend immédiatement suspecte l'idée même d'une langue originelle ou adamique. La correspondance de Descartes illustre bien son dédain pour des mythes chers à nombre de ses contemporains : « lorsque je vois le ciel ou la terre, cela ne m'oblige point à les nommer plutôt d'une façon que d'une autre, et je crois que ce serait le même, encore que nous eussions la justice originelle » (AT, I, p. 103; cf. p. 112); « Des enfants, étant nourris ensemble, n'apprendront point à parler tous seuls, sinon peut-être quelques mots qu'ils inventeront, mais qui ne seront ni meilleurs ni plus propres que les nôtres » (AT, I, pp. 125-126; cf. Belaval, 1960: pp. 181-182). Allant dans le même sens, Malebranche (III, pp. 91-93, 363) soutiendra que l'hébreu de la Genèse n'est qu'une langue d'institution parmi les autres : « L'imposition des noms est plutôt dans l'Ecriture une marque d'autorité que d'une connaissance parfaite (...) Il est évident que des sons ou des paroles n'ont point, et ne peuvent avoir naturellement de rapport aux choses qu'elles signifient » (cf. Rodis-Lewis, 1964, 1966, 1968a: p. 17, 1968b: p. 21).

Une telle conception ne pouvait que séduire un théologien janséniste. En effet, les rêveries qui s'entretiennent autour d'une langue originelle et transparente renvoient, au bout du compte, à un hypothétique état de nature proche des catégories pélagiennes. En dégageant l'arbitraire de tout système sémiologique, le cartésianisme redonne sa pleine dimension historique au destin de l'humanité, adamique ou déchue. De plus, toutes les objections préalables que l'on peut dresser contre la traduction des Ecritures sont automatiquement balayées.

Arnauld exploite abondamment ce deuxième corollaire lors de sa polémique avec Mallet. Si l'hébreu des Ecritures et le latin de l'Eglise ne sont plus compris par le peuple, cela ne signifie pas que ces langues possèdent quelque statut privilégié qui les destinaient, de tout temps, à constituer l'expression, inintelligible pour la masse parlante, du message divin : « Il y a de l'impiété à supposer que Moïse a écrit ses livres en une langue que le peuple n'entendît pas. Car ceux qui ne parlent pas bien une langue, ne laissent pas d'entendre fort bien ceux qui la parlent le plus poliment. Moïse a écrit en la même langue qu'il parlait. Il fallait que les Juifs l'entendissent : ils devaient apprendre par cœur son grand Cantique » (*O*, II, p. 69; cf. VIII, pp. 38-39). Pour combattre « cette imagination, de deux langues différentes dans une même langue » (*O*, VIII, pp. 92-96), Arnauld consacre de longues pages à asséner quelques vérités élémentaires. Toute personne qui parle au peuple, même de matières divines, veut être comprise (voir l'ensemble du tome VIII, en particulier pp. 38-44, 91-96, 126-128, 262-266). L'hébreu, le grec, le latin ont fonctionné comme langues vernaculaires, de la même manière que fonctionnent aujourd'hui le français ou le flamand (*O*, VIII, pp. 42, 119-120). Dès lors, «le changement arrivé aux langues vulgaires dans lesquelles le service public de l'Eglise avait été premièrement institué, n'est pas une preuve que l'Eglise soit fort aise que le peuple n'y entende rien» (*O*, VIII, p. 42).

D'autres textes, dus à Arnauld ou à Nicole, témoignent d'une prise de conscience encore diffuse de l'évolution linguistique. S'adressant à Filleau de la Chaise, Arnauld distingue «les langues vivantes des langues mortes. Dans celles-ci, l'usage ne change plus; et ainsi, le mot qui n'est pas bien selon l'ancien usage, ne le peut plus devenir. Mais dans les autres, quelque fixées qu'elles semblent être, il est impossible qu'il n'arrive toujours quelques changements dans l'usage» (*O*, III, p. 79; cf. Nicole, *Essais*, VIII, pp. 228-232; von Kunow, 1926: pp. 157, 175-176). Ces observations s'accompagnent d'une méfiance constante vis-à-vis du normativisme prôné par Bouhours et Vaugelas (*GGR*, II, x; *O*, IV, p. 127, VI, pp. xv-xvi, VIII, pp. 423-466, IX, pp. 40-41; Nicole, «Traité», pp. 182-185; cf. Brunot, 1966: pp. 64-65, 446-447; Donzé, 1967: pp. 35-44; Pouzet, 1974: pp. 63-78, 107-136, 284; von Kunow, 1926; malgré Percival, 1976). Il ne faudrait pourtant pas voir dans les pages citées une préfiguration de la grammaire historique et de la philologie moderne[3]. Les parlers gascon, languedocien, provençal ou poitevin sont réduits à des «jargons particuliers assez différents de la langue commune» (*O*, VIII, p. 119), et le français du seizième siècle reste objet de mépris; «la langue ayant beaucoup changé, et s'étant fort embellie depuis la traduction de Louvain» (*O*, VIII, p. 288; cf. pp. 455-546, VI, pp. xv-xvi). La croyance au progrès du langage semble absolue: la préface à la traduction du Nouveau Testament évoque «les changements (...) qui sont ordinaires à toutes les langues vivantes avant qu'elles aient été portées jusqu'à un point de perfection où elles s'arrêtent» (*O*, VI, p. xv). Le français du Grand Siècle, langue vivante encore en évolution, se rapproche presque asymptotiquement de cet idéal: «notre langue [est] très claire d'elle-même, (...) ne pouvant souffrir des expressions entièrement suspendues et incertaines» (*O*, VI, p. 293). La vieille théorie de l'ordre naturel, que la *GGR* (II, xxiv) reprend sans lui fournir aucun fondement théorique (cf. 2.3.2), confirme cette supériorité: notre langue «aime particulièrement la netteté, et à exprimer les choses autant qu'il se peut, dans l'ordre le plus naturel et le plus débarrassé, quoiqu'en même temps elle ne cède à aucune en beauté ni en élégance» (*GGR*);

«il n'y en a point qui affecte plus de mettre toutes les choses dans leur ordre naturel, en évitant les transpositions autant qu'il se peut» (*O*, VI, p. 724; cf. Nicole, *Essais*, VII, p. 189-191).

3.1.2. *L'indétermination*

A la note 11 du chapitre 2, j'ai incidemment signalé que le passage consacré par la *LAP* à la polysémie, c'est-à-dire au caractère «équivoque» et «analogue», du mot 'sain' figurait dans le chapitre I, vii de la version manuscrite («D'une autre cause qui met de la confusion dans nos pensées et dans nos discours, qui est que nous les attachons à des mots» = I, xi de 1683). Or, l'édition de 1662, tout en augmentant ce chapitre de longues considérations sur la polysémie ('vertu', 'âme', 'sens', 'vue', 'ouïe') ou l'homonymie ('bélier'), transfère le paragraphe traitant de l'adjectif 'sain' en I, v (= I, vi de 1683), où les deux types d'équivoques, par homonymie ('canon') et par polysémie ('sain'), sont explicitement distingués. A priori, rien ne vient justifier le glissement ainsi opéré. Le chapitre I, vi considère les idées «selon leur généralité, particularité, et singularité»; il introduit les notions, déjà commentées ici, de compréhension, d'étendue, d'idée «singulière ou individuelle» (cf. 1.2.1, 1.3.4), et il oppose les idées «singulières ou individuelles» à celles qui «représentent» plusieurs choses et «s'appellent universelles, communes, générales» (cf. *GGR*, II, iii).

Avant d'aborder le problème que soulèvent les deux premières moutures de la *LAP*, il convient de définir avec rigueur la généralité et la singularité des idées ou des «termes». Je me limiterai aux fonctions de l'ensemble des mondes sur l'ensemble des mondes, et je recourrai à la fonction φ (cf. 1.2, 2.2.1, 2.3.2):

(1) Pour tout a, a est une idée singulière si, et seulement si, pour tout b tel que $a < b$, il est vrai que, pour tout m_i, $a(m_i) = b(m_i)$ ou $b(m_i) = \emptyset$.

(2) Pour tout a, a est une idée générale si, et seulement si, a n'est pas une idée singulière (i.e. pour quelque b tel que $a < b$, pour quelque m_i, $a(m_i) \neq b(m_i)$ et $b(m_i) \neq \emptyset$).

(3) Pour tout A (mot ou combinaison de mots), A est un terme singulier (resp. général) si, et seulement si, φ (A) est une idée singulière (resp. générale).

Notons qu'en vertu de (1), toute idée individuelle est une idée singulière, mais non réciproquement (cf. Dominicy, 1983b). La *LAP* n'a pas aperçu cette propriété; l'amalgame qu'elle effectue entre idées individuelles et idées singulières conduit à de nombreuses difficultés, que j'évoquerai plus loin. Il explique aussi pourquoi Arnauld s'est révélé incapable d'argumenter correctement contre Leibniz (cf. 1.3.4).

Par la définition (3), nous obtenons une classification des (combinaisons de) mots en deux catégories de «termes»[4]. Clairement, seuls les termes généraux peuvent être «déterminés», au sens précédemment défini (2.3.2), de manière à ce que l'extension du terme obtenu ne soit pas vide. En effet, si a est une idée singulière, alors, pour tout b, l'extension de $a + b$ égale celle de a ou celle de e'. Corrélativement, on affirmera que tout terme général est «indéterminé», par rapport à un ensemble de termes considéré.

Nous avons ainsi découvert le chaînon qui relie les questions d'homonymie et de polysémie à la théorie des idées et des termes. Car il suffit de parcourir les œuvres d'Arnauld pour constater qu'un terme est dit «indéterminé» dès qu'il provoque, pris isolément, une ambiguïté ou une signification vague, procédant d'une homonymie ou d'une polysémie potentielle («Les termes particuliers déterminent les généraux; les termes précis déterminent les équivoques», *O*, XXIII, p. 386; cf. XXII, pp. 743, 831; *GP*, III, pp. 213-217). Soit, par exemple, la formule 'L'Eglise Romaine ne peut errer dans les choses de la foi (...) dans les matières de foi, on est obligé de se soumettre au jugement de l'Eglise Romaine': «Dans la première de ces deux parties, le mot de *ne point errer*, est équivoque, se pouvant prendre ou pour une infaillibilité passive, ou pour une infaillibilité active. J'appelle infaillibilité *passive*, de ne pouvoir adhérer à l'erreur. Et *active*, de ne pouvoir définir l'erreur et la proposer à croire» (*O*, II, p. 728; pour une distinction similaire, voir X, p. 467); «Mais la seconde partie de cette formule détermine la première au sens de l'infaillibilité active, puisqu'on y marque comme une suite de ce qui avait été dit dans la première (...) qu'on est obligé de se soumettre à son jugement» (II, pp. 728-729). Dans un cas de ce genre, une polysémie se trouve levée par le contexte linguistique, qui apporte une «détermination». Ailleurs, la situation remplira le même rôle. Ainsi, le mot 'représenter' peut s'employer pour indiquer qu'un signe signifie, rend présent à l'esprit, un objet signifié; selon le signe et la situation examinés, la présence du signe entraînera la présence ou l'absence de la chose (cf. 2.2): «quand Procope dit que les colonnes du tabernacle, *Christum repraesentabant*, il faut expliquer ce mot par celui de *représenter*, et non celui de *rendre présent*, parce que chacun sait que ces colonnes n'étaient que de simples figures. Mais quand il s'agit d'une chose qui est en même temps signifiée et présente, alors cette notoriété, qu'il s'agit d'un signe exclusif, qui déterminait le mot de *repraesentare* (...) à ne signifier qu'une simple représentation, n'y étant plus, non seulement ce mot n'est point déterminé à ce sens de simple figure, mais l'esprit même le détermine naturellement à l'autre» (*GP*, II, p. 194; cf. I, ii, p. 471, II, pp. 439-460, III, pp. 38, 222). Autre illustration: «la signature d'un Acte en signifie l'approbation, selon l'institution des hommes, à moins qu'il n'y ait une raison particulière qui détermine ce signe à un autre sens, comme la signature d'un Greffier, d'un Président est déterminée par l'usage à ne signifier que la notoriété de l'Acte» (*O*, XXI, p. 691; cf. 2.1.2, XXII, p. 35). En résumé: «Les mots généraux ne signifient proprement et littéralement que les idées générales des choses, et n'en peuvent signifier une idée plus distincte, qu'étant déterminés ou par d'autres mots, ou par la suite du discours, ou par d'autres circonstances» (*O*, XXII, p. 735).

Au plan technique, la démarche d'Arnauld se laisse reconstruire de la manière suivante. Soit A un terme homonymique ou polysémique. Il existe au moins deux idées a et b, susceptibles d'être exprimées par A et telles que $a \not< b$ et $b \not< a$. Nous devons donc décrire la signification de A par une clause disjonctive ('A exprime a ou b'), ce qui nous interdit d'appliquer la fonction φ à A. Remplaçons alors cette première analyse par:

$$\varphi(A) = a \times b.$$

Nous substituerons à une clause disjonctive comme '*canon* exprime l'idée d'une machine de guerre, ou l'idée d'un décret de concile' la clause univoque '*canon* exprime l'idée d'un objet qui est une machine de guerre ou un décret de concile'. Bien entendu, notre procédure génère des absurdités, puisque l'on inférera désormais de 'Tout canon sert à bombarder' la proposition fausse 'Tout décret de concile sert à bombarder'. Pour échapper à ce péril, il faut admettre que, dans pareille éventualité, le contexte linguistique ou la situation fournit une idée c telle que:

$$c < a, c' < b$$

et donc que:

$$(a \times b) + c = (a + c) \times (b + c) = a \times e' = a.$$

De ce principe découlent deux corollaires essentiels.

En premier lieu, le postulat d'effabilité se voit pourvu d'une conséquence empirique[5]. Soit un terme A qui, au sein d'un texte donné, exprime l'idée a_1 tandis que:

$$\varphi(A) = a_1 \times a_2 \times \ldots a_n \ (n \geq 2).$$

Il existe alors une idée b telle que:

$(a_1 \times a_2 \times ... a_n) + b = a_1 \times e' = a_1$.

Si b n'est exprimée par aucun terme du texte considéré, je puis, en vertu du postulat d'effabilité, trouver une paraphrase ou une traduction qui contienne un terme A' (égal, par exemple, à $A \cap B$) tel que:

$\varphi(A') = a_1$.

Ainsi, les versions hébraïque, grecque et latine des Ecritures renferment beaucoup d'expressions «suspendues», que le traducteur «détermine» par «exclusion», c'est-à-dire en «marquant» une idée incompatible avec tous les sens possibles, sauf un (*O*, VI, pp. xxv, 573-576, VII, pp. 176, 321, 374, 488, 536, 576, IX, appendices, pp. 63-64, 88-89; cf. *GP*, I, ii, pp. 517-518; Delassault, 1959: pp. 300-303; Marin, 1976: pp. 555-556).

Réciproquement, la richesse du contexte et de la situation suscitera l'emploi de «paroles abrégées» (*O*, XII, pp. 415-421; *GP*, I, ii, pp. 556-557, II, pp. 67, 92, 586, III, pp. 18-19): «*S. Sacrement* ne signifie qu'un saint signe, et excite néanmoins, parmi les Catholiques, l'idée du corps de Jésus-Christ présent sous les voiles qui le couvrent; et aux Calvinistes, l'idée d'un pain *inondé*, et d'une figure efficace» (*O*, XII, p. 421; cf. *GP*, I, ii, pp. 515-517); lorsqu'on signe, on écrit son nom, c'est-à-dire «une parole abrégée, qui ne dit rien de soi-même, mais qui contient un sens selon l'institution des hommes (...) Il ne faut pas toujours juger du sens des signes par ce qui répond précisément à ces signes; mais il faut regarder toute l'idée qu'ils impriment» (*O*, XXIV, pp. 74-75); «le Saint Esprit (...) dans les Conciles parle souvent le langage des Ecritures, c'est-à-dire, un langage abrégé, et contenant des sens qui ne paraissent pas si clairement sous la lettre» (*O*, XXVII, p. 520). Autrement dit, tout énoncé, par son insertion dans un contexte ou dans une situation, tendra à exhiber des termes «généraux» ou «indéterminés». Cette caractéristique ne saurait constituer un défaut, tant qu'elle ne produit pas l'ambiguïté; Arnauld le répète souvent lors de ses différentes polémiques avec Domat, Pascal, Barcos, Mallet et Bouhours (*O*, VII, pp. 215, 265, 848, 890, VIII, pp. 452-453, XXII, pp. 5-6, 20, 735, 833; cf. von Kunow, 1926: pp. 111-112): «c'est un usage commun dans toutes les langues d'employer des mots généraux pour ne marquer qu'une partie de ce qui est enfermé dans l'étendue de leur signification» (*O*, VII, p. 215). Par là même, nous disposons d'un outil qui nous permet quelquefois de transmettre le contenu à signifier sans éveiller aucune «idée accessoire» obscène ou blessante (cf. 3.3.1).

3.1.3. *La cinquième proposition*

Les débats soulevés par la «cinquième proposition» nous montrent comment la thèse de l'indétermination et le postulat d'effabilité peuvent éclaircir un problème pragmatique issu de la théologie. Dès 1649, les adversaires de Jansénius prétendent trouver dans l'*Augustinus* la proposition suivante: 'C'est un sentiment semi-pélagien de dire que Jésus-Christ soit mort ou qu'il ait répandu son sang pour tous les hommes, sans en excepter un seul' (cf. Cognet, 1961: pp. 50-51). Un tel énoncé est hérétique — il revient à nier que Jésus-Christ soit mort pour tous les hommes — même s'il se marie fort aisément à la doctrine augustinienne de la grâce. Les théologiens jansénistes auront donc à prouver que la proposition 'Jésus-Christ est mort pour tous les hommes' reçoit une interprétation qui la rend compatible avec la thèse selon laquelle ceux qui sont ou seront damnés n'ont pas été rachetés par la mort de Jésus-Christ[6].

Dans les œuvres d'Arnauld, *LAP* incluse (II, xiii), la difficulté fait l'objet de trois tentatives distinctes de solution. Je négligerai la réponse, formulée par Augustin et reprise par Thomas d'Aquin, d'après quoi l'universalité doit se comprendre ici «*de generibus singulorum, et non pas de singulis generum* (...) c'est-à-dire de toutes les espèces de quelque genre, et non pas de tous les particuliers de ces espèces» (*LAP*, II, xiii). Selon cette explication, «par le mot de tous les hommes», on entend «toutes les conditions différentes qui se rencontrent parmi les hommes; Rois ou particuliers; nobles ou non nobles; savants ou ignorants; sains ou malades; ingénieux ou stupides; riches ou pauvres, ou médiocres; enfants, jeunes ou vieux; de toute langue, de toutes mœurs, de toutes professions; et quelque diversité qu'il y ait entre eux de volontés, de conscience, et de quelque autre chose que ce puisse être» (*O*, XXXIX, p. 573); de même, «l'on dit, que tous les animaux furent sauvés de l'Arche de Noé, parce qu'il en fut sauvé quelques-uns de toutes les espèces» (*LAP*, II, xiii; cf. *O*, VII, p. 525, XVI, pp. 170, 208-212, XVII, pp. 793-797, 848, XVIII, pp. 55-63, 74-87, XXII, pp. 676, 706, XXX, p. 293, etc.). Par ailleurs, je reporterai au chapitre 4 un traitement modal à peine esquissé dans la *LAP* (II, xiii). Reste alors l'option pragmatique fondée sur l'indétermination et le postulat d'effabilité.

Première constatation: le mot 'tous' signifie tantôt l'universalité, tantôt la simple pluralité. Pascal le relève dans son fr. 775: «Il y a hérésie à expliquer toujours «*omnes*» de tous. Et il y a hérésie à ne le pas expliquer quelquefois de tous. «*Bibite ex hoc omnes*». Les huguenots hérétiques en l'expliquant de tous. «*In quo omnes peccave-*

runt». Les huguenots hérétiques en exceptant les enfants des fidèles».
Du premier passage (Matthieu, xxvi, 27), les réformés déduisent que
tous doivent communier sous les deux espèces (*OC*, XIV, p. 219; éd.
Chevalier, p. 1513). Mais le 'tous' de 'Buvez-en tous' est restreint à
l'auditoire effectif du Christ, comme en témoigne la formule de la
consécration du calice: «[*mon sang*] *qui sera répandu pour vous et
pour plusieurs*, ce mot de *vous* signifiait ceux qui étaient présents, ou
les Elus du peuple juif; tels qu'étaient les Disciples à qui il parlait hors
Judas» (*O*, XXIII, p. 813; cf. Laporte, 1923-52: II, p. 257). A l'inverse,
le 'tous' de *Romains*, v, 12, («la mort est passée dans tous les hommes,
tous ayant péché dans un seul», *O*, VI, p. 304) se prendra universellement, aucun homme ne pouvant échapper au péché originel (*O*, VII,
p. 502, XVIII, pp. 164-166). Lorsque 'tous' marque la pluralité, c'est
qu'il exprime, en fait, l'universalité à l'intérieur d'un domaine délimité
par le contexte ou par la situation. Ainsi, observe Pascal, «quand nous
disons que le diamant est le plus pur de tous les corps, nous entendons
de tous les corps que nous connaissons, et ne pouvons ni ne devons
comprendre ceux que nous ne connaissons point; et quand nous disons
que l'or est le plus pesant de tous les corps, nous serions téméraires
de comprendre dans cette proposition générale ceux qui ne sont point
encore en notre connaissance, quoiqu'il ne soit pas impossible qu'ils
soient en nature» (*OD*, p. 784, *Préface sur le Traité du vide*; pour un
argument similaire, voir les *Provinciales*, p. 449). Les exemples de ce
mécanisme foisonnent: la formule 'Omnes honorate' (Pierre, I, ii, 17)
s'applique à ceux-là seuls qui méritent d'être honorés, faute de quoi
l'apôtre ordonnerait d'honorer les méchants (*O*, VII, pp. 851-855);
l'interdiction de la colère ('Toute colère est péché') ne condamne pas
les emportements motivés des justes (*O*, VII, pp. 864-878); et, saint
Augustin le remarque, «on dit d'une maison, où il n'y a qu'une porte,
que *tous* entrent par cette porte dans cette maison; non que tous
entrent dans cette maison, mais parce que personne n'y entre que par
cette porte» (*O*, XVI, p. 207). Les propositions qui assertent, en
apparence, l'universalité du rachat se laissent invariablement interpréter avec une restriction: «les élus de Dieu font une universalité, qui
est tantôt appelée *monde* parce qu'ils sont répandus dans tout le monde, tantôt *tous*, parce qu'ils font une totalité, tantôt *plusieurs*, parce
qu'ils sont plusieurs entre eux, tantôt *peu*, parce qu'ils sont peu à
proportion de la totalité des délaissés» (Pascal, p. 318); «*Dieu veut
que tous les hommes soient sauvés;* c'est-à-dire, *tous ceux qui le sont;
parce qu'aucun ne l'est que par sa seule volonté*» (*O*, XVI, pp. 205-208;
cf. pp. 173-175, XVIII, pp. 55-63, 556; *LAP*, II, xiii). Ainsi, la «généralité marquée par le terme de *tous* en cet autre passage de l'Apôtre,

unus pro omnibus mortuus est » s'avère « plus serrée, et moins étendue, que celle qui est marquée dans cet autre, *in quo omnes peccaverunt* [*Romains*, V, 12; cf. plus haut]» (*O*, XVIII, p. 243)[7].

Dans le cadre théorique que j'ai esquissé, la solution pragmatique se reconstruit de la manière suivante. Soit A un terme en 'tout...', 'tous ...', etc. tel que $\varphi(A) = a$. Clairement, pour n'importe quel b, nous avons :

$$(a + b) \times (a + b') = a$$

et :

$$((a + b) \times (a + b')) + b = a + b.$$

Supposons maintenant que :

$$a + b \neq e'$$
$$a + b' \neq e'$$

ce qui implique que :

$$a + b \neq a + b'.$$

En vertu du postulat d'effabilité, il existe un terme A' et un terme A'' tels que :

$$\varphi(A') = a + b$$
$$\varphi(A'') = a + b'.$$

Autrement dit, A sera indéterminé par rapport à A' et A''. Si le contexte ou la situation apporte une détermination qui ajoute l'idée b à $\varphi(A)$, nous pourrons, lors d'une paraphrase ou d'une traduction, employer A'. Pour le cas qui nous occupe, nous obtenons :

$$\varphi(\text{'tous les hommes'}) = \text{homme} = (\text{homme} + \text{sauvé}) \times (\text{homme} + \text{non-sauvé})$$

mais le contexte des Ecritures, élucidé par les Pères et la tradition, détermine 'tous les hommes' à ne signifier que tous les sauvés (Pascal, fr. 775). Il est donc légitime de recourir à un terme qui exprime cette détermination; par exemple, 'tous les hommes qui sont sauvés'[8].

3.2. La vraisemblance

A la faveur des polémiques qui les ont opposés au mouvement antijanséniste et aux ministres protestants, Arnauld et Nicole se sont forgé une épistémologie fondée sur trois dichotomies successives. La première distingue les idées adventices associées aux impressions corporelles, des idées factices auxquelles la raison ou la foi, humaine ou divine, nous donne accès (cf. chapitres 1 et 2). La deuxième met en contraste les croyances qui nous sont léguées par la foi humaine, et celles que nous imposent la raison ou la foi divine (*LAP*, IV, xii; cf. *O*, II, p. 706, III, p. 671, XXI, pp. 21-23, 692; cf. Gits, 1940). La troisième, enfin, sépare le domaine de la raison, et le domaine de la foi; en sorte que l'essor de la science moderne ne menace plus le contenu de la révélation (cf. introduction; voir aussi *O*, I, pp. 171, 680).

Dans cette optique, l'épistémologie se voit assigner deux tâches principales. Elle doit d'abord délimiter les aires respectives du *droit* et du *fait*. La croyance au droit relève uniquement de la foi divine, tandis que la croyance au fait obéit aux principes habituels de foi humaine ou de raison. L'on ne saurait donc se réclamer de quelque autorité supra-humaine ou supra-rationnelle pour exiger d'un catholique la croyance en un point de fait[9]. L'épistémologie doit également évaluer le degré de certitude que la sensation, la foi humaine, la raison et la foi divine nous permettent d'atteindre. Dévalorisée par le cartésianisme, la sensation ne peut constituer la base d'aucune connaissance, et elle cède même devant la foi humaine: «les hommes ont assez de peine naturellement à concevoir qu'il y ait des antipodes: cependant, quoique nous n'y ayons pas été, et qu'ainsi nous n'en sachions rien que par une foi humaine, il faudrait être fou pour ne le pas croire» (*LAP*, IV, xii). Pour les objets de foi humaine, l'esprit se laisse conduire par un postulat de vraisemblance qui ne garantit qu'une «certitude morale» («l'on juge qu'une chose est, lorsqu'il est bien plus vraisemblable qu'elle est, que non pas qu'elle ne soit pas», *O*, XXII, p. 805); alors que la raison et la foi divine nous pourvoient d'une «certitude métaphysique»[10]. La différence ne découle pas du caractère prétendûment contingent ou nécessaire des jugements et des propositions concernés, mais bien de l'incertitude subjective où nous demeurons dès que nous abordons des matières de foi humaine (cf. 1.3.4). Ainsi, il est invraisemblable, mais «métaphysiquement» possible, que deux notaires à la réputation intacte aient antidaté un contrat sans motif aucun et sans laisser aucune trace de leur méfait (*LAP*, IV, xv; cf. *O*, XXII, pp. 789-792); de même, il est invraisemblable, mais «métaphysiquement» possible, qu'un Chinois, «infidèle et fort méchant homme», qui s'est pendu afin d'éviter un juste châtiment, ait pu échapper à la damnation «dans le dernier moment de sa vie» (*O*, X, pp. 388-389). Par conséquent, la foi humaine n'en imposera ni à la raison, ni à la foi divine. Et si le degré de certitude auquel nous arrivons par ces deux dernières voies semble égal, il n'en reste pas moins que la raison s'effacera, au bout du compte, devant la foi divine (*LAP*, IV, xii).

Le tableau que je viens de tracer ne reflète pas encore totalement la pensée de nos auteurs. En tant que seules sources envisageables de connaissance, la foi humaine, la raison et la foi divine sont respectivement guidées par le postulat de vraisemblance, par les principes cartésiens de la perception claire et distincte et de la déduction, et par la révélation. Mais les conflits entre nos diverses croyances se dissipent dans un second temps. Chaque fois que la raison ou la foi humaine se heurtent à la foi divine, cette dernière doit l'emporter. Un accord devient alors réalisable, au prix d'un raisonnement qui invoquera à son tour le postulat de vraisemblance et les principes cartésiens. Ainsi la croyance aux miracles, ou aux événements relatés dans les hagiographies, est déterminée par le postulat de vraisemblance, dont on s'autorise pour évaluer les témoignages examinés (*LAP*, IV, xiv et xv; cf. *O*, XXII, pp. 788-789, XXXVII, pp. 768-794; *GP*, III, pp. 395-400; Neveu, 1966: pp. 228-230). De manière comparable, la raison suffit à établir la distinction entre le droit et le fait, ou la supériorité de la foi divine: «le fait et le droit étant distingués par leur nature, Dieu même ne pourrait pas faire que le fait et le droit fussent une même chose» (*O*, I, p. 248); «nous ne pourrions pas nous porter à croire ce qui est au-dessus de notre raison, si la raison même ne nous avait persuadés qu'il y a des choses que nous faisons bien de croire, quoique nous ne soyons pas encore capables de les comprendre» (*LAP*, IV, xii; ce passage réapparaît dans *O*, XXI, pp. 22-23).

Dans ce qui suit, je vais m'attacher au postulat de vraisemblance et à ses corollaires pragmatiques. Dès l'abord, il semble clair qu'Arnauld assimile la vraisemblance à la probabilité subjective que nous attribuons à la matière de certains jugements (cf. *LAP*, IV, xvi; *O*, XXII, p. 810; Imbert, 1982). Le pari se trouve déclenché par une mesure de probabilité confrontée à une évaluation des gains. Pour effectuer cette mesure de probabilité, nous partons de certaines observations et d'un postulat général d'uniformité: «Si l'on avait par exemple entrepris de déchiffrer un écrit de sept ou huit pages, et qu'en supposant qu'un tel caractère est pris pour telle lettre, on eût trouvé dans les six premières, deux cents vers parfaitement justes et sensés, il est indubitable qu'on devrait conclure qu'on aurait trouvé la véritable clef de cet écrit: et que sans examiner ceux qui resteraient on devrait juger qu'il n'y peut rien avoir qui soit effectivement contraire à ce que l'on a trouvé» (*GP*, II, pp. 578-579; cf. *O*, XXII, p. 789). Quand nous jaugeons la vraisemblance d'un comportement humain ou divin, nous nous inspirons, par contre, d'une certaine expérience et d'un postulat normatif de rationalité: «ce principe n'est qu'une suite de ce que les hommes sont raisonnables, n'étant pas humainement possible que plusieurs hommes raisonnables, parlent ordinairement et fréquemment d'une manière déraisonnable » (*O*, XII, p. 139; cf. p. 172, XXIII, p. 448).

L'analyse que je propose ici éclaire, entre autres choses, l'argumentation qu'Arnauld a dirigée contre Nicole ou contre la théologie et l'action missionnaire des Jésuites (cf. Pinot, 1932). Dans les deux cas, il faudrait accepter que des millions d'hommes aient eu l'idée de Dieu, sans s'en apercevoir par une réflexion expresse, ou qu'ils n'aient accompagné cette réflexion expresse d'aucune production linguistique (cf. *O*, XXXI, pp. 97-100 et 1.1.2). Le postulat d'effabilité augmente encore l'invraisemblance de la seconde supposition (*O*, III, p. 538, XXXI, p. 322, XXXIII, p. 259). Corrélativement, il est invraisemblable que Dieu ne se soit jamais adressé aux païens par les moyens ordinaires, c'est-à-dire « par l'entremise des hommes, qui s'instruisent les uns les autres, ou par la parole ou par l'écriture qui en est le signe » (*O*, XXXI, pp. 125-126). La *GP* (I, ii, pp. 10-15) s'ouvre sur un raisonnement similaire: on ne peut imaginer que deux groupes sociaux parlent le même langage ambigu, et défendent des opinions contraires sans s'en apercevoir.

La pragmatique linguistique offre de nombreux terrains d'application au postulat de vraisemblance, et aux maximes normatives qui le soutiennent. Je consacrerai un premier paragraphe à l'étude détaillée des principes auxquels nous sommes censés obéir, selon Arnauld, lorsque nous communiquons avec les autres, ou lorsque nous interprétons leurs messages. Je montrerai ensuite comment Arnauld et Nicole ont mis cette théorie pragmatique en œuvre à l'occasion des « guerres civiles » de Port-Royal (cf. introduction).

3.2.1. *Sept maximes de rationalité*

Tout comportement sémiologique, s'il est rationnel, se soumet à certaines maximes, qui reçoivent une formulation active, valant pour le destinateur, et une formulation passive, par laquelle nous cernons l'une des normes de l'interprétation. Dans chaque maxime, les deux versants se répondent: le comportement du destinateur, et celui du destinataire, obéissent à la régularité décrite, parce que l'un et l'autre sujets présupposent que le partenaire joue le même jeu (cf. Grice, 1967). Ces « règles du langage » sont, comme les « lois humaines, non contraires à la loi naturelle » ou « la vérité de certains faits, tellement attestés qu'on ne les peut révoquer en doute », des « choses dont notre esprit ne se doit pas rendre juge, mais selon lesquelles il doit juger » (*O*, XL, p. 213). Voici, rangées dans un ordre systématique, les sept maximes que j'ai découvertes chez Arnauld, soit sous une forme explicite, soit au travers d'exemples répétés :

(1) *Maxime de stabilité* : « Les fous pensent d'une manière insensée ; mais ils disent ce qu'ils pensent d'une manière ordinaire. Le dérèglement n'est que dans leur esprit, et non pas dans leurs paroles. Et c'est la dernière chose qui se renverse dans l'homme, que cette union et ce rapport des paroles avec les pensées » (*GP*, I, ii, p. 459). Autrement dit, c'est un comportement tout à fait aberrant que de se constituer un langage privé : personne ne supporterait « que quelqu'un ayant fait un songe la nuit, dans lequel une grande quantité de fantômes lui auraient passé par l'esprit, et s'étant imaginé à son réveil que ces images qui lui auraient passé par l'esprit signifiaient quelque chose, s'avisât en parlant aux autres, sans les avoir avertis qu'il parle d'un songe, de donner à ces images le nom des choses qu'il croirait qu'elles signifient » (*GP*, II, p. 66; cf. p. 93; *LAP*, II, xiv). Lors de ses innombrables polémiques, Arnauld dénoncera volontiers le danger, et la vanité, qu'il y a à se donner un « dictionnaire particulier » (voir, par exemple, *O*, X, pp. 483-484, XII, pp. 136-139, XXII, p. 773, XXIII, pp. 563-564, XXVII, p. 51, XL, pp. 33-34; cf. aussi Nicole, *Imaginaires*, I, p. 198). Dans les *Provinciales*, Pascal reproche aux casuistes de troubler ainsi les esprits : ils interprètent « le mot de *superflu*, en sorte qu'il n'arrive presque jamais que personne en ait » (p. 392); ils redéfinissent, à leur usage, les mots 'duel' (pp. 398-399), 'paresse' (p. 410), 'simonie' (p. 427; cf. Ferreyrolles, 1984 : pp. 53-55).

Corollairement, la maxime de stabilité vient contrebalancer l'abus possible des définitions nominales (cf. 2.3.3 et Marin, 1975 : pp. 247-250, 256-258). Pascal lui-même notait que « les noms sont inséparables des choses. Si le mot de grâce *suffisante* est une fois affermi, vous aurez beau dire que vous entendez par là une grâce qui est insuffisante, vous ne serez point écoutés » (p. 378). La *LAP* et la *GP* renchérissent : « les hommes ayant une fois attaché une idée à un mot, ne s'en défont pas facilement; et ainsi leur ancienne idée revenant toujours, leur fait aisément oublier la nouvelle que vous leur voulez donner en définissant ce mot » (*LAP*, I, xiii); « C'est ce que l'on voit dans les mots du guet qui se donnent dans les armées; car quoiqu'ils ne servent que de marque et de signe pour distinguer les amis des ennemis, sans rien signifier autre chose dans cet usage, il est néanmoins bien difficile de les dépouiller tellement de leur première signification, qu'elle ne se présente à l'esprit » (*GP*, I, ii, p. 422).

De tout cela il découle que l'interprétation devra partir, sauf indices contraires, de la signification commune : « l'idée naturelle des mots se présente d'abord à l'esprit, et (...) elle y est toujours reçue, à moins qu'elle ne soit bannie par une créance contraire» (*O*, XII, pp. 123-124; cf. 2.3.1; *O*, XIX, p. 215, XX, pp. 315-328, XXIII, p. 565, etc.; *GP*, I, ii, pp. 174, 265-266, 448-449, 700-719, II, pp. 93-102, 158, 325-326, 453, 527, III, p. 267).

(2) *Maxime de non-contradiction*: Tout destinateur est censé ne pas se contredire. Par conséquent, «on ne doit pas soupçonner un homme d'esprit de dire des choses qui soient contraires, lorsqu'il y a moyen d'allier ses paroles dans un même sens» (*O*, XXIII, p. 155); «toutes les conséquences qu'on tire de leurs paroles [des hommes], sont fondées sur ce qu'on ne suppose jamais gratuitement qu'ils s'écartent des lumières du sens commun» (*GP*, II, p. 503). Cette maxime nous autorise à interpréter de très nombreux énoncés avec une ou des restrictions inexprimées. Ainsi un médecin conseillera le pain et la viande, tout en maintenant, par ailleurs, que ces aliments ne conviennent pas à certaines personnes (*O*, XXVII, p. 197); «l'Eglise (...) ne fait pas difficulté de nous commander de jeûner et d'aller à la messe, ce qui suppose la santé et la force du corps» (*O*, XXI, p. 690; cf. XXIII, pp. 222-223). Lorsque je dis à quelqu'un 'Vous achèteriez cette terre si vous le vouliez', je suis réputé croire que ce quelqu'un peut acquérir le terrain en question (*O*, XVIII, pp. 570-582; cf. XXIII, pp. 96, 568-569). La maxime de non-contradiction s'applique aussi au langage de la révélation; elle est utilisée, par exemple, dans la discussion qui concerne l'universalité du rachat (cf. 3.1.3). Elle constitue même un mécanisme d'interprétation assez puissant pour traiter des propositions paradoxales: «Ce n'est pas qu'il ne puisse arriver que quelqu'un dise: *je veux être misérable*; mais ceux qui tiennent ce langage ne veulent dire autre chose, sinon: *je veux être dans un tel état, où vous croyez que je suis misérable*» (*O*, X, p. 615; cf. p. 498; *GP*, I, ii, p. 428); ou de phénomènes plus marginaux encore: «lorsqu'une personne de grande condition disait dans le Parlement de Paris: *Le Cardinal Mazarin a ici ses hémisphères*, le mot de *Mazarin* joint à *hémisphère* faisait assez voir qu'il était impossible qu'il prît le mot d'*hémisphère* dans la signification ordinaire d'une moitié de sphère; mais qu'il fallait nécessairement qu'il le prît dans une signification particulière: de sorte qu'il n'était pas difficile de deviner qu'il avait joint à ce mot l'idée que les autres joignent à celui d'*Emissaires*» (*O*, XXII, pp. 750-751; cf. p. 805).

(3) *Maxime de détermination*: Tout terme général peut être déterminé, soit par l'usage ou la tradition d'une certaine communauté (et cela en accord avec les maximes précédentes), soit par une déclaration

expresse (cf. 3.1.2 et *O*, XXI, p. 691, XXII, pp. 5-6, 20, 32, XXIII, pp. 95, 386, 564, 566, etc.; *GP*, I, ii, p. 471, II, pp. 439, 440, 455-60, III, pp. 34-38, 222; Nicole, *Imaginaires*, I, pp. 405-406). On peut «prendre un son chinois, qui signifie quelque chose d'approchant de ce que nous appelons *Esprit*, et le déterminer à signifier le Saint-Esprit» (*O*, III, p. 538). De même, «l'Eglise étant maîtresse de son langage, lorsqu'elle détermine une proposition équivoque à un certain sens, cette proposition cesse d'être équivoque pour ce regard, et n'a plus, dans l'usage de l'Eglise, d'autre sens que celui auquel elle est déterminée» (*O*, XXIII, p. 581; cf. XIX, pp. 153-219, 599, XX, pp. 315-328, XXI, pp. 196, 202, 228-230, XXII, pp. 268, 345-346, etc.).

Ceci entraîne deux corollaires. D'abord, «c'est ce qui fait qu'en parlant il y a des choses que nous n'exprimons point, parce que nous supposons qu'elles sont déjà connues à ceux qui nous entendent; que nous n'en marquons d'autres qu'à demi, sur l'assurance que nous avons qu'ils suppléeront à ce que nous n'exprimons pas» (*GP*, II, p. 67; cf. 3.1.2). Ensuite, l'interprétation d'un auteur ne dépend ni «de l'inspiration particulière» (*O*, V, p. 363), ni de la seule «clef de la Grammaire» (*O*, XXIII, pp. 802-810); en témoignent les emportements déjà cités contre certains «grammairiens» (*O*, X, p. 175). Ainsi, tout contact avec les Ecritures doit s'appuyer sur la tradition, qui vient parfois corriger les interprétations tirées du langage commun (*O*, XIX, pp. 495-496, XXII, pp. 35-36; cf. Nicole, *Imaginaires*, II, pp. 26-29, *Prétendus réformés*; Snoeks, 1951; Tavard, 1969). Comme je l'ai signalé dans mon introduction, Pascal utilisera la maxime de détermination pour contester le rapprochement qu'Arnauld effectuait constamment entre le *cogito* cartésien et les passages similaires d'Augustin (cf. Miel, 1969a: p. 95).

(4) *Maxime de métaphorisation*: Si un énoncé viole les maximes de stabilité et de non-contradiction sans être sauvé par la maxime de détermination, il faut examiner si l'un ou plusieurs de ses termes n'acceptent pas une interprétation métaphorique: «Quand on entend le mot de bras, ou celui de main, on conçoit incontinent des bras et des mains ordinaires; mais quand on les attribue à Dieu, la connaissance distincte que les Chrétiens ont, que Dieu est incorporel, fait qu'ils éloignent cette idée, pour en mettre une autre à sa place, qui est celle de puissance et de force» (*O*, XII, pp. 123-124; cf. p. 135 et 2.3.1). Pour que cette maxime fonctionne, l'emploi des métaphores doit obéir à des contraintes supplémentaires: (i) ne pas être superflu (cf. *GP*, I, ii, pp. 700-719); (ii) ne pas être «continué» («les Rhétoriciens remarquent même que, quand on le fait, ce n'est plus un orne-

ment, mais un défaut qu'ils appellent énigme; parce qu'il rend le discours obscur et difficile à entendre»); (iii) ne pas apparaître «en toutes sortes de discours. Les métaphores extraordinaires ne conviennent point aux discours simples, historiques, dogmatiques» ; (iv) ne pas être inintelligible à l'auditoire concerné (cf. *GP*, II, pp. 325-326, 427, 453, 527); (v) être en accord avec «l'usage commun du langage humain», se fonder sur «un rapport naturel, et une ressemblance naturelle entre deux termes» (*O*, XII, pp. 131-140). Nous rencontrons là une conception à la fois utilitaire et rationaliste de la métaphore. Utilitaire, en ce sens que la métaphore supplée au manque d'une expression naturelle, et qu'elle contribue à assurer l'effabilité (voir aussi Lamy, *Art de parler*, pp. 57-59). Rationaliste, parce que la métaphore reste soumise à la maxime de non-contradiction: «pour reconnaître les expressions simples des métaphoriques (...) on ne doit point prendre pour métaphores, celles qui nous obligeraient à conclure, que celui qui s'en sert a parlé d'une manière déraisonnable et contraire au bon sens» (*O*, XII, p. 139; cf. *GP*, II, p. 610). Au plan littéraire, ce rigorisme se traduira par une condamnation sans appel du style baroque ou précieux volontiers pratiqué par les Jésuites: voir la lettre d'Etienne Pascal (*OD*, pp. 591-597; cf. Harrington, 1982: pp. 54-55), les passages pertinents des *Provinciales* (pp. 422-423; cf. Ferreyrolles, 1984: pp. 67-72) et des *Pensées* (section I, éd. Brunschwicg), ainsi qu'Arnauld (*O*, XXIX, pp. 301, 498-501, XXX, p. 141) et Nicole (*Imaginaires*, II, pp. 206-207).

(5) *Maxime de sincérité:* Tout destinateur est censé ne pas mentir. Les mensonges «ne consistent nullement à prononcer une chose fausse selon la lettre; autrement toutes les Paraboles seraient fausses, toutes les Métaphores seraient fausses», mais «à imprimer volontairement une fausse idée dans ceux qui lisent nos Ecrits, ou qui entendent nos paroles» (*O*, XXIV, p. 74; cf. I, pp. 262-263, 366-367, XXIII, p. 386). On peut mentir en altérant subrepticement le sens des mots (en violant, donc, la maxime de stabilité) ou en pratiquant la restriction mentale (*O*, I, pp. 263-265, 312-313, XXI, p. 226, XXVII, p. 51, XXIX, p. 82). Cette restriction mentale revient à déterminer ses paroles pour soi, sans en avertir le destinataire et sans que les contraintes pragmatiques habituelles ne puissent dissiper le malentendu.

La maxime de sincérité se révèle d'autant plus impérative que «tout homme est menteur» (*LAP*, IV, xiii). Elle seule garantit que la signification publique de nos paroles nous lie au point de dicter, en certaines matières, notre comportement et celui des autres. L'administration des sacrements fournit ici un exemple très clair (*O*, I, p. 678, III, p.

49, IX, pp. 360-362, X, pp. xxxvii, 691-702). Si l'absence d'intention ou la «simple protestation intérieure» suffisait à annuler le sacrement, aucun fidèle n'oserait croire qu'il a été baptisé ou qu'il a effectivement communié. Il faut, par conséquent, que tout rituel sacramental accompli volontairement, avec «jugement», «raison» et «connaissance de cette action du Sacrement», et sans indication contraire, possède l'effet que la doctrine lui attribue. Un enfant de trois ans qui récite des paroles qu'il ne saisit pas, un fou en proie au délire, un prêtre qui singe par plaisanterie ou pour une représentation de comédie les gestes et les formules du sacrement, ne pourraient baptiser; pas plus que le ferait celui qui proclamerait préalablement et par une «déclaration extérieure» qu'il n'a pas l'intention de baptiser: «Car l'intention nécessaire, afin que le baptême soit bon, est celle de prononcer les paroles, et de verser de l'eau sur l'enfant, pourvu que cette intention ne soit pas détruite par une déclaration extérieure qu'on ne veut point baptiser, mais seulement se jouer» (*O*, I, p. 678).

Devançant l'étude de Fauconnier (1979), Arnauld applique la même analyse à la promesse et au serment: «en ce point on peut raisonner du serment comme du sacrement» (*O*, III, p. 49; cf. IX, pp. 361-362, X, p. 695, XXII, p. 781). La promesse et le serment engagent le destinateur au regard du ou des destinataires, parce que le destinateur contracte, en réalité, une obligation vis-à-vis de Dieu[11]: «si un homme voulant se faire croire, prenait Dieu à témoin, que ce qu'il dit est vrai, et qu'il dît en même temps en lui-même: *Je n'ai pas l'intention de jurer*. Qui ne voit que cette parole intérieure signifierait seulement, je n'ai pas l'intention que Dieu m'impute ce parjure? ce qu'il ne pourrait pas néanmoins empêcher» (*O*, IX, pp. 361-362). La pratique casuiste pervertit la promesse et le serment par une extrapolation indue de mécanismes pragmatiques attestés dans l'usage le plus légitime (*O*, I, pp. 266-267; cf. Fauconnier, 1979: pp. 16-22). La «protestation intérieure, secrète» s'impose en matières temporelles s'il y a contrainte: «Ces sortes de protestations peuvent être recevables dans les affaires civiles, et où il ne s'agit que de quelques intérêts temporels, qu'on peut abandonner à la violence des hommes, en se servant de ces précautions que les lois regardent comme la dernière ressource des faibles contre les puissants, et comme le seul moyen qu'il leur reste pour se tirer quelque jour de l'oppression présente, à laquelle ils ne peuvent résister» (*O*, XX, pp. 30-31). Par ailleurs, toute promesse et tout serment se trouve soumis à des restrictions inexprimées (*O*, I, pp. 242, 494-496, XX, pp. 8-9), et cela en vertu des maximes de non-contradiction et de détermination: d'abord, nul n'est tenu de respecter une promesse ou un serment qui viole les «lois de l'honneur et de la justice»; ensuite, les paroles «que l'on donne à des amis, ne sont point censées obliger dans des circonstances imprévues, qui changent tellement les choses, qu'il y aurait une injustice visible à nous vouloir contraindre à les observer» (*O*, I, pp. 494-496); enfin, celui qui exige la promesse ou le serment peut en déterminer le sens, ce qui implique «qu'on est parjure si on accomplit sa promesse selon le sens des paroles, et non selon l'intention qu'on sait qu'a eue celui à qui on a promis» (*O*, I, p. 265). En dehors de ces cas, la restriction doit être explicite (*O*, I, pp. 263-265, XXII, pp. 586-589), et l'on pèche en recourant, sans motif légitime, à une «protestation intérieure», en limitant ses paroles à des circonstances non aperçus par l'auditoire, ou en apportant à quelque terme général une détermination secrète (pour des exemples, voir Pascal, *Provinciales*, p. 411 et Fauconnier, 1979).

(6) *Maxime d'intelligibilité*: «Les hommes parlent pour se faire entendre, et quiconque parle d'une manière qui ne peut être entendue, et qui n'est pas propre pour imprimer dans les autres l'idée de ses pensées, parle sans raison et sans jugement» (*GP*, I, ii, p. 142). Il en résulte qu'aucun destinateur n'a sujet de protester si on comprend ses paroles selon l'interprétation normalement recevable: «Quand un homme me fait un récit, et qu'il y mêle des choses absurdes, je ne suis point obligé de deviner qu'il me parle d'un songe. C'est à lui de me le dire, cela ne se supplée point (...) en vertu de cette convention secrète établie entre les hommes, qu'on ne croit point qu'un homme parle d'un songe s'il n'en avertit auparavant» (*GP*, II, p. 93; cf. *O*, XXIII, p. 448). La maxime d'intelligibilité condamne sans appel certaines pratiques casuistes (cf. Fauconnier, 1979: p. 22): ainsi je ne puis me retrancher derrière le fait que j'ai prononcé quelques paroles sans avoir l'intention de transmettre aucune signification (cf. aussi 3.3.1).

(7) *Maxime de quantité*: Tout locuteur est censé fournir, sur le thème dont il traite, les informations les plus fortes possibles; celles-ci impliquent pragmatiquement des informations plus faibles (voir, par exemple, Ducrot, 1972, 1973; Horn, 1972; Fauconnier, 1976; Grice, 1967). Ainsi, «lorsque d'une moindre qualité on passe à une plus grande, quoique compatible, l'on nomme d'ordinaire les personnes par la plus grande; mais ce n'est pas en niant la moindre, si ce n'est par une espèce de figure. On appelle l'Empereur Empereur, et on ne le nomme pas Archiduc d'Autriche; mais on ne nie pas qu'il soit Archiduc d'Autriche; et on se moquerait d'une personne qui conclurait, il est Empereur, il n'est donc plus Archiduc d'Autriche. Quant à ces sortes de discours par lesquels on pourrait dire d'un Archiduc élu: Ce n'est plus un Archiduc d'Autriche, mais c'est un Empereur

(...) on ne le fait jamais que par une espèce de figure, qui veut dire, que cet Archiduc ne serait plus seulement Archiduc, mais qu'il serait de plus Empereur» (*GP*, I, ii, pp. 493-495; cf. II, pp. 482-483). Il en résulte que tout message, parce qu'il est énoncé, exclut les informations plus fortes qu'il n'exprime pas, pour autant qu'elles se révéleraient pertinentes: «les noms sont sujets à nous porter dans l'erreur, lorsqu'ils n'expriment qu'imparfaitement la nature de la chose, ce qui fait croire que ce qui n'est pas exprimé n'est ni cru, ni conçu» (*GP*, I, ii, p. 247). En vertu de ce mécanisme, de nombreuses propositions équivalent à des exclusives, sans en porter les marques formelles: emploi de 'seul', 'seulement', 'ne ... que', etc. (cf. *LAP*, II, x et Ashworth, 1973). Comme le remarque Nicole, «qui dit que l'Eglise n'est pas infaillible dans les faits humains et non révélés, fait entendre en même temps qu'elle est infaillible dans les faits révélés qui sont le fondement de la foi» (*Imaginaires*, I, p. 411). Le texte de la première épître à Timothée (I, ii, 5), 'Unus enim Deus', se traduit par 'Car il n'y a qu'un Dieu' (*O*, VI, pp. 578-579). Le commandement 'Dominum tuum timebis, et illi servies' et la règle morale 'Eleemosynae illis prosunt qui vitam mutaverunt' sont bien rendus par 'Vous révérerez le Seigneur votre Dieu, et vous ne servirez que lui seul' ou 'Les aumônes ne servent qu'à ceux qui changent de vie' (*O*, XXX, pp. 288-292). Le même raisonnement s'applique, *a fortiori*, aux propositions concernant l'universalité du rachat: en glosant 'Omnes autem praedestinati ipsi sunt quos vult salvos fieri' par 'Tous ceux que Dieu veut qui soient sauvés ne sont autres que tous les prédestinés', on se conforme aux deux maximes de non-contradiction et de quantité (*O*, XXX, pp. 288-292; cf. VII, pp. 588-590). Enfin, pour Matthieu, xix, 11: 'Non omnes capiunt verbum istud, sed quibus datum est', la version de Mons donne: «Tous ne sont pas capables de cette résolution, mais ceux-là seulement à qui il a été donné d'en-haut»; en effet, «c'est n'entendre pas le français que de prendre le mot de *seulement* pour ajouté, étant plus clair que le jour qu'il est enfermé dans le sens de la particule *sed*» (*O*, VII, p. 270).

La maxime de quantité élimine également certains sophismes *a dicto secundum quid ad dictum simpliciter* (cf. *LAP*, III, xix): de ce que la France n'est pas cultivée «dans les Landes de Bordeaux», je ne puis conclure que la France n'est cultivée nulle part (*O*, VII, p. 106); de ce que le roi de France est aussi le roi de Navarre, et que le roi d'Espagne est plus puissant que le roi de Navarre, je ne puis conclure que le roi d'Espagne est plus puissant que le roi de France (*GP*, II, pp. 482-483), puisque la seconde prémisse doit se lire: 'le roi d'Espagne est plus puissant que celui qui ne serait que le roi de Navarre'.

3.2.2. Le problème des signatures

Les polémiques sur la signature se laissent interpréter à la lumière des éléments rassemblés jusqu'ici. Je m'en tiendrai à une présentation minimale qui néglige de nombreux détails historiques au profit d'une analyse visant à dégager les postulats fondamentaux.

Dès 1655, les autorités ecclésiastiques commencent à exiger des prêtres et religieux une «souscription» ou signature par laquelle ils condamnent la doctrine de Jansénius. M'exprimant dans le mode formel, je décrirai cette situation de la façon suivante: les prêtres et les religieux doivent signer un document porteur d'un énoncé qui implique la proposition 'La doctrine (le sens) de Jansénius est hérétique'. Arnauld et Nicole remarquent que ladite proposition «enferme», en réalité, une proposition de droit et une proposition de fait[12]. La proposition de droit établit le caractère hérétique d'une certaine doctrine, que la proposition de fait attribue à Jansénius. En effet, «toutes ces propositions: le sens d'Arius touchant la Trinité est hérétique: la doctrine d'Honorius condamnée par le sixième Concile est hérétique (...) sont des propositions doubles dans le sens, et qui en enferment deux; l'un direct, et l'autre indirect. Et ces deux propositions enfermées, selon les paroles, dans une même proposition, sont si différentes et si distinctes, que l'une peut être vraie, l'autre fausse; l'une certaine, l'autre incertaine; l'une de foi divine, et l'autre seulement de foi humaine. Cette proposition par exemple: la doctrine d'Arius touchant la Trinité est hérétique, signifie deux choses; l'une, qu'une certaine doctrine, savoir, que le Verbe n'est pas consubstantiel au Père est une hérésie; et l'autre, que cette doctrine a été enseignée par Arius. La première est de foi divine, et la seconde de foi humaine, qui peut être fort certaine, mais est toujours distinguée de la foi divine» (*O*, XXI, p. 210; cf. pp. 172-175, 196-207, XXII, pp. 739-740, 827-828, XXIII, pp. 448-449, 563-567, XXIV, pp. 74-75; Nicole, *Imaginaires*, I, pp. 43-47, 190-196; *LAP*, II, vi). De même, lorsque Calvin attribue «à Saint Augustin cette erreur: *Que Dieu est auteur du péché, et qu'il nécessite la volonté pour le bien et pour le mal*, l'aveu qu'il fait de cette proposition générale que la doctrine de Saint Augustin est orthodoxe, ne l'exempte pas d'une double erreur de droit et de fait, puisqu'il prend pour vérité ce qui est une hérésie, et qu'il attribue à Saint Augustin un blasphème très éloigné de son sentiment» (Nicole, *Imaginaires*, I, p. 38). Or, l'Eglise ne saurait prétendre à l'infaillibilité, ni réclamer la soumission, pour les propositions de fait qui ne découlent pas de la conjonction d'une proposition de droit et d'une proposition de fait préalablement endossée. Si j'ai vu baptiser un enfant dans les conditions normales (cf. 3.2.1), et que je l'aie vu mourir ensuite, je croirai de foi divine qu'il est sauvé; mais si je doute que cet enfant ait été baptisé, je puis me refuser à croire qu'il a reçu la grâce. De manière comparable, je croirai de foi divine que Jansénius est hérétique si, et seulement si, je me convaincs de ce que son livre contient des propositions dont je sais, de foi divine, qu'elles sont hérétiques (*O*, XXI, pp. 177-179; cf. Nicole, *Imaginaires*, I, pp. 122-123). Dans ce domaine, le catholique doit se conformer aux critères de raisonnement et de vraisemblance précédemment évoqués. S'il ne croit pas, de foi humaine, que la doctrine condamnée a été défendue par Jansénius, nul ne pourra le contraindre à signer.

Bien évidemment, l'argumentation d'Arnauld et Nicole s'appuie sur une analyse sémiologique et pragmatique de la signature exigée (cf. 2.1.2, 3.1.2). Celle-ci est une «parole abrégée», donc «générale», que l'usage commun et le langage de l'Eglise «déterminent» à signifier une «créance intérieure», c'est-à-dire une approbation sincère des pensées — et de toutes les pensées — exprimées par le document auquel il faut souscrire: «Quand nous avons examiné entre nous, si la signature pure et simple des Constitutions enfermait la créance du fait de Jansénius, nous sommes convenus qu'elle l'enfermait» (*O*, XXI, p. 693; cf. XXIV, pp. 74-75; Nicole, *Imaginaires*, I, pp. 54-55, 164, 171). Il serait vain de réduire la signature à un geste dépourvu de sens: «Nous savons que la Signature n'est pas une action purement extérieure, et qui ne signifie rien; mais qu'elle est instituée pour être une marque de quelque disposition intérieure, et de quelque pensée qui y répond» (*O*, XXIII, p. 520). Car on en arriverait alors à séparer «la profession extérieure de la créance intérieure» (*O*, XXI, pp. 698-700), et à pratiquer la restriction mentale proscrite par la maxime de sincérité (voir encore *O*, I, pp. 331-332, 359). La seule solution acceptable consiste à ce que la signature soit «déterminée» à signifier la «créance intérieure» pour le droit, et éventuellement, le «respect extérieur» pour le fait: «c'est se moquer, que de prétendre qu'on le [= l'acte] puisse signer sans blesser la sincérité chrétienne, à moins que de faire entendre, par sa signature même, qu'on ne s'engage point à la créance de ce fait, ou que celui qui fait signer le déclare par son Ordonnance» (*O*, XXIII, p. 562); «quand il [M. l'Archevêque] aura déclaré que la Signature qu'il demande n'est qu'un signe de respect extérieur, et non de créance, alors personne ne refusera de lui témoigner ce respect par une Signature, s'il lui plaît de l'exiger» (*O*, XXIII, p. 449; cf. p. 520, I, pp. 583-591, 632, III, p. 671, XXIV, pp. 54-88). En attendant, la signature, avec toutes les interprétations contradictoires qu'on en offre, reste un signe équivoque (*O*, III, pp. 684-685, XXIII, pp. 114-115).

Arnauld et Nicole ont été près de l'emporter, lorsque fut publié le premier mandement des Grands Vicaires (19 juin 1661). Ce texte (qu'on peut lire dans Pascal, *OC*, X, pp. 82-86) se conforme en effet à leurs conceptions, puisqu'il distingue le droit et le fait, et ordonne «qu'à l'égard même des faits décidés par lesdites Constitutions et contenus audit Formulaire, tous demeurent dans le respect entier et sincère». L'accommodement élaboré se heurta cependant à l'opposition de Jacqueline Pascal (voir *OC*, X; Arnauld, *O*, XXIII, pp. 316-324) et de l'abbé Le Roy, ce qui mit en branle la deuxième «guerre civile» de Port-Royal (cf. introduction et Namer, 1964). En réponse à une lettre de Le Roy (24 juin 1661, dans Jovy, 1908-12: II, pp. 159-161), Arnauld effectua une longue mise au point, où il se défend de prôner quelque restriction mentale (26 juin, *O*, I, pp. 261-270): «si ces restrictions étaient purement mentales, elles ne sauveraient point de mensonge celui qui les aurait dans l'esprit; parce que les termes d'eux-mêmes ne pouvant recevoir cette explication dans leur sens propre et naturel, celui qui signe trompe ceux qui voient sa signature, et leur fait croire qu'il ne condamne pas seulement ces Propositions en elles-mêmes, mais qu'il croit aussi qu'elles sont de Jansénius. Mais si ces mêmes restrictions accompagnaient sa signature, y aurait-il personne qui l'accusât de mensonge? Et pourquoi ne le pourrait-on pas accuser, sinon parce qu'il ne trompe personne en signant les paroles du Formulaire, lorsqu'il déclare en même temps que le sens auquel il les prend, ne l'engage qu'à croire ce qui est de foi, et à avoir respect pour les faits?» (pp. 264-265).

On voit que tous les éléments de la théorie pragmatique, à savoir le postulat d'effabilité, le postulat de vraisemblance et les différentes maximes qui en sont le corollaire, se marient harmonieusement pour appuyer la tactique adoptée par Arnauld et Nicole. Très vite, pourtant, la marche des événements viendra rompre cet extraordinaire équilibre. Désavoués par le pape (1er août 1661), les Grands Vicaires publient un second mandement qui abandonne la distinction du droit et du fait, et revient donc à l'interprétation originelle de la signature (20 novembre, texte pertinent dans Pascal, *OC*, X, pp. 163-164). Face à un tel revirement, il ne reste plus d'autre issue que de «déterminer» soi-même sa signature, par une déclaration expresse. C'est alors, et alors seulement, qu'éclate la véritable querelle de la signature, où Arnauld et Nicole vont polémiquer avec Pascal et Domat (cf. introduction).

Pour bien comprendre l'argumentation d'Arnauld et Nicole, il faut préciser qu'elle se déploie en deux composantes. Tout d'abord, nos auteurs se livrent à une analyse sémantique et pragmatique de la description définie 'La doctrine (le sens) de Jansénius'; l'écrit de Domat porte essentiellement sur ce problème. Ensuite, Arnauld et Nicole proposent, afin de «déterminer» la signature, une formule qui suscite les critiques de Pascal.

La première composante revêt une portée théorique si considérable que j'aurai à en traiter plusieurs fois (cf. 3.3.2, chapitres 4 et 5). Reprise dans la *LAP* (I, viii)[13], et utilisée dans la *GP*, l'analyse des descriptions définies préfigure, parfois mot pour mot, le travail récent de Donnellan (1971; cf. Kleiber, 1981; Stoianovici, 1976). Lorsque le pape a proclamé que la doctrine (le sens) de Jansénius est hérétique, il entendait signifier par l'expression 'La doctrine (le sens) de Jansénius' un «dogme précis et déterminé»: «Toute hérésie consiste dans un certain dogme précis et déterminé opposé à une vérité de Foi révélée dans l'Ecriture ou dans la tradition, et qui peut se connaître et s'exprimer indépendamment de tout nom d'auteur» (Nicole, *Imaginaires*, I, pp. 25-26; cf. Arnauld, *O*, XXII, pp. 738-739, 827-833; Pascal, *OC*, X, pp. 198-205). Il serait en effet absurde de soutenir que l'idée d'hérésie soit incluse dans l'idée exprimée par le terme équivoque 'La doctrine (le sens) de Jansénius'. Sinon, le pape aurait voulu dire que toute doctrine, si elle est soutenue par Jansénius, est hérétique en tant que telle: «les mots de *sens de Jansénius* ne signifient proprement et littéralement que ce qu'ils donnent à entendre étant pris selon la lettre et sans y rien ajouter. Or ces mots de *sens de Jansénius* étant seuls, ne forment point d'autre idée, que l'idée générale de doctrine de Jansénius et ne font entendre que cela. Donc ils ne signifient que cela selon leur signification propre et naturelle (...) quand on dit, *le sens de Jansénius est hérétique*, il est impossible que les mots de *sens de Jansénius* soient pris dans leur signification propre et naturelle (...) parce qu'il faudrait pour cela, que Jansénius n'eût pu rien enseigner que d'hérétique» (*O*, XXII, pp. 736-737; cf. pp. 769-770). Ceci provient du fait que les descriptions définies peuvent recevoir une interprétation «attributive» («distributive») ou «déterminante»: «On dispute (...) si le sens de Jansénius est attributif, ou déterminant, c'est-à-dire, si ces mots ne font que marquer que les propositions sont dans Jansénius; ou s'ils marquent dans la Constitution le dogme que le Pape veut qu'on condamne» (Nicole, dans Pascal, *OC*, X, p. 207; cf. Arnauld, *O*, XXII, p. 745). Ces deux interprétations correspondent, respectivement, à l'emploi attributif et à l'emploi référentiel distingués par Donnellan. De manière générale, le choix de l'une ou l'autre lecture ne pose guère de problèmes: «Si je dis: *Le fils de Louis XIII est petit-fils de Henri le Grand*; je laisse *le fils de Louis XIII* dans son idée générale; en sorte qu'il comprenne tout fils de Louis XIII: parce qu'il convient généralement à tout fils de Louis XIII d'être petit-fils de Henri le Grand. Mais si je dis: *Le fils de Louis XIII est Roi*; parce qu'être Roi ne convient pas à l'idée générale du fils de Louis XIII puisque autrement Monsieur qui est fils de Louis XIII serait Roi; il faut nécessairement qu'en faisant cette proposition je détermine, au moins dans mon esprit, l'idée générale de *fils de Louis XIII*, par l'idée particulière de *son fils aîné* ou de *Louis XIV*» (*O*, XXII, pp. 736-737); «Si un homme laissait dix mille écus au plus grand Géomètre de Paris, ou, comme a fait Ramus, fondait une Chaire pour le plus habile Géomètre, il est certain que cela se devrait entendre de celui qui serait en effet le plus habile Géomètre, autant que les hommes en pourraient juger; parce que cela aurait été affecté au plus habile Géomètre comme tel, et non pas comme une telle personne. Mais si un homme disait: *le plus grand Géomètre de Paris est l'homme du monde le plus désagréable dans la conversation*, je soutiens qu'alors, comme il aurait été nécessaire que celui qui aurait parlé de la sorte, eût eu dans l'esprit une personne particulière, qu'il aurait désignée par ces mots, de plus grand Géomètre de Paris, parce qu'il ne convient point à un Géomètre, comme Géomètre, d'être désagréable dans la conversation, ce ne serait point par la vérité des choses qu'on devrait juger de celui qu'il aurait estimé être désagréable dans la conversation, mais par l'opinion de cette personne» (*O*, XXII, pp. 770-771). Ce qui, en revanche, fait difficulté, c'est que, dans l'emploi «déterminant» ou référentiel, les termes examinés «sont aussi fort sujets à être équivoques par erreur: *Le plus grand Géomètre de Paris: Le plus savant homme, le plus adroit, le plus riche*. Car quoique ces termes soient déterminés par des conditions individuelles, n'y ayant qu'un seul homme qui soit le plus grand Géomètre de Paris, néanmoins ce mot peut être facilement attribué à plusieurs, quoiqu'il ne convienne qu'à un seul dans la vérité; parce qu'il est fort aisé que les hommes soient partagés de sentiments sur ce sujet, et qu'ainsi plusieurs donnent ce nom à celui que chacun croit avoir cet avantage par-dessus les autres» (*LAP*, I, viii; cf. II, vi; *O*, XXII, pp. 741-744, 768-771).

Le pape a donc déterminé la description 'La doctrine (le sens) de Jansénius', pour en user de manière référentielle. Mais la détermination apportée n'est point de droit, et chaque croyant peut conserver son opinion personnelle en la matière (Arnauld, *O*, I, pp. 394-399, XX, p. 337, XXI, XXII; Nicole, *Imaginaires*, I). Parallèlement, le langage naturel permet de recourir à une description définie, en l'affectant d'une détermination que l'on sait — et que l'on dit éventuellement — fausse par ailleurs: «ces sortes de mots peuvent souvent signifier une chose à qui la forme exprimée indirectement ne convient pas» (*LAP*, I, viii); «lorsque Raphaël conduisait le jeune Tobie, si quelqu'un qui eût connu qui il était, eût dit, *Cet homme que vous voyez est un Ange*, Tobie ne se serait pas imaginé qu'il aurait voulu dire par là, qu'il était homme et Ange tout ensemble, mais il aurait conçu sans peine qu'il aurait voulu dire seulement, que paraissant homme, il était réellement un Ange, et que le mot d'homme n'aurait été dans ce discours qu'un terme de désignation, et le mot d'Ange un terme d'affirmation» (*GP*, I, ii, p. 428). Par conséquent, chacun se voit autorisé à employer l'expression 'La doctrine (le sens) de Jansénius' comme le pape, même s'il n'assigne pas au «dogme» désigné l'attribut d'avoir été défendu par Jansénius (cf. *O*, XXII, pp. 747-752, 778-782).

La réplique de Domat se situe sur deux plans successifs. En premier lieu, Domat conteste, à juste titre, que les descriptions définies soient des termes généraux susceptibles de recevoir une «détermination», au sens technique du mot (cf. 3.2.1); j'évoquerai cet aspect de la discussion au chapitre 4. Dans un second temps, Domat relève une difficulté plus troublante encore. Arnauld et Nicole rappellent constamment que la doctrine augustinienne n'a jamais été mise en cause: «le bref d'Alexandre VII à la Faculté de Louvain, ayant parlé très avantageusement de la doctrine de S. Augustin, il est clair que son Formulaire ne la peut avoir condamnée» (*O*, I, p. 611; cf XXII, pp. 751-757, XXIII, p. 581). Mais si le pape a pu errer sur le sens de Jansénius, alors les papes et les conciles ont pu, en un bel ensemble, errer sur le sens de saint Augustin. Autrement dit, «jamais on ne pourra s'assurer avec vérité, d'aucun auteur, hors les canoniques, qu'il fut catholique, ni d'aucun autre, qu'il fut hérétique, quelques approbations et quelques condamnations de Papes et de Conciles qu'il y en eût» (dans Pascal, *OC*, X, pp. 238-245; cf. Falcucci, 1939: pp. 128-133). Le seul recours, pour Arnauld et Nicole, réside dans le postulat de vraisemblance, c'est-à-dire dans une hypothèse générale de rationalité: «Qu'on entreprenne, par exemple, de prouver que Luther et Calvin n'ont pas nié la Transsubstantiation, et qu'ils n'ont pas combattu la primauté du Pape. Il est vrai qu'on peut dire ces mêmes choses par folie: mais, parce que la folie n'est pas une chose fort ordinaire, il y a peu d'Auteurs que l'on sauve en effet par cette voie» (*O*, XXIII, p. 448). Si la possibilité «métaphysique» existe que saint Augustin ait été hérétique, et que Luther ou Calvin n'aient énoncé que des dogmes catholiques, nous savons, par la certitude «morale» la plus élevée que puisse atteindre la foi humaine, qu'il n'en va pas ainsi. De même, la simple vraisemblance nous interdit d'imaginer qu'une multitude de théologiens, de papes, de conciles aient, les uns après les autres, erré de manière convergente sur l'interprétation d'un auteur considéré (*O*, XXII, pp. 782-815). Ce n'est donc pas par hasard que les réponses à Domat ont alimenté les chapitres purement épistémologiques de la *LAP*[14].

Une fois posés l'analyse des descriptions définies et le postulat de vraisemblance, Arnauld et Nicole peuvent offrir une solution acceptable au problème des signatures. Car quiconque «déterminera» sa signature à la croyance du droit signifiera qu'il emploie la description 'La doctrine (le sens) de Jansénius' de manière référentielle, pour renvoyer au «dogme» condamné par le pape. C'est contre cette conclusion que Pascal dirige l'*Ecrit sur la signature* (éd. Lafuma, pp. 368-369). Selon lui, «ceux qui signent en ne parlant que de la foi, n'excluant pas formellement la doctrine de Jansénius, prennent une voie moyenne», assimilable à la restriction mentale. Si l'on fait abstraction des soucis tactiques qui animent parfois Arnauld et Nicole[15], on constate que la querelle naît ici d'un conflit entre plusieurs postulats pragmatiques. Pour Arnauld comme pour Nicole, le droit (la «foi») et le fait sont liés de telle sorte qu'en restreignant sa signature au droit on exclut tout le fait: «Ce n'est point seulement dans nos entretiens, mais dans la nature des choses que *foi* est opposée à tout ce qui n'est pas de foi, par la plus grande, la plus commune, et la plus connue de toutes les oppositions qui est la contradictoire. Or le membre de *non foi* comprend certainement tous les faits, selon l'opinion de tout le monde; et par conséquent en disant qu'on ne souscrit qu'à la foi, on exclut aussi formellement tous les faits que si on disait qu'on ne souscrit point aux faits» (Nicole, dans Pascal, *OC*, X, pp. 210-212; même argument chez Arnauld, *O*, XXII, pp. 741, 828-829; cf. aussi 3.2.1 sur la maxime de quantité). En effet, une proposition exclusive sert à affirmer que tout ce qui appartient à l'étendue d'une certaine idée *a* possède une certaine propriété, et que rien de ce qui appartient à l'étendue de *a'* ne possède cette propriété. Néanmoins, le contexte ou la situation limitent très souvent l'univers envisagé: ainsi je puis affirmer 'Je n'ai vu que Pierre', même si j'ai vu, par ailleurs, des chaises et des tables. Le phénomène découle sans doute de l'action conjuguée de plusieurs maximes: non-contradiction, détermination, sincérité, quantité. Supposons alors que je veuille exclure aussi les chaises et les tables; je devrai dire quelque chose comme 'Je n'ai vu que Pierre, aucune chaise et aucune table'. L'argumentation de Pascal se laisse reconstruire suivant ce schème interprétatif: «en disant qu'on ne reçoit que la foi on marque par là qu'il y a autre chose qu'on ne reçoit pas, il ne s'ensuit pas que cette autre chose qu'on ne reçoit pas soit nécessairement le sens de Jansénius; et cela se peut entendre de beaucoup d'autres choses, comme des récits qui sont faits dans l'exposé, et des défenses de lire et d'écrire». Pour adhérer à la position prônée par Arnauld et Nicole, il faudrait être sûr que le monde entier connaisse la distinction du droit et du fait, telle qu'ils l'entendent. Dans le cas contraire, la restriction de la signature à la «foi» n'entraîne pas automatiquement l'exclusion du fait de Jansénius, et il vaut mieux «excepter la doctrine de Jansénius en termes formels», ainsi que l'exige la maxime de sincérité.

Il est aisé d'observer que Pascal se fonde sur les mêmes principes que ses adversaires: postulat d'effabilité, distinction du droit et du fait, maximes pragmatiques liées au postulat de vraisemblance (cf. Falcucci, 1939; Gouhier, 1966; Laporte, 1951: pp. 144-147; Mesnard, 1965: pp. 751-754, etc.). Ses conceptions souffrent cependant d'un inconvénient qu'Arnauld et Nicole avaient su éviter. Si l'on recourt au modèle de signature élaboré par Pascal, on est amené à manquer au «respect extérieur» dû aux autorités ecclésiastiques, tout en s'engageant sur un point de fait qu'il serait souhaitable de maintenir en suspens (Nicole, dans Pascal, *OC*, X, pp. 217-221). De plus, il devient impossible d'utiliser la description définie 'Le sens de Jansénius' de manière référentielle, pour désigner un dogme autre que la grâce efficace; Pascal le confesse d'emblée: «Il faut premièrement savoir que dans la vérité des choses il n'y a point de différence entre condamner la doctrine de Jansénius sur les cinq propositions, et condamner la grâce efficace, Saint Augustin, Saint Paul». Le plaidoyer janséniste prend alors le pas sur la défense de la doctrine catholique.

Dans les années qui ont suivi la querelle sur la signature, Arnauld et Nicole n'ont plus varié d'opinion; en témoignent les *Imaginaires*, et d'innombrables textes d'Arnauld (voir, par exemple, *O*, I, pp. 515-523, 583-603, 631-637, XXIV, pp. 54-88). Très vite, pourtant, un nouveau danger se précisa, à la faveur d'une deuxième tentative de compromis (1663). Selon certains, Port-Royal devait se soumettre en utilisant un terme général, comme 'Subjicimus', que l'usage «déterminerait» au droit: «L'Eglise n'oblige point (...) à la créance des faits qu'elle décide, lorsqu'on est de bonne foi et comme démonstrativement convaincu du contraire (...) On peut donc se servir (...) d'un terme générique, qui marque soumission, sans déterminer quelle elle est» (Comminges, dans *O*, I, p. 320; cf. pp. 325-326, 333, 350-352, 365-368, 419-421). Autrement dit, le 'Subjicimus' se trouverait «déterminé» à la foi de la même façon que l'usage réserve le mot 'animal' aux seules bêtes (*O*, I, p. 366). Cette curieuse comparaison nous fait apercevoir la source du malentendu. Pour Arnauld, l'évêque peut «retrancher par son Mandement l'obligation à la créance» (*O*, XXIV, pp. 74-75). Le «retranchement» en question ne doit pas s'identifier à la soustraction qui nous fournit une idée plus abstraite, mais bien à l'exclusion (cf. chapitre 1). Si j'use du 'Subjicimus' sans y ajouter une idée négative (l'idée de non-croyance au fait), je me réfugie dans l'équivoque ou la restriction mentale, parce que l'idée de soumission s'avère compatible avec l'idée de croyance aux faits notoires: «Un homme nouvellement revenu de la Chine, qui nous conte les merveilles qu'il a vues en ce pays-là, n'a nul droit de me commander de les croire; mais cela n'empêche que son témoignage, si c'est un homme grave et sincère, n'ait pouvoir de me persuader, et que, lorsque je dis que je me soumets à ce qu'il en dit, cela signifie naturellement que je le crois, et que je me soumets à son autorité» (*O*, XXI, p. 692). Il faut reconnaître, néanmoins, que la logique d'Arnauld favorisait semblables confusions.

C'est dans ce contexte que se place le deuxième conflit avec Barcos. A la grande surprise — réelle ou feinte — d'Arnauld (*O*, I, pp. 308-313, 322-323, 410, 419-421, 451, 461, XXI, pp. 616-618), Barcos se prononça pour le 'Subjicimus' alors qu'il avait combattu les signatures pures et simples du formulaire. L'*Ecrit pour la duchesse de Longueville*, publié par Orcibal (1963), nous montre qu'une telle attitude procède moins du paradoxe que d'une démarche cohérente mais maladroitement exprimée (cf. introduction, Goldmann, 1956a: pp. 26-34; Mesnard, 1979). Pour Barcos, le pape n'a pas encore jugé du fait, car il s'est laissé guider «par une opinion qui paraissait commune» (Orcibal, 1963: p. 121). On peut donc, en attendant, promettre qu'on «se soumettra (...) au jugement du Saint-Siège touchant le livre de Jansénius et les sentiments de Jansénius si le Pape trouve à propos de le faire examiner pour savoir si les Cinq Propositions sont de lui en la même manière qu'il a fait examiner ces Propositions par des commissaires après le rapport desquels il les a jugées définitivement» (Orcibal, 1963: p. 135). A priori, cette déclaration s'explique par un optimisme naïf: comme Arnauld ne manque pas de le remarquer (*O*, XXI, pp. 713-726), rien n'indique qu'un second examen ne tournera pas, de nouveau, au désavantage de Jansénius. Dans pareille éventualité, les défenseurs de l'*Augustinus* devront enfreindre leur promesse, ou la «déterminer», par restriction mentale, à une «déférence extérieure»; quelle que soit la solution adoptée, ils violeront la maxime de sincérité. Cependant, si Barcos n'envisage pas cette objection, c'est qu'il dénie, de manière implicite, toute qualité de jugement à un jugement erroné; selon lui, en somme, un jugement faux n'est pas un vrai jugement (cf., pour un exemple similaire, la note 18 du chapitre 1). Sans qu'il s'en rende bien compte, il ruine ainsi la distinction épistémologique entre le droit et le fait, et jette les bases de sa démarche future. Le refus de la signature pure et simple du formulaire s'impose, parce qu'il ne faut pas adhérer personnellement à l'erreur. Mais la soumission n'en devient que plus légitime, parce qu'elle est restreinte à la vérité, et partant, en pratique, aux matières de foi divine (Goldmann, 1956 a : pp. 342, 556-565) : «Il est donc assez clair par toute la conduite de l'Eglise et par le sentiment commun des Théologiens, que lorsqu'elle condamne un homme d'hérésie et qu'elle ordonne à tous les fidèles de le condamner, elle n'a pas dessein de les obliger absolument à croire qu'il a tenu cette hérésie, mais seulement à condamner l'hérésie, et ceux qui la tiennent, et cet homme en particulier, si on n'a quelque preuve raisonnable de son innocence, sachant qu'elle peut être mal informée, par l'ignorance, et par la malice des hommes, aussi bien que les juges séculiers. Elle veut néanmoins qu'en ces cas on l'honore et on la respecte sans résister à ses jugements, puisque Dieu défend de résister aux puissances même temporelles et aux plus mauvais Princes et à plus forte raison à son Epouse, jusqu'à ce qu'ayant reconnu la vérité par l'assistance de Dieu et par les humbles remontrances de ses enfants, elle réforme elle-même ses sentiments, comme elle a fait plusieurs fois et rend à l'innocence le témoignage qui lui est dû» (pp. 564-565; cf. Mesnard, 1979 : pp. 88-90).

Arnauld ne pouvait accepter cette analyse, qui bat en brèche tout l'édifice patiemment construit sur le postulat de vraisemblance. Il accuse donc Barcos de s'être laissé prendre à un double piège linguistique. D'abord, Barcos n'a pas vu que la «détermination» des termes généraux doit provenir de l'usage ordinaire, ou d'une tradition bien établie; ensuite, il s'est imaginé que l'Eglise se constitue, à loisir, un langage privé (*O*, XXII, pp. 4-10, 20, 32-36, XXIII, pp. 562-567; Goldmann, 1956 a : pp. 576-584). L'accent placé sur les maximes de stabilité et de détermination se fait encore plus net dans quelques lignes d'un commentateur anonyme, sans doute un familier de Nicole naturellement acquis aux thèses d'Arnauld : «[L'écrit de Barcos sur la soumission] était entre autres tout fondé sur le principe qu'il y a un langage de l'Eglise dans les signatures, tout différent du langage commun, que les enfants de l'Eglise le doivent savoir et qu'ils étaient obligés de parler à l'Eglise ce langage, quoiqu'il parût faux selon le langage commun. A quoi il était ce me semble facile de répondre que ce langage extraordinaire de l'Eglise était peu prouvé et peu connu, mais que quand cela serait vrai, si les choses étaient venues en un état auquel ce langage porterait une fausse idée dans l'esprit de la plupart du monde, on ne pourrait obliger les gens à s'en servir sans l'expliquer ou sans que l'Eglise en eût expliqué le sens» (Mesnard, 1964: pp. 1038, 1045-1046). Excédé par ce genre de critiques, Barcos réaffirmera, de manière totalement explicite, le principe qui sous-tend ses lettres à Sacy sur la traduction (cf. 3.1), et ses conflits répétés avec Arnauld et Nicole: «Les paroles de l'Ecriture ne se doivent expliquer que par les Règles de l'Ecriture et des Saints, et non par celles des particuliers qui les pourraient toujours prétendre raisonnables et conformes au langage ordinaire des hommes (...) Le langage de l'Eglise doit être entendu et expliqué par les règles et par l'usage de l'Eglise, et non par celles du monde» (Goldmann, 1956a: p. 580).

3.3. La double dualité du langage

Les paragraphes qui précèdent illustrent à suffisance le souci permanent qu'ont eu Arnauld et Nicole de mettre sur pied une pragmatique capable de décrire tous les usages linguistiques. Ceci me paraît infirmer définitivement l'hypothèse de Robinet (1978: p. 10), d'après laquelle Arnauld aurait plaidé, face à Malebranche, pour une dichotomie entre le langage de la raison et le langage de la foi. Néanmoins, la doctrine cartésienne, et la théorie sémiologique qui en est le corrélat, impliquent que le langage commun souffre d'une double dualité, qui le rend apte à véhiculer l'erreur autant que la vérité.

La première dualité est inscrite dans la définition même du signe; en effet, nous communiquons nécessairement par l'intermédiaire d'idées adventices, telles les idées des sons ou les idées des caractères (cf. chapitre 2). En soi, le phénomène ne recèle aucun inconvénient. Prenons l'exemple de l'arc-en-ciel, dont Descartes a découvert la véritable nature (AT, VI, pp. 325-344). En instituant l'arc-en-ciel comme signe de réconciliation après le Déluge, Dieu a associé l'idée adventice, et matériellement fausse, que nous avons de l'arc-en-ciel avec l'idée de réconciliation; mais la fausseté matérielle de la première idée n'entrave pas le processus sémiologique (*LAP*, I, iv; cf. *GP*, I, ii, p. 511, II, p. 78, III, p. 104). En effet, l'idée adventice de la chose signifiante ne sert, en quelque sorte, que de relais, et ne saurait apporter aucune détermination à l'idée de la chose signifiée. Descartes le précise dans ses réponses à Hobbes: «qui doute qu'un Français et qu'un Allemand ne puissent avoir les mêmes pensées ou raisonnements touchant les mêmes choses, quoique néanmoins ils conçoivent des mots entièrement différents?» (AT, IXa, p. 139; cf. *LAP*, I, i). Ainsi, «on a appris à des sourds de naissance à connaître ce qu'on leur voulait dire quand on leur parlait, et à parler eux-mêmes, en leur faisant observer les mouvements de la bouche de ceux qui leur parlaient, qui se varient en diverses manières en prononçant les lettres et les syllabes. On peut donc dire, que la connaissance des divers mouvements des lèvres, qu'ils ont par la vue, leur tient lieu de la perception des sons, qu'on ne peut avoir que par l'ouïe. Mais cela ne fait pas qu'on puisse dire, qu'ils aient aucun sentiment des sons» (*O*, XXXVIII, p. 408). Cette indifférence du signe semble pourtant remise en cause dans certaines circonstances. Suivant Cordemoy (pp. 241-248) et Malebranche (I, pp. 178-179), l'orateur éloquent sait éveiller, par ses périodes ou par ses gestes, des idées adventices qui distraient l'âme des pensées exprimées. Il y a là une source possible d'erreur et de mensonge que la pragmatique doit contrôler.

D'autre part, les langues contiennent de nombreux mots qui expriment des idées adventices et matériellement fausses, issues d'un préjugé commun de l'enfance. Il en va ainsi, à l'origine, des termes philosophiques ('âme', 'vertu', ...) et des noms de sensations : 'sens', 'vue', 'ouïe', ... (cf. 2.3.1). Comme pour le cas précédent, le langage peut nous tromper dans la seule mesure où les impressions corporelles suscitent en nous des idées de choses signifiantes ou signifiées (cf. Pariente, 1978). Il suffira donc de mettre ce danger à jour pour se doter d'un outil propre à la recherche et à la divulgation de la vérité.

Le programme qui vient d'être esquissé en une phrase résume bien, je crois, la troisième composante de la théorie pragmatique progressivement bâtie par Arnauld et Nicole (cf. Pouzet, 1974). Afin de ne pas trop compliquer mon exposé, j'aborderai successivement les deux dualités distinguées plus haut, avant d'évoquer le problème du mysticisme.

3.3.1 *Les idées accessoires*

Au chapitre I, xiv de la *LAP*, qui traite de la définition d'usage (cf. 2.3.3), Arnauld et Nicole introduisent une curieuse dichotomie entre «idée principale» et «idées accessoires» : «il arrive souvent qu'un mot outre l'idée principale que l'on regarde comme la signification propre de ce mot, excite plusieurs autres idées qu'on peut appeler accessoires, auxquelles on ne prend pas garde, quoique l'esprit en reçoive l'impression». Reprise par Malebranche (I, p. 109) et par Bernard Lamy, la notion d'idée accessoire survivra encore au XVIIIe siècle (cf. Brekle, 1964 : pp. 117-121; Chomsky, 1969 : pp. 78-79; Donzé, 1967 : pp. 55-57; François, 1939; Marin, 1975 : pp. 312-320; Morel, 1984; Pouzet, 1974 : pp. 50-58; Ricken, 1978 : pp. 34-36). Pourtant, son statut théorique n'a guère été étudié jusqu'ici.

Avant tout, il convient d'explorer l'environnement historique immédiat. Le premier indice massif nous est fourni par les discussions internes qui ont eu lieu à propos des traductions. Sacy (dans Delassault, 1959: p. 239) et la *LAP* (I, xiv) se demandent comment rendre les termes 'lupanar', 'leno', 'meretrix', dont «les Pères n'avaient pas fait difficulté de se servir», alors que les équivalents français, «outre l'idée principale (...) enferment aussi l'image d'une mauvaise disposition d'esprit, et qui tient quelque chose du libertinage et de l'impudence». Arnauld reviendra plusieurs fois sur ce problème, lors de ses polémiques avec Mallet et Bouhours, et dans sa célèbre lettre à Perrault (*O*, II, pp. 94-95, III, pp. 43-46, 67, IV, pp. 8-13, VII, pp. 228-229, IX, appendices, p. 60; cf. Brunot, 1966: pp. 290-292; Gillot, 1914: pp. 486-487; von Kunow, 1926: pp. 166-169, 177-182). Sa position ne varie jamais. L'idée accessoire d'obscénité n'est attachée au mot que par l'usage, et non en fonction de l'objet désigné. Ainsi, les termes 'adultère', 'inceste', 'péché abominable', 'engendrer', 'luxurieux', 'lubrique' «ne passeront jamais pour déshonnêtes» (*LAP*, I, xiv; *O*, IV, pp. 11-13). Par ailleurs, le souci pudique qui animait les Précieuses conduit à des excès ridicules, «puisqu'il arrive souvent, comme Cicéron le montre, qu'un même son signifiant diverses choses, et étant estimé déshonnête dans une signification, ne l'est point en une autre» (*LAP*, I, xiv; cf. *O*, IV, p. 8). L'évolution de l'usage joue ici un rôle considérable; non seulement certaines langues tolèrent mieux que d'autres les termes obscènes, mais un mot peut, au cours du temps, devenir porteur d'une idée accessoire qu'il n'éveillait pas au départ (*O*, II, pp. 94-95, VI, p. xv-xvi, VII, p. 229, VIII, p. 425): le français dira 'formé d'une femme', plutôt que 'fait d'une femme', alors que, dans le même emploi, le latin 'factus' ne blessait en rien les oreilles chastes (*O*, VII, pp. 317-321). Quoi qu'il en soit, on peut toujours recourir à un mot «général», que le contexte ou les circonstances «détermineront» sans lui apporter l'idée accessoire que l'on désire ne pas susciter (*O*, IV, pp. 9-10, VII, pp. 228-229).

Une stratégie similaire sera adoptée face aux problèmes soulevés par la «dureté des termes» [16]. Un «terme dur» est un terme «dont les hommes ont coutume de s'offenser, et dont ils ont droit en effet de se blesser, lorsqu'on s'en sert contre eux au préjudice de la vérité, ou sans que l'on en ait un juste sujet» (*O*, XXVII, p. 50). Par exemple, il y a une différence très claire entre 'Vous en avez menti' et 'Vous savez le contraire de ce que vous dites'; car le premier énoncé «emporte dans l'usage une idée de mépris et d'outrage» qui fait que nous ne pourrions y recourir si nous estimions que notre interlocuteur avait de bonnes raisons pour ne pas dire la vérité (*LAP*, I, xiv; cf. *O*, IV,

p. 9). Le tutoiement, que le latin supportait bien davantage que le français, enferme lui aussi, à l'intérieur de certains contextes, une idée accessoire d'insulte ou de grossièreté (*O*, IV, p. 9, IX, appendices, pp. 91-92). Le terme insultant exprime donc toujours une «idée principale» — sinon ce ne serait plus un terme — mais il se peut que l'idée accessoire prenne le dessus, et fasse oublier la signification de base: le «mot de Janséniste (...) n'ayant qu'une idée vague, n'est propre qu'à décrier tous ceux que l'on veut, sans que l'on sache pourquoi» (*O*, II, p. 544)[17].

Je soutiendrai que les idées accessoires se rattachent à l'idée adventice de la chose signifiante, plutôt qu'à l'idée de la chose signifiée. Deux arguments militent en faveur de cette hypothèse. Dans une lettre à Chanut (AT, IV, pp. 610-611), Descartes observe «que l'usage de notre langue et la civilité des compliments ne permet pas que nous disions à ceux qui sont d'une condition fort relevée au-dessus de la nôtre, que nous les aimons». Mais, ajoute-t-il, «pource que les Philosophes n'ont pas coutume de donner divers noms aux choses qui conviennent en une même définition, et que je ne sais d'autre définition de l'amour, sinon qu'elle est une passion qui nous fait joindre de volonté à quelque objet, sans distinguer si cet objet est égal, ou plus grand, ou moindre que nous, il me semble que, pour parler leur langue, je dois dire qu'on peut aimer Dieu». Si on ne saurait dire à un Grand qu'on l'aime, c'est que le mot 'aimer', lorsqu'il est prononcé ou écrit, éveille une idée d'égalité réciproque qui se révèle socialement inacceptable.

Deuxième indication: la *LAP* nous dit que l'âme «reçoit l'impression» des idées accessoires. Ceci nous renvoie d'une part aux idées adventices déclenchées par les impressions corporelles, d'autre part à deux écrits de Nicole, les *Imaginaires* et le «Traité de la vraie et de la fausse beauté» (cf. Winther, 1978). Dans la préface des *Imaginaires*, Nicole effectue une distinction cruciale entre «pensées» et «mouvements»: «Les paroles et les écrits n'étant pas seulement des signes de nos pensées, mais aussi de nos mouvements, et n'excitant pas dans l'esprit des autres de simples pensées, mais aussi des mouvements par l'image des nôtres qu'ils y impriment, il est certain qu'il ne suffit pas que toutes les pensées en soient justes et véritables, mais qu'il faut aussi qu'ils n'inspirent que des mouvements justes et conformes à la piété et à la raison». La corrélation thématique qui lie 'mouvement' à 'imprimer' se trouve confirmée beaucoup plus loin (I, pp. 246-247), lorsque Nicole utilise, au sein d'un contexte similaire, le terme 'impression'. Les «mouvements» et «impressions» se différencient des «pensées» en ce qu'ils véhiculent une évaluation normative de vanité, de ridicule, de respectabilité, etc. Leur rapport étroit aux impressions corporelles est établi dans le «Traité», dont l'inspiration cartésienne ne fait guère de doute (Winther, 1978): «un discours est beau, lorsqu'il convient aux inclinations naturelles de notre âme et de nos sens: et comme il y a dans le discours le son, les paroles, et les pensées, il faut, afin qu'il soit beau, que toutes ces choses conviennent à la nature de notre âme et de nos sens» (p. 173). Notre âme, en tant qu'elle est capable d'avoir des idées factices ou innées, recherche la vérité (p. 190); mais les impressions corporelles causées par les paroles ou les écrits suscitent des idées accessoires qui se greffent sur l'idée des sons et des caractères (p. 172).

L'interprétation que je propose me paraît appuyée par d'autres données encore. Tout d'abord, Nicole aborde lui aussi le problème de l'obscénité («Traité», pp. 204-205). Ensuite, certain passage déroutant de la *LAP* s'éclaire: «Quelquefois ces idées accessoires ne sont pas attachées aux mots par un usage commun; mais elles y sont seulement jointes par celui qui s'en sert. Et ce sont proprement celles qui sont excitées par le ton de la voix, par l'air du visage, par les gestes, et par les autres signes naturels qui attachent à nos paroles une infinité d'idées, qui en diversifient, changent, diminuent, augmentent la signification, en y joignant l'image des mouvements, des jugements, et des opinions de celui qui parle» (I, xiv). Les «signes naturels» évoqués par la *LAP* ne sont rien d'autre que les symptômes extérieurs, dont Descartes a prouvé qu'ils ne manifestent aucune ressemblance ni avec les mouvements de l'âme qu'ils expriment ni avec les idées adventices qu'ils suscitent, chez l'autre, par le biais d'impressions corporelles (cf. 2.1). La terminologie de Nicole, et la théorie des idées accessoires, acquièrent par là une véritable cohérence. Toute expression, prononcée ou écrite, fonctionne à la fois comme un signe d'institution et comme un signe naturel. Suivant le premier schème, l'idée de cette expression s'efface devant l'idée de la chose signifiée, la «pensée» à transmettre; suivant le second, l'expression est le signe naturel d'une idée adventice de sons ou de caractères. Si à ce signe naturel se trouve régulièrement associé un autre signe naturel (ton de voix, air du visage, gestes, ...), l'usage pourra figer le rapport ainsi instauré, de telle sorte que l'expression suffira à activer les deux idées. Dans pareille optique, «l'idée accessoire» se révèle toujours exprimable par les symptômes universels de nos «mouvements» et lorsqu'elle se joint nécessairement à la signification «principale», c'est qu'un processus d'économie sémiologique a opéré. L'éloquence et la poésie se laissent analyser de manière comparable. Par la disposition des mots et des phrases, par la mimique et les inflexions, l'écrivain, l'orateur, le récitant éveillent en nous des idées accessoires qui représentent autant de «mouvements» d'adhésion ou de rejet (*LAP*, I, xiv; cf. Marin, 1975: pp. 321-326)[18].

De tout ceci découlent quelques conséquences importantes. Parce qu'elles permettent le mensonge, les idées accessoires doivent être prises en compte par le postulat de vraisemblance. Si j'emploie des paroles insultantes, je ne puis me retrancher derrière l'intention que j'aurais eu de ne pas insulter (*O*, XXI, p. 268; maxime d'intelligibilité). «Et l'Empereur Caligula fut tué par le Capitaine de ses gardes, pour lui avoir souvent donné des mots du guet qui lui étaient injurieux» (*GP*, I, ii, p. 422; maxime de stabilité). Néanmoins, un «terme dur» se verra quelquefois privé de son idée accessoire, en vertu des circonstances ou d'une déclaration explicite: le mot 'libertinage' sera dépouillé de sa valeur offensante si je le détermine expressément à son sens «littéral» ou «grammatical» («simple excès de liberté en quoi que ce soit») ou si je l'applique, dans une plaisanterie amicale, à des personnes notoirement pieuses (maximes de détermination, de sincérité); quand je qualifie une dame fort adroite à solliciter l'aumône, de 'coupeuse de bourse', la maxime de métaphorisation dissipe toute interprétation blessante (Nicole, *Essais*, VIII, pp. 208-218; cf. Pouzet, 1974: pp. 162-164).

Il reste que l'éloquence et la poésie servent parfois à mentir et qu'on peut s'interroger, après Cordemoy et Malebranche, sur leurs dangers et leur utilité même. Certains auteurs, comme Goibaut Du Bois (cf. note 2) et François Lamy, en arrivent à une conclusion extrême: la véritable éloquence ne doit transmetre que des «pensées», sans susciter les idées accessoires, qui, de par leur association aux impressions corporelles, relèvent de l'imagination. Face à cette condamnation prononcée au nom du dualisme cartésien, Arnauld et Nicole adoptent une attitude plus complexe (cf. Brody, 1964; France, 1972: pp. 117-120, 271-272; Marin, 1976: pp. 570-571; Pouzet, 1974: pp. 137-155, 265; Ricken, 1978: pp. 36-42; von Kunow, 1926: pp. 173-175, 184-196). Certes, la rhétorique participe de «cette faiblesse de la nature qui se rebute de la vérité toute simple et toute nue» (Nicole, «Traité», p. 187; cf. *LAP*, III, xx); mais parce que l'homme est âme et corps, et qu'il ne saurait communiquer que par des signes, «l'imagination qui est bonne en soi, considérée comme cause occasionnelle, est bonne ou mauvaise, selon l'usage qu'on en fait» (*O*, XLII, pp. 380-384). Plutôt que de proscrire l'éloquence et la poésie, on doit les maîtriser pour témoigner, dans le monde, des vérités que nous enseignent la raison et la foi.

Avant d'en finir avec la théorie des idées accessoires, il faut encore évoquer l'utilisation que Nicole en a faite dans ses écrits sur la grâce générale (cf. Arnauld, *O*, X, p. 540; Brody, 1964: pp. 49-51; Chinard, 1948: pp. 122, 127; James, 1972: p. 41; Rodis-Lewis, 1950c: pp. 210, 224-228; Thomas, 1942: pp. 122-123). La *LAP* affirme que l'esprit «ne prend pas garde» aux idées accessoires. De là à en inférer qu'il s'agit de «pensées imperceptibles», il n'y a qu'un pas, et Nicole n'hésite pas à le franchir. Pour Arnauld, au contraire, l'imagination s'accompagne toujours de conscience (cf. 2.1.2 et *O*, XLII, p. 381); ce qui explique que la valeur obscène ou insultante des mots rudes ou grossiers soit perçue: «On met en jeu des idées accessoires jointes aux principales; par où on a rendu raison de ce que Cicéron n'a pu résoudre, pourquoi de certains mots sont déshonnêtes, et que d'autres ne le sont pas, quoiqu'ils signifient la même chose. Mais (...) si Cicéron n'a point pensé à cette idée accessoire, il n'a point eu à son égard de pensée imperceptible. Et s'il y avait pensé, pourquoi veut-on qu'il ne se serait pas aperçu qu'il y pensait?» (*O*, XL, pp. 176-177). Néanmoins, les idées accessoires posent quelques problèmes aux tenants du postulat d'effabilité, dans la mesure où elles ne sont pas toutes exprimables par le langage ordinaire. C'est, à mon avis, la raison pour laquelle Nicole leur accorde une place si grande, face à un interlocuteur qui voyait volontiers dans l'acte linguistique le seul indice indubitable de la réflexion.

3.3.2. Les deux langages

Dans son livre de 1937 (pp. 551-561), Olgiati a soutenu que Descartes distinguait deux langages, dont l'un est lié aux sens et à l'imagination, et l'autre à la perception claire et distincte des idées factices ou innées. Selon Olgiati, cette dichotomie débouchait nécessairement sur le projet d'une langue universelle qui aurait supplanté le langage ordinaire, au moins pour certains types de communication (cf. Knowlson, 1975).

A mon avis, une telle hypothèse n'est que partiellement défendable. L'intérêt distant que Descartes manifeste vis-à-vis des projets de langue universelle (AT, I, pp. 76-82) ne pèse guère devant sa conviction que les langues historiques restent, tout compte fait, le meilleur outil dont nous puissions disposer: nos mots, «ayant été ainsi inventés au commencement, ont été depuis et sont tous les jours corrigés et adoucis par l'usage, qui fait plus en semblables choses, que ne saurait faire l'entendement d'un bon esprit» (AT, I, pp. 125-126; cf. Rosiello, 1967: pp. 12-18). Par conséquent, s'il y a deux langages, l'un se construira sur l'autre par une réforme constante associée au progrès du savoir.

Dans de très nombreux textes, Arnauld et Nicole plaident ouvertement pour une analyse de ce genre. Bouleversant la chronologie au profit de la cohérence, je partirai de la *GP*, où la théorie cartésienne de la sensation est abondamment invoquée (III, pp. 391-405; cf. 1.3.2). Nos auteurs commencent par établir le point fondamental: «lorsque le jugement de la raison ou de la foi est contraire aux idées qui naissent des sens et de la concupiscence, il se forme par nécessité deux sortes de langages qui subsistent ensemble, l'un conforme aux idées des sens et de la concupiscence, l'autre conforme à la raison ou à la foi» (*GP*, I, ii, p. 504; cf. pp. 537-543, II, p. 88, III, pp. 139-149). Ainsi, les découvertes de Copernic, de Kepler, de Galilée montrent qu'il n'y a aucun motif pour dire «que le soleil se lève et se couche, et que la lune luit parmi les étoiles, comme un grand astre parmi de moindres»; il faut, au contraire, maintenir «que c'est la terre qui par ses divers mouvements fait le jour et la nuit, et la diversité des saisons (...) que la lune est un corps sombre comme la terre qui n'est claire que par le soleil» (*GP*, I, ii, pp. 504-507; cf. introduction). Dans la plupart des cas, cependant, les deux langages recourent aux mêmes mots, ce qui génère une polysémie systématique (cf. 2.3.1). Les mots 'image' et 'figure' possèdent deux significations: l'une, propre au langage de la raison et de la foi, «ne marque autre chose qu'une simple représentation»; l'autre, propre au langage des sens, enferme «l'absence de la chose représentée» (*O*, XII, pp. 91-92; cf. 2.2.1). Une conclusion analogue vaut, bien évidemment, pour 'âme', 'vertu', 'sens', et autres termes cités plus haut.

Cette multiplication de signes équivoques apparaît à la fois comme un péril et comme un garde-fou. Péril, parce que la polysémie provoquée par l'existence des deux langages constitue une source permanente d'erreur; garde-fou, parce que l'étude sémantique fournit à la science et à l'apologétique un puissant appareil de persuasion. Davantage encore que Descartes, Arnauld et Nicole se sont montrés soucieux d'exploiter une situation qui illustre à merveille le statut paradoxal de la nature humaine (cf. Kohler, 1905: en particulier, p. 49; Pouzet, 1974). Chose plus intéressante pour nous, la thèse des deux langages jette un éclairage inédit sur quelques problèmes précédemment abordés.

Si beaucoup de mots exhibent une polysémie régulière, cela est dû aux contraintes que doit respecter la définition de nom (cf. 2.3.3 et 3.2.1). Dans ses réponses à Pascal et à Domat (*O*, XXII, pp. 747-752,

773-775), Arnauld esquisse la doctrine qui sera reprise par la *LAP*: plutôt que de se constituer un «dictionnaire particulier» grâce à l'arbitraire supposé de la définition nominale, mieux vaut suivre l'exemple de Descartes: «il n'est pas nécessaire (...) d'inventer de nouveaux sons, ni même de changer entièrement de signification à ceux qui sont déjà en usage; mais il suffit de leur ôter une partie de ce qu'ils signifiaient, comme a fait M. Descartes au mot de pesant, ou de leur ajouter ce qu'ils ne comprenaient pas dans leur signification». Cette tactique nous permet de réinterpréter la notion de fausseté matérielle en termes sémantiques (cf. chapitres 1 et 2): une idée a_1 est matériellement fausse par rapport à une idée a_2 si, et seulement si, il existe un mot polysémique A tel que $\varphi(A) = a_1$ dans le langage des sens et $\varphi(A) = a_2$ dans le langage de la raison ou de la foi. D'après la théorie de l'indétermination (cf. 3.1.2), $\varphi(A) = a_1 \times a_2$ dans le langage commun, mais le contexte ou les circonstances déterminent toujours A à signifier soit une idée adventice, soit une idée factice ou innée que nous lèguent la raison ou la foi divine: «Un Philosophe Cartésien dira que son cheval est mort quand il sera mort. Il dira aussi bien que les autres hommes que les animaux vivent. Mais quand on lui demandera s'ils sont vivants en effet, il dira que non, et que ce ne sont que des machines qui se remuent par ressorts. On dit de même que les riches ont une abondance de biens; mais l'on pense par la foi que ces biens sont de grands maux, parce que ce sont de grands empêchements pour le salut, et l'on instruit de cette vérité ceux que l'on veut désabuser de la fausse idée qu'ils ont des biens de la terre» (*GP*, I, ii, p. 506; cf. *O*, XL, p. 30).

L'emploi des noms de couleurs constitue un modèle de ce processus. Pour Descartes, «nous nous laissons *persuader* aisément que ce qu'on nomme couleur dans un objet est quelque chose *qui existe en cet objet*, qui ressemble entièrement à la couleur qui *est en notre pensée*» (AT, IXb, p. 58). Dans ses *Essais de Morale*, et singulièrement dans le célèbre «traité sur le prisme» (cf. introduction), Nicole tire de l'analyse cartésienne une éthique générale du langage. Le langage quotidien, celui de la conversation mondaine, est dominé par les sens et la concupiscence; on en prouve aisément les dangers et la vanité (I, pp. 24-27, II, pp. 51-69; cf. Pouzet, 1974: p. 57). Mais la raison ou la foi peuvent nous détromper: «Quand on voit les objets renversés par un prisme, on ne les voit plus colorés. Quand on regarde le monde par la vue de la foi, il nous paraît sans éclat et sans l'agrément qui n'était pas dans les choses mêmes, mais qu'elles empruntaient de la corruption de notre cœur» (*Essais*, V, p. 88). Si on suivait la raison, «on bannirait le nom des couleurs, parce que notre imagination est accoutumée à les placer dans les objets mêmes»; cependant, «quand tous les hommes seraient (...) Cartésiens (...) on dira toujours que (...) les arbres sont verts (...) parce que l'esprit n'est jamais si parfaitement pénétré des idées de vérité, qu'il oublie celles qu'il a formées par les sens ou par la concupiscence. Ainsi tout ce qu'il peut faire est de les corriger, et non pas de les anéantir et de les détruire» (*GP*, I, ii, pp. 505-507). Lors de ses polémiques postérieures, Arnauld reprendra volontiers cet exemple paradigmatique: «Je suis de ceux qui tiennent ce que M. Descartes a dit des couleurs, que ce sont des modalités de notre âme. Mais je tiens en même temps, que si je disais de mon âme qu'elle est tantôt verte, tantôt bleue, tantôt rouge, tantôt blanche, tantôt noire, et qu'elle est en même temps verte, bleue, rouge, blanche et noire, ce serait un langage impertinent et contraire à l'institution de la nature» (*O*, XL, pp. 192-194; cf. XXXVIII, pp. 313-314, 534-536).

Une deuxième illustration nous est offerte par le mot 'corps'. Dans l'une de ses lettres à Mesland (AT, IV, pp. 161-172; cf. note 18 de l'introduction), Descartes reliait l'individualité du corps à son union avec une âme, tout en s'appuyant sur un usage linguistique qui reflète le témoignage des sens: «nous pouvons dire que la Loire est la même rivière qui était il y a dix ans, bien que ce ne soit plus la même eau, et que peut-être aussi il n'y ait plus aucune partie de la même terre qui environnait cette eau» (p. 165). Opposés à la «philosophie eucharistique», Arnauld et Nicole retiendront cependant l'analogie cartésienne (*LAP*, II, xii, cf. éd. Clair-Girbal, pp. 396-397; *O*, VII, pp. 419-422; *GP*, II, p. 299, III, pp. 123-126; Nicole, *Essais*, VIII, pp. 197-198; cf. Marin, 1975: p. 55). Sans aucun doute, «un corps est un certain tout qui demande une union bien plus réelle de ses parties qu'une terre» (*GP*, II, p. 299); mais «nous considérons le corps des animaux et nous en parlons comme étant toujours les mêmes, quoique nous ne soyons pas assurés qu'au bout de quelques années il reste aucune partie de la première matière qui le composait: et non seulement nous en parlons comme d'un même corps sans y faire réflexion, mais nous le faisons aussi lorsque nous y faisons une réflexion expresse (...) Cette eau, disons-nous aussi en parlant d'une rivière, était trouble il y a deux jours, et la voilà claire comme du cristal» (*LAP*, II, xii; cf. *GP*, III, pp. 123-124). Dans un cas de ce genre, le langage des sens permet l'abréviation; et si le contexte ou la situation ne suffit pas à déterminer le mot équivoque, le postulat d'effabilité nous fournira les moyens de dissiper tout malentendu (*GP*, III, pp. 139-149; cf. 3.2.1).

L'existence de deux langages rend plus compréhensible le fait que n'importe quelle proposition simple exprime la matière d'un jugement d'inclusion ou de non-inclusion, lui-même réductible à un jugement d'identité (cf. 1.3.3 et 1.3.4): «Tant s'en faut (...) que ce soit un défaut dans une proposition qu'une chose soit affirmée d'elle-même, que c'est une condition générale de toute sorte de proposition affirmative (...) Mais il est vrai que comme il est nécessaire qu'une chose soit affirmée d'elle-même dans toute proposition affirmative; il est nécessaire aussi pour en être affirmée raisonnablement, qu'elle soit conçue par différentes idées; et que c'est cette diversité d'idées que nous formons d'une même chose, qui empêche que les propositions ne soient du genre de celles que l'on appelle identiques et vaines: c'est-à-dire où l'on affirme une chose d'elle-même sans aucun changement d'idées» (*GP*, III, pp. 120-121; cf. II, pp. 110, 378, III, p. 19; *O*, XIII, pp. 639-640)[19]. Très fréquemment, l'idée dont on juge qu'elle inclut, ou n'inclut pas, une autre idée sera exprimée par un terme qui, tout en conservant son extension, se trouve associé à une idée différente (éventuellement plus générale) dans le langage des sens. Ainsi, on dira 'Dieu est l'être parfait', où le mot 'Dieu' est «équivoque (...) les Payens ayant donné le nom de Dieu à leurs fausses divinités, qu'ils savaient bien n'être pas l'être parfait» (*O*, XIII, p. 640). En assertant une telle proposition «on appelle (...) les choses par les mêmes mots que le commun du monde, afin de les désigner; et on y joint les opinions de l'esprit et les idées de vérité, quand on veut instruire les hommes de ce qu'elles sont» (*GP*, I, ii, p. 506). Lorsque j'énonce des phrases comme 'La doctrine de Jansénius est hérétique', 'Cet homme est un ange', 'Ce pain est le corps de Jésus-Christ' (3.2.2; *GP*, I, ii, pp. 274, 427-428, 471, 507-508, II, pp. 151-152, III, pp. 120-121, 169), j'emploie de manière référentielle une description définie qui ne se voit assigner l'extension dénotée que dans le langage des sens: 'La doctrine de Jansénius' désigne ce qui a paru être la doctrine de Jansénius; 'Cet homme' désigne quelque chose qui paraît un homme: 'Ce pain' désigne quelque chose qui était du pain et le paraît encore (cf. Marin, 1975: pp. 92-100). Ceci permet souvent de proclamer la vérité sous une forme superficiellement contradictoire: 'La doctrine de Jansénius n'est pas la doctrine de Jansénius', 'Cet homme n'est pas un homme', 'Ce pain n'est pas (plus) du pain', 'Les riches sont pauvres', 'Les sages et les prudents du monde sont fous et imprudents', 'Le bonheur n'est pas le bonheur', etc. (*GP*, I, ii, pp. 428, 504; *O*, XXXIX, p. 363, XL, pp. 3-34).

3.3.3. *L'anti-mysticisme de Nicole*

En 1665, Barcos se heurta pour la dernière fois à Nicole, lors de querelles confuses où intervinrent aussi la sœur Flavie Passart et Desmarets de Saint-Sorlin (cf. introduction). Pour Nicole, ce conflit, où il reçut l'appui attendu d'Arnauld, n'était qu'une étape dans un long combat anti-mystique qu'il mènera jusqu'au terme de sa vie (voir Bremond, 1920; James, 1972; Leclercq, 1951; Rodis-Lewis, 1950c: pp. 230, 232). Les fondements de son attitude gisent dans les diverses composantes de la théorie pragmatique à laquelle il adhérait plus ou moins explicitement.

Premier point: nos actions, et celles des autres, sont l'objet de jugements «métaphysiquement» incertains; «on peut désirer par amour-propre d'être délivré de l'amour-propre: on peut désirer l'humilité par orgueil» (*Imaginaires*, II, pp. 36-38, 292-298; cf. Seillière, 1929: p. 284; James, 1972: pp. 123-125). Ceci tient au fait que nos gestes de prière, de piété, ou de charité ne sont que des indices «probables» de dispositions intérieures (cf. 2.2.1). Comme Arnauld le soulignera en une autre occasion (*O*, XXIX, pp. 5-45), le véritable amour de Dieu se manifeste par des signes qui sont compatibles, en réalité, avec la restriction mentale ou l'illusion.

Face à pareil scandale, le seul recours réside dans le postulat de vraisemblance. Celui-ci nous garantit que si nous nous plions aux règles du langage commun et à la tradition de l'Eglise, nous pourrons atteindre, dans nos jugements sur la piété des autres ou de nous-mêmes, à la «certitude morale» la plus élevée. Or, le mystique prétend justement échapper aux règles et à la tradition, pour parvenir à un contact «surnaturel» et immédiat avec la divinité (*Imaginaires*, II, p. 40; *Essais*, VIII, pp. 6-19). Si une telle éventualité reste toujours «métaphysiquement» possible, elle est affectée d'un degré de probabilité si infime que nous devons l'exclure «moralement»[20].

Il en découle qu'il ne saurait y avoir aucun langage qui, à travers son désordre ou son obscurité, convienne mieux à «l'oraison naturelle» que la langue de chaque jour. Ici comme en d'autres circonstances (cf. 3.1 et 3.2.2), Barcos et ses semblables postulent exactement le contraire (voir Goldmann, 1956a: pp. 79, 102-104, 140; Cognet, 1950: pp. 198-204; Mesnard, 1979: pp. 78-79 et les références citées dans l'introduction).

Mais il y a plus. Dans sa démarche trouble, le mystique tend à se rendre coupable d'une confusion entre le signe (les transports ou les visions qui le saisissent) et la chose signifiée, comme s'il se laissait captiver par le son des paroles plutôt que de se fixer sur les pensées qu'elles expriment. L'analyse du langage ordinaire démonte bien ce mécanisme. Très souvent, nous appelons un tableau du nom du modèle représenté, ou réciproquement. Sans difficulté aucune, nous disons d'une carte géographique qu'elle 'est' le pays qu'elle représente, pour autant que nous nous adressions à un interlocuteur qui la connaît comme signe (cf. 2.1.2; *LAP*, II, xiv; *O*, XII, pp. 169-170, 475; *GP*, I, ii, pp. 144-145, 568-569, II, pp. 62-84, 93, 130-151, 216-219, 283-284, 597-598, III, p. 172). C'est que nous disposons alors de critères assez sûrs pour débusquer les abus éventuels : personne n'énoncerait des propositions aussi aberrantes que 'Ce tableau ne signifie (représente) pas Alexandre, mais il est Alexandre', 'Ce tableau est Alexandre et le signe (la représentation) d'Alexandre', ou encore 'Cette médaille n'est pas Antonin, c'est de l'or' (*O*, XII, pp. 169-170; *GP*, I, ii, pp. 485-491, II, p. 408-411). Appliquée au langage mystique, la même procédure en démontrerait aisément l'incohérence et la nocivité[21].

NOTES

[1] Pour d'autres exemples, voir *O*, I, p. 312, XII, pp. 92, 159-176, XVII, p. 206, XIX, p. 153, etc., XXII, XXIII, pp. 96, 563-567, XXIV, p. 74, etc. et toute la *GP* (cf. Picardi, 1976: p. 351; Snoeks, 1951: pp. 467-480).
[2] Ces interventions visent à défendre Goibaut Du Bois qui avait émis quelques critiques vis-à-vis des traductions dues à Sacy. Après coup, le même personnage se trouvera engagé dans la polémique sur l'éloquence (cf. 3.3.1, voir *O*, LXIII, p. 33; Mesnard, 1965: pp. 873-874, 1069; Ricken, 1978: p. 38; Sainte-Beuve, 1961-65: I, p. 1174, II, p. 1188, III, pp. 984-985; von Kunow, 1926: p. 184).
[3] Citons, à cet égard, un passage symptomatique : le français « a commencé à se former avant S. Bernard, puisque je crois qu'il y a des écrits français dès ce temps-là, et que certainement il y en a d'un peu après; comme il paraît par l'Histoire de Villehardouin. Cependant, on ne peut douter que, du temps de ce Père, le latin ne fût encore entendu communément de presque tout le monde; puisque c'est la langue en laquelle il écrivait aux femmes et aux hommes de toutes sortes de conditions, et en laquelle il prêchait à tous ses Religieux, parmi lesquels on dit qu'il y avait quatre cents Convers, qui n'étaient, pour la plupart, que des artisans ou paysans convertis à Dieu » (*O*, VIII, p. 44).
[4] L'utilisation du mot 'terme' pose quelques problèmes, dans la mesure où la théorie logique confère à 'terme' une acception plus restreinte (voir chapitre 4). Je pense, cependant, que mon exposé ne prêtera pas à confusion. La même ambiguïté pèse sur les notions de généralité et de singularité. La *GGR* (II, iii) et la *LAP* (I, vi) semblent accepter que tout mot qualifiable de 'général' ou de 'singulier' est un nom (propre, substantif ou adjectif). Mais, dans une discussion grammaticale, Arnauld n'hésite pas à écrire que « le mot de dresser est un mot général, qui signifie souvent préparer: car on prépare un piège comme on prépare des embûches » (*O*, VIII, p. 453).

[5] Comparer avec Katz: «Since it is reasonable to think that the meaning of the sentence we use to describe what the speaker actually said (...) expresses the utterance meaning of the sentence the speaker used (...) it seems natural to represent utterance meaning in the same notation that the grammar uses to represent sentence meaning» (1977: p. 18).

[6] Voir Laporte, 1923-52: II, pp. 247-266; O, XVI (Apologie de Jansénius), XVII, pp. 793-797, 848, XVIII, XIX, pp. 26-27, 165-170, XXII, pp. 705-709, XXIII, pp. 813-818, XXX, pp. 226-296, etc. et l'index du tome XLIII.

[7] Ce développement touche indirectement à l'exégèse pascalienne. Certains commentateurs (Chinard, 1948: p. 120; Desgrippes, 1935: pp. 8-12; Réguron, 1934a: pp. 308-309, 1934b: pp. 62-63) affirment que Pascal, anticipant la doctrine de la grâce générale, aurait rejeté l'interprétation augustinienne du rachat (cf. note 15 de l'introduction). Je crois, au contraire, que les *Pensées* témoignent d'un effort soutenu pour fonder la position janséniste sur la pragmatique et la tradition (voir les fr. 774, 775, 777, 778). Si le fr. 865 s'applique aux matières de la grâce (cf. Chevalier, p. 1516; éd. Le Guern, II, p. 328; malgré Goldmann, 1955: p. 223), il illustre un souci théologique et moral dont le fr. 781 se fait aussi l'écho: «Quand on dit que Jésus-Christ n'est pas mort pour tous, vous abusez d'un vice des hommes qui s'appliquent incontinent cette exception, ce qui est favoriser le désespoir au lieu de les en détourner pour favoriser l'espérance» (cf. *OC*, XIV, pp. 222-224). Allant dans le même sens, Arnauld écrit, dans l'une de ses réponses à Barcos: «Le monde est horriblement choqué de cette Proposition, que Jésus-Christ n'est pas mort pour tous les hommes sans exception; et je ne sais quelle utilité il peut y avoir de l'avancer si nettement sans nécessité» (*O*, XXII, p. 706).

[8] Dans la pratique, les traducteurs jansénistes se sont révélés plus timides (Delassault, 1957: pp. 19-22, 49-54; Arnauld, *O*, III, p. 116, XXIII, p. 29; Pascal, *OC*, XIV, pp. 222-224).

[9] Sur le fait et le droit, voir Arnauld (*O*, I, pp. 248, 546-548, II, pp. 320-321, III, pp. 215, 486, 683, VIII, pp. 282-283, IX, pp. 304-314, XIX, pp. 153, 196-207, 359-360, XX, XXI, XXII, XXIII, en particulier, pp. 444-449 et l'index du tome XLIII; Nicole, *Imaginaires*, I, pp. 25-38, 43-47, 54-55, 190-203; Pascal, *Provinciales*, pp. 372, 386-387, 454-461; Laporte, 1923-52: IV, pp. 388-425 et les ouvrages généraux cités dans l'introduction.

[10] Sur cette différence chez Descartes, voir Gilson, 1947: pp. 358-359, 1979: p. 45 (relevé des occurrences), 125, 334. Passages pertinents d'Arnauld: *O*, VII, pp. 75, 103, IX, p. 164, X, pp. 491-492, XXI, p. 686, XXII, pp. 787-788, XXIII, pp. 121-122, 212; *GP*, I, ii, pp. 732-733, II, p. 585; cf. Verga, 1972: I, pp. 241-242. Le tort des Jésuites est d'avoir étendu la probabilité aux matières de foi divine (*O*, I, p. 365, II, pp. 298-299, VII, p. 155, IX, pp. 409-416, XXIII, pp. 254-255).

[11] Ceci implique qu'un athée ne peut promettre, ou témoigner sous serment de sincérité (cf. Edwards, 1972: p. 175).

[12] Pour être tout à fait rigoureux, il faudrait dire que la matière du jugement exprimé par la première proposition inclut la matière d'un jugement de droit et la matière d'un jugement de fait (cf. chapitre 1).

[13] Ce chapitre ne figure évidemment pas dans la version manuscrite (éd. von Freytag Löringhoff-Brekle, III, p. 14).

[14] Rappelons que les chapitres IV, xiii-xvi sont absents du manuscrit (cf. 1.3.4).

[15] Voir, par exemple, ce qu'Arnauld lui-même écrit du premier mandement: «Il faut pourtant reconnaître que ceux qui l'avaient dressé, désirant ménager les Evêques et se ménager eux-mêmes, en avaient concerté les termes avec tant d'adresse, que les clauses essentielles, qui déterminaient nettement la signature à ne signifier la créance qu'à l'égard de la foi, y étaient un peu cachées, et qu'il fallait quelque attention pour les reconnaître» (*O*, XXIII, p. 316; cf. aussi I, p. 516).

[16] Sur ce thème, qui a préoccupé l'époque jusqu'à l'obsession, on verra, outre les références citées plus bas, les passages suivants: Arnauld, *O*, I, pp. 455-461, II, pp. 74-75, 251-252, 410-412, III, pp. 3-4, 72-73, 623-626, 669-678, IV, p. 44, VII, pp. 50, 778-779, 844-847, XII, pp. 336-345, XIII, pp. 76-77, XXVI, pp. xviii-xxi, XXVII, pp. 1-70, et l'index du tome XLIII; *GP*, I, ii, pp. 810-811; Malebranche, XVIII, pp. 235-246, 267-269, 281-338, 408. Voir aussi Chédozeau, 1981: pp. 16, 27, Rodis-Lewis, 1950b; Sainte-Beuve, 1961-1965: III, pp. 345-349.

[17] Confrontés à la récente discussion entre Milner (1978) et Ruwet (1982), Arnauld et Nicole se rangeraient plutôt aux côtés de Ruwet, puisqu'ils maintiennent que toute insulte possède une «référence virtuelle», c'est-à-dire une extension au sein de chaque monde.

[18] Ces vues rejoignent certaines conceptions pascaliennes (*De l'art de persuader*, *Pensées*, en particulier les fr. 22, 23, 50; cf. Canilli, 1977: pp. 92-94; Chinard, 1948: p. 127; Ricken, 1978: pp. 29-32). Rappelons que la *GGR* ne renouvelle absolument pas la problématique de l'ordre des mots (cf. 2.3.2 et 3.1.1).

[19] Pariente (1975b: p. 230) a souligné l'importance de ce passage. Arnauld et Nicole se limitent aux propositions affirmatives pour les raisons indiquées au paragraphe 1.3.3. Sur la notion de «proposition simple», voir chapitres 4 et 5.

[20] Comme l'a vu Bremond (1920: pp. 518-524), cette doctrine se situe dans le prolongement du fr. 233 où Pascal lie la démarche du pari à la pratique de «l'abêtissement» mécanique (cf. Desgrippes, 1935; Gilson, 1955).

[21] Dans la théorie de Fauconnier (1984), l'«être» des exemples cités serait décrit comme un «opérateur trans-spatial»: disposant du «connecteur image», exprimé ici par 'signifier', 'représenter', etc., nous utilisons 'être' afin de relier entre eux des éléments appartenant à des «espaces mentaux» différents (voir, en particulier, pp. 183-189).

4. La théorie de la proposition

«Le jugement que nous faisons des choses, comme quand je dis; *la terre est ronde*, s'appelle proposition; et ainsi toute proposition enferme nécessairement deux termes: l'un appelé *sujet*, qui est ce dont on affirme, comme *terre*; et l'autre appelé *attribut*, qui est ce qu'on affirme, comme *ronde*: et de plus la liaison entre les deux termes, *est*. Or il est aisé de voir que les deux termes appartiennent proprement à la première opération de l'esprit, parce que c'est ce que nous concevons, et ce qui est l'objet de notre pensée; et que la liaison appartient à la seconde, qu'on peut dire être proprement l'action de notre esprit, et la manière dont nous pensons» (*GGR*, II, i); «Après avoir conçu les choses par nos idées, nous comparons ces idées ensemble, et trouvant que les unes conviennent entre elles, et que les autres ne conviennent pas, nous les lions ou délions, ce qui s'appelle *affirmer* ou *nier*, et généralement *juger*. Ce jugement s'appelle aussi *proposition*, et il est aisé de voir qu'elle doit avoir deux termes: l'un de qui l'on affirme, ou de qui l'on nie, lequel on appelle *sujet*; et l'autre que l'on affirme, ou que l'on nie, lequel s'appelle *attribut* ou *Praedicatum*» (*LAP*, II, iii).

D'emblée, ces deux définitions soulèvent quelques problèmes. D'abord, elles paraissent confondre le jugement, qui est une opération de l'esprit, avec la proposition prononcée ou écrite, que l'on peut ramener à une classe d'équivalence de productions vocales ou d'inscriptions (Donzé, 1967: pp. 132-133, 218-219; Sahlin, 1928: pp. 102-104). En réalité, les choses s'avèrent beaucoup plus compliquées, ainsi que l'a récemment souligné Nuchelmans (1983: pp. 85-87). L'identification, au moins verbale, du jugement à la proposition s'effectue dans le seul cas où la proposition examinée est à la fois «simple» (non-«composée») et non-«complexe» (cf. chapitre 5). Par conséquent, les définitions citées admettent une glose tout à fait acceptable. Soit P une proposition simple et non-complexe; alors il existe des combinaisons (continues) de mots A, Cop, B telles que:

$P = A \cap Cop \cap B$ (dans cet ordre)
$\varphi(A) = a$
$\varphi(B) = b$

où a et b sont les idées telles que l'inclusion, ou la non-inclusion, de b dans a constitue la matière du jugement exprimé par P (cf. 1.3.1, 2.3.2). Les combinaisons A et B sont appelées 'termes' (au sens restreint, cf. note 4 du chapitre 3); A est le (terme) «sujet», B est le (terme) «attribut».

Immédiatement, d'autres difficultés se font jour. En effet, la théorie énoncée exige que toute proposition[1] renferme trois éléments: le sujet, le verbe copule, l'attribut. Il faudra donc paraphraser les propositions qui n'exhibent pas cette structure, de manière à ce que leur verbe se décompose en une copule suivie du participe présent (*GGR*, II, xiii; *LAP*, II, ii); Port-Royal rejoint, par là, une tradition séculaire. Le statut épistémologique d'une pareille analyse demeure pourtant peu clair. Nos auteurs reconnaissent que «cette façon de parler par le participe, est plus ordinaire en Grec et en Hébreu qu'en Latin» et ne se hasardent certes pas à en recommander l'emploi aux lecteurs francophones (*GGR*, II, xx). En outre, aucun rapport ne se trouve établi entre la copule et l'auxiliaire 'être' du français (*GGR*, II, xxii). Cette attitude indique, semble-t-il, que la paraphrase canonique n'appartient pas nécessairement au même langage que la proposition de départ (cf. sur ce point, Brekle, 1967: pp. 14-19, 1969; Chevalier, 1968: p. 506; Chomsky, 1969: pp. 73-74; Coseriu, 1974: pp. 59-60; Dominicy, 1977: p. 27; Durand, 1977: p. 336; Kahn, 1973: pp. 213-215; Robins, 1976: pp. 133-134). S'il en va de la sorte, la théorie doit se reformuler comme suit. Soit P une proposition simple et non-complexe; alors il existe, dans le langage L des paraphrases canoniques, une proposition P', et des combinaisons de mots A, Cop, B telles que:

P' paraphrase P
$P' = A \cap Cop \cap B$ (dans cet ordre)

où A et B satisfont aux conditions précédemment introduites.

En plaçant les propositions de L entre les propositions des langues naturelles et les jugements que les unes et les autres expriment, l'on se dote d'un outil suffisamment puissant pour traiter de nombreuses difficultés techniques. Dans les paragraphes qui viennent, je mettrai cette tactique à l'œuvre chaque fois que l'analyse de la proposition se révélera superficiellement incompatible avec la doctrine du jugement. J'aborderai, tour à tour, la théorie des parties du discours, la théorie du verbe, et le problème de la quantification.

4.1. Les parties du discours

« La plus grande distinction de ce qui se passe dans notre esprit, est de dire qu'on y peut considérer l'objet de notre pensée; et la forme ou la manière de notre pensée, dont la principale est le jugement. Mais on y doit encore rapporter les conjonctions, disjonctions, et autres semblables opérations de notre esprit; tous les autres mouvements de notre âme; comme les désirs, le commandement, l'interrogation, etc. Il s'ensuit de là que les hommes ayant eu besoin de signes pour marquer tout ce qui se passe dans leur esprit, il faut aussi que la plus générale distinction des mots, soit que les uns signifient les objets des pensées, et les autres la forme et la manière de nos pensées, quoique souvent ils ne la signifient pas seule, mais avec l'objet, comme nous le ferons voir. Les mots de la première sorte sont ceux que l'on a appelé *noms, articles, pronoms, participes, prépositions*, et *adverbes*. Ceux de la seconde, sont *les verbes, les conjonctions*, et *les interjections* (*GGR*, II, i).

Si l'on veut comprendre cette dichotomie, que la *LAP* (II, i) néglige, il faut dès maintenant écarter certaines interprétations abusives. Depuis le XVIIe siècle jusqu'à nos jours, les commentateurs ont été souvent tentés de ramener le système ainsi présenté à la distinction traditionnelle entre mots lexicaux et mots grammaticaux (cf. Lamy, *Art de parler*, pp. 10-25; Duclos, dans Foucault, 1969: p. 132; Chevalier, 1968: pp. 505-510; Donzé, 1967: pp. 62-66, 82, 199-200; Joly, 1972b: pp. 71-72, 1976a: pp. 414-420, 1976b; Leys, 1969; Nuchelmans, 1983: pp. 74, 99-120; Padley, 1976: pp. 255-256; Sahlin, 1928: p. 146; Swiggers, 1978: pp. 58-61; Verga, 1972: I, pp. 333-336). C'est la raison pour laquelle Duclos croit corriger la *GGR* en déplaçant l'article, la préposition et l'adverbe de la première à la seconde classe. Comme l'a remarqué Chevalier (1968, 1977b, 1979), ce type de lecture soumet la doctrine grammaticale de Port-Royal à un moule qui lui reste parfaitement étranger. En effet, tout mot est censé exprimer une idée, qu'il s'agisse d'un substantif comme 'cheval' ou du 'que' subordonnant, que Bernard Lamy réduira déjà à une simple ligature (*Art de parler*, p. 25; cf. 2.3.1). Cependant, je ne suivrai pas Chevalier quand il en conclut, avec d'autres auteurs (Imbert, 1982: p. 308; Land, 1974: p. 78), que la *GGR* rejette les procédures descriptives inaugurées par les grammairiens grecs. Je crois, au contraire, que la dichotomie introduite par Lancelot et Arnauld se fonde sur une authentique analyse distributionnelle des propositions appartenant au langage *L* (cf. Dominicy, 1977, 1979, 1981)[2].

Soit une proposition simple et non-complexe telle que:

Le sage parle humblement à Dieu.

et sa paraphrase canonique:

Le sage est parlant humblement à Dieu.

Les mots qui «signifient les objets des pensées» se caractérisent par le fait que chacune de leurs occurrences au sein de la proposition originale a, dans la paraphrase canonique, un et un seul correspondant, qui se trouve, de surcroît, à l'intérieur d'un terme (sujet ou attribut). Les noms 'sage' et 'Dieu', l'article 'le', la préposition 'à' et l'adverbe 'humblement' partagent effectivement cette propriété. D'autre part, la même conclusion vaut pour les pronoms, qui «tiennent la place des noms» (*GGR*, II, viii; *LAP*, II, i), et pour les participes lorsque ceux-ci s'emploient conformément au patron canonique de la proposition. Quant aux verbes, aux conjonctions et aux interjections, ils ne sauraient figurer tout entiers dans un terme[3]. Il semble donc que les parties du discours se distinguent, à ce stade, «non pas selon qu'elles expriment l'objet ou la forme de notre pensée, mais selon qu'elles entrent ou non dans les termes matériels du jugement» (Donzé, 1967: p. 64).

A y regarder de plus près, cette reconstruction ne contredit pas la définition sémantique des deux classes de mots (cf. Nuchelmans, 1983: pp. 73-74; Picardi, 1976: pp. 372-374). La proposition exprime un jugement dont la matière inclut, au moins, l'idée exprimée par le sujet et l'idée exprimée par l'attribut (cf. 1.3.1). Ces deux idées sont des fonctions de l'ensemble des mondes sur l'ensemble des mondes, qui prennent pour valeurs des «objets», au sens intuitif du terme. Si le sujet, ou l'attribut, se construit par la combinaison de plusieurs mots $A_1, ..., A_n$, ou $B_1, ... B_n$, nous obtenons, en accord avec la loi de compositionnalité (cf. 2.3.2):

$$a = \varphi(A) = \varphi(A_1 \cap ... \cap A_n) = \varphi(A_1) + ... + \varphi(A_n)$$
$$b = \varphi(B) = \varphi(B_1 \cap ... \cap B_n) = \varphi(B_1) + ... + \varphi(B_n).$$

On peut donc affirmer que chacun des mots $A_1, ..., A_n$, ou $B_1, ..., B_n$

« signifie un objet de notre pensée », non pas nécessairement comme tel, mais en tant qu'il appartient au sujet ou à l'attribut.

Ceci explique, selon moi, la présence de l'article, de la préposition et de l'adverbe aux côtés du nom, du pronom et du participe. Puisque je reviendrai plus longuement sur l'article, et que l'adverbe est ramené, dans les paraphrases canoniques, à un groupe préposition + nom (*GGR*, II, xii), je ne traiterai, pour l'instant, que de la préposition (cf. Donzé, 1967: pp. 87-91).

Les prépositions marquent, comme les cas, « les rapports que les choses ont les unes avec les autres » (*GGR*, II, vi, xi). A priori, cela semble vouloir dire que l'idée exprimée par une préposition qui joint deux mots, est d'un ordre supérieur aux idées exprimées par ces mots (cf. Lamy, *Art de parler*, pp. 10-25). Cependant, la loi de compositionnalité nous oblige à admettre que la fonction φ assigne à la préposition une idée, laquelle se trouve incluse dans l'idée associée à un terme (cf. Auroux, 1978, 1979: pp. 190-191). Il y a donc un conflit que Lancelot et Arnauld tranchent en faveur de la seconde option. Si nous désirions ménager à la fois le système dichotomique des parties du discours et la théorie des idées telle qu'elle a été interprétée jusqu'ici, il faudrait soutenir que tout terme exhibant une préposition est un « terme complexe » (cf. chapitre 5).

4.1.1. *Le nom*

Au point où nous sommes arrivés, la sous-classe grammaticale qui contient le nom, le pronom et le participe répond à une définition très simple: est nom, pronom ou participe tout mot susceptible de constituer un terme à lui seul. Si l'on néglige le pronom, qui sera étudié au chapitre 5, il ne reste, à proprement parler, que les noms (propres, substantifs ou adjectifs); en effet, « les participes sont de vrais noms adjectifs » (*GGR*, II, xx)[4]. Ici encore, les critères sémantiques se marient élégamment aux procédures distributionnelles; les noms « signifient les objets de nos pensées » au sens strict de cette formule (*GGR*, II, ii; *LAP*, II, i); parce qu'ils fonctionnent isolément comme un terme, l'idée qu'ils expriment entre obligatoirement dans la même catégorie que les idées assignées aux termes.

Au-delà de ce premier dégrossissage, la théorie grammaticale rencontre une bifurcation. Ou bien les noms sont d'abord scindés en noms « propres » et en noms « communs » (« appellatifs », « généraux »), après quoi les noms communs se divisent en « substantifs » et en « adjectifs »; ou bien la séparation des substantifs et des adjectifs précède la distinction entre noms (substantifs) propres et noms (substantifs) communs. Contrairement à la très grande majorité des traités antérieurs (voir, par exemple, Clérico, 1982: pp. 32-33; Rosier, 1983: pp. 104-109), la *GGR* (II, ii, iii) et la *LAP* (I, ii, vi, II, i) optent, de manière implicite, pour la deuxième solution. Partant «des idées considérées selon leurs objets» (*LAP*, I, ii: «Tout ce que nous concevons est représenté à notre esprit ou comme chose, ou comme manière de chose, ou comme chose modifiée»), nos auteurs commencent par différencier les adjectifs des substantifs. Ensuite, ils définissent les «noms propres (...) qui conviennent aux idées singulières, comme le nom de *Socrate*, qui convient à un certain Philosophe, appelé Socrate» et les «*noms généraux*, ou *appellatifs* (...) qui signifient les idées communes; comme le mot d'*homme* qui convient à tous les hommes en général» (*GGR*, II, iii; texte similaire dans la *LAP*, I, vi, où Arnauld et Nicole parlent de «noms communs et appellatifs»). Certes, on pourrait me rétorquer ici deux choses. D'abord, ni la *GGR* ni la *LAP* n'usent d'expressions comme 'substantif propre' ou 'substantif commun, appellatif, général'; corrélativement, si les adjectifs ne sont pas mentionnés dans les chapitres consacrés aux noms propres et aux noms communs, c'est qu'il ne peut exister d'adjectifs «propres» et que la distinction perd donc toute pertinence. En ce qui concerne la première objection, j'invoquerai le poids d'une terminologie bien établie. Même aujourd'hui, alors que l'adjectif est définitivement exclu de la classe du nom, la plupart des grammairiens hésiteraient à employer les expressions 'substantif propre' et 'substantif commun'; et cela parce que 'substantif' devient synonyme de 'nom commun' dès le moment où l'adjectif s'érige en partie du discours indépendante. Pour le reste, je renvoie le lecteur au chapitre 5, dans lequel je tenterai de prouver que la théorie de l'adjectif s'intègre à l'analyse des «termes complexes».

Que l'adjectif soit ou non rejeté de la catégorie nominale ne change rien à la dichotomie entre noms propres et noms communs; car les définitions fournies par la *GGR* et la *LAP* se laissent reformuler comme suit:

(1) Un nom est un nom propre si, et seulement si, il exprime une idée individuelle (cf. 1.3.4).
(2) Un nom est un nom commun si, et seulement si, il exprime une idée générale (cf. 3.1.2).

Ces clauses entraînent quelques conséquences importantes[5].

Tout nom propre est un terme singulier, c'est-à-dire un terme dont l'extension dans chaque monde contient, au plus, un objet (ce qu'on peut appeler un «individu», au sens large du mot). Inversement, tout nom commun est un terme général, c'est-à-dire un terme dont l'extension dans au moins un monde contient au moins deux objets. «De là il se voit que les noms propres n'ont point d'eux-mêmes de pluriel, parce que de leur nature ils ne conviennent qu'à un. Et que si on les met quelquefois au pluriel; comme quand on dit, les *Césars*, les *Alexandres*, les *Platons*, c'est par figure» (*GGR*, II, iv). En effet, on applique un nom pluriel «à plusieurs tous ensemble, en les considérant comme plusieurs»; autrement dit, l'extension contient, dans chaque monde où elle n'est pas vide, plus d'un objet. Pour le nom commun singulier, aucune contrainte similaire ne pèse sur l'extension (cf. Donzé, 1967: pp. 94, 207). Des définitions (1) et (2), il résulte aussi que tout nom propre grammatical dont l'extension au sein de quelque monde contient plus d'un individu, se mue en un nom équivoque, donc «général» et «commun», susceptible de recevoir une détermination du contexte ou de la situation (cf. 3.1.2): «il arrive souvent que le mot propre (...) convienne à plusieurs, comme *Pierre*, *Jean*, etc. mais ce n'est que par accident, parce que plusieurs ont pris un même nom. Et alors il faut y ajouter d'autres noms qui le déterminent, et qui le font rentrer dans la qualité de nom propre, comme le nom de *Louis* qui convient à plusieurs, est propre au Roi qui règne aujourd'hui, en disant *Louis quatorzième*. Souvent même, il n'est pas nécessaire de rien ajouter, parce que les circonstances du discours font assez voir de qui l'on parle» (*GGR*, II, iii; cf. Donzé, 1967: pp. 204-205). Ce genre d'affirmation paraît dissiper tout espoir de fonder la classification de grammaire sur la théorie des idées. Deux réponses successives s'offrent cependant à nous. En premier lieu, n'importe quel terme singulier, qu'il s'agisse d'un nom propre ou d'une expression appartenant à une autre catégorie, réclame, pour fonctionner correctement, un univers de discours où son extension contient, au plus, un objet. La pragmatique du langage ordinaire sélectionnera les mondes possibles qui satisfont à cette exigence, et définira, par rapport à chaque terme singulier, les situations au sein desquelles il se révèle utilisable; c'est ce que la *GGR* entend par «les circonstances du discours». Mais une telle parade ne suffit pas à distinguer le nom propre grammatical, équivoque «par accident», des termes singuliers dont l'équivocité obéit à une régularité sémantique (cf. plus loin). Pour y parvenir, il faut recourir à une tactique plus élaborée. Supposons qu'un nom propre grammatical A soit équivoque parce qu'il exprime l'idée individuelle a_1 ou l'idée individuelle a_2; que, pour tout monde m_i, $a_1 \times a_2(m_i)$ contienne, au plus, un objet; que, pour quelque monde m_i, $a_1 \times a_2(m_i)$ = $a_1(m_i) \neq a_2(m_i) = \emptyset$ et, pour quelque monde m_j, $a_1 \times a_2 (m_j)$ =

$a_2(m_j) \neq a_1(m_j) = \emptyset$. Clairement, A est un terme singulier qui exprime l'idée singulière $a_1 \times a_2$ et cette idée n'est pas individuelle, vu que nous avons :

$a_1 \times a_2 < a_1$ (resp. a_2) [thèse du calcul]
$a_1 \times a_2 \neq a_1$ (resp. a_2) [hypothèse]
a_1 (resp. a_2) $\neq e'$ [hypothèse]

La définition (1) se laisse alors remplacer par (1') :

(1') Un nom est un nom propre si, et seulement si, il satisfait aux conditions suivantes : (i) s'il est univoque, il exprime une idée individuelle; (ii) s'il est équivoque, il exprime une idée singulière.

Remarquons que l'idée singulière associée au nom propre équivoque s'obtient à l'aide du produit sur les idées individuelles. Il en résulte qu'aucun sujet ne saurait maîtriser à coup sûr la signification d'un nom propre équivoque si celui-ci exprime un nombre infini d'idées individuelles. D'où notre sentiment, fondé au plan épistémologique, que le nom propre équivoque n'a pas de signification.

De la définition (1'), il s'ensuit que le nom propre univoque est un «désignateur rigide» au sens de Kripke (1972; cf. Kleiber, 1981). Autrement dit, si A est un nom propre univoque et $\varphi(A) = a$, alors, pour tout m_i, tout m_j tels que $a(m_i) \neq \emptyset$ et $a(m_j) \neq \emptyset$, $a(m_i) = a(m_j)$ (théorème (11) de Dominicy, 1983b). D'autre part, toutes les propriétés de l'objet qui appartiennent à l'extension d'un nom propre univoque sont des attributs nécessaires de cet objet; et deux objets différents se discriminent obligatoirement par au moins une propriété, selon un principe établi par Leibniz (théorèmes (9), (10) et (11) de Dominicy, 1983b). En conséquence, le fait que les noms propres univoques expriment chacun une idée individuelle nous interdit de nous pourvoir de termes singuliers univoques qui, tout en demeurant rigides, permettraient à l'objet de varier, dans l'une ou l'autre de ses propriétés, selon les mondes[6]. C'est pourquoi Leibniz finira par convaincre Arnauld de ce que le nom 'Adam' ne peut désigner divers Adams possibles sans devenir équivoque (cf. 1.3.4).

En revanche, il existe des noms univoques qui expriment une idée singulière et violent l'exigence de rigidité. Prenons l'exemple du mot 'Monsieur' employé par les laquais (*LAP*, I, viii; *O*, XII, p. 415, XXII, p. 751; cf. Picardi, 1976 : pp. 383-388). Son extension change, bien entendu, suivant la maison où sert le destinateur; et nous pouvons voir là le corrélat pragmatique de la non-rigidité sémantique. Dans ce cas, cependant, la signification s'avère maîtrisable même s'il y a un nombre infini de maîtres de maison possibles, qui appartiennent chacun à l'extension d'une idée individuelle au sein d'un monde. Il convient donc de considérer 'Monsieur' comme un nom univoque auquel la fonction φ assigne une idée singulière, mais non pas individuelle. A priori, la même conclusion semble valoir pour le mot latin 'rex', tel qu'il se trouve utilisé dans la proposition 'Rex mihi mandavit' (*LAP*, II, vi; *O*, XXII, pp. 751, 827). Le problème se complique néanmoins, puisque 'rex' est un nom commun et que le français recourrait alors à l'article défini.

4.1.2. *L'article*

Port-Royal a appliqué un traitement assez paradoxal à l'article. Si l'on excepte quelques remarques intéressantes mais isolées[7], la théorie de l'article n'est développée que dans la *GGR*; la *LAP* la passe entièrement sous silence (cf. Donzé, 1967: pp. 38-42, 73-75; Rosiello, 1967: pp. 124-125). Le chapitre II, vii de la *GGR* étudie l'article en général (cf. *O*, VII, pp. 813-814) et formule une «règle de cacophonie» que je ne discuterai pas ici (cf. Gross, 1967). Le chapitre II, x examine le précepte de Vaugelas selon lequel «après un nom sans article on ne doit pas mettre de *qui*»; ce passage provient en grande partie d'une lettre adressée à Madame de Sablé (1659; *O*, IV, pp. 125-130)[8].

Les articles «déterminent la signification» des noms «tant dans le singulier, que dans le pluriel (...). Nous voyons par là que l'article ne se devrait point mettre aux noms propres, parce que signifiant une chose singulière et déterminée, ils n'ont pas besoin de la détermination de l'article»; les langues qui le font malgré tout n'accordent pas leur usage à la raison (cf. note 7). La présence de l'article n'est pas exigée lorsque le nom commun se trouve «déterminé» par un autre facteur: (i) au vocatif; (ii) quand le nom est précédé de 'ce', 'quelque', 'plusieurs', les «noms de nombre» 'deux', 'trois', etc. (cf. note 7), 'tout', 'nul', 'aucun', etc.; (iii) quand le nom est attribut, puisqu'il est alors «déterminé» par la nature du jugement exprimé (cf. 1.3.3 et 4.3.1); (iv) dans d'autres cas moins importants pour mon propos (voir l'analyse de Donzé, 1967: pp. 40-41 et Durand, 1977: pp. 329-331). Il nous faut donc découvrir une interprétation qui, à partir de la différence entre noms propres et noms communs, nous dise en quoi les premiers sont «déterminés» et les autres «indéterminés». D'emblée, certaines solutions doivent être abandonnées. L'article ne «détermine» pas comme le ferait, par exemple, un adjectif (cf. chapitre 5). Dans 'Le Roi ne dépend point de ses sujets' ou 'Les Rois ne dépendent point de leurs sujets', le nom 'Roi(s)' avec l'article 'le' ou 'les' signifie «l'espèce dans toute son étendue»; «ce qui fait voir que par *déterminé*, nous n'entendons pas *restreint*» (cf. Donzé, 1967: p. 192). S'il s'agissait de la détermination habituelle, il y aurait là une violation de la loi de Port-Royal, même transférée à une sémantique de mondes possibles. D'autre part, il ne semble pas, à première vue, que l'article détermine le nom commun à exprimer une idée individuelle, ou seulement singulière; témoins l'emploi de l'indéfini 'un', 'des' et les propositions génériques déjà citées.

J'adopterai ici une tactique en deux temps. Je regrouperai d'abord les articles avec le démonstratif 'ce' et les quantificateurs 'quelque', 'plusieurs', 'deux', 'trois', 'tout', 'nul', 'aucun', etc. Arnauld nous engage d'ailleurs à opérer de la sorte: «hors les noms propres, je pense que c'est une règle générale que lorsqu'un nom est le sujet d'une proposition, il doit avoir un article, ou quelque mot qui en tienne lieu, comme *tout, plusieurs*, et les mots de nombre, *deux, trois*, etc.» (*O*, IV, p. 126; cf. IX, pp. 54-55). Ensuite, je séparerai le défini et le démonstratif des autres mots énumérés, lesquels seront étudiés au paragraphe 4.3.

Avec l'article défini, le nom commun signifie soit «l'espèce dans toute son étendue» (cf. plus haut), soit «un ou plusieurs singuliers déterminés par les circonstances de celui qui parle, ou du discours: Le Roi a fait la paix; c'est-à-dire le Roi Louis XIV à cause des circonstances du temps. Les Rois ont fondé les principales Abbayes de France, c'est-à-dire les Rois de France». Le démonstratif ne connaît, d'après Arnauld, que le second usage (cf. *O*, VII, pp. 813-814). Au singulier, la valeur de l'article défini se laisse cerner assez facilement: combiné à un article défini, le nom commun exprime une idée singulière, à la manière dont peuvent le faire isolément le mot 'Monsieur' ou les substantifs latins (cf. plus haut). Au pluriel, le nom commun sans article exprime une idée générale dont les valeurs non vides contiennent plus d'un objet (cf. plus haut). Par l'ajout du défini, nous substituons à cette idée générale une idée singulière qui satisfait à une condition fort complexe. Il est nécessaire, en effet, que l'extension du terme obtenu contienne, pour chaque monde où elle n'est pas vide, un et un seul objet composé de tous les objets appartenant à l'extension du nom pluriel. Ainsi la description définie 'Les rois' désignera, à l'intérieur d'au moins un monde, un objet qui possède deux ou plusieurs rois comme parties, au sens où une table est composée d'un panneau et de quatre pieds: «Les noms de *corps*, de *communauté*, de *peuple*, étant pris collectivement, comme (...) quand je dis: *Les Romains ont vaincu les Carthaginois: Les Vénitiens font la guerre au Turc: Les Juges d'un tel lieu ont condamné un criminel* (...) on considère chaque peuple comme une personne morale dont la durée est de plusieurs siècles, qui subsiste tant qu'il compose un état, et qui agit en tous ces temps par ceux qui le composent, comme un homme agit par ses membres» (*LAP*, II, xiii)[9].

Ce traitement explique déjà pourquoi l'article défini et le démonstratif se révèlent incompatibles avec le nom propre et le vocatif. En tant que terme singulier, le nom propre ne réclame évidemment pas la «détermination» apportée par le défini ou le démonstratif. Lorsque ceux-ci apparaissent, c'est par antonomase ('Les Césars', *GGR*, II, iv) ou de manière parfaitement redondante ('Le Tasse', *GGR*, II, vii). Quant au vocatif, grâce à quoi «on nomme la personne à qui on parle, ou la chose à laquelle on s'adresse comme si c'était une personne», il permet à chaque destinateur de la proposition d'instituer son ou ses destinataire(s) respectif(s) en un objet unique; ce qui entraîne la «suppression» de l'article défini, devenu superflu. Il en découle qu'aucun vocatif n'est sujet (*O*, IV, pp. 126-127; cf. plus haut).

Il reste à rendre compte des deux lectures, générique et non générique, qu'illustrent les phrases citées par la *GGR*. C'est ici que la grammaire et la pragmatique se rejoignent. Nous avons vu, au paragraphe 3.2.2, que la proposition 'Le sens de Jansénius est hérétique' tolère, a priori, deux interprétations, l'une «attributive» ou «distributive», l'autre «déterminante» ou référentielle. Dans le premier cas, la description définie 'Le sens de Jansénius' est un terme singulier, non individuel et non rigide: pour tout monde m_i, quel que soit le dogme de Jansénius au sein de m_i, ce dogme est hérétique. Une pareille reconstruction ôte toute portée à l'une des objections de Domat: on peut «faire l'hypothèse d'un auteur mort qui n'aurait enseigné que quelques propositions, qui toutes, seraient hérétiques, et (...) dans cette hypothèse» on peut «dire avec vérité: *Le sens, et même tout sens d'un tel auteur est hérétique*, comme on peut aussi dire avec vérité et dans une hypothèse réelle: *Tout sens de saint Thomas, tout sens de saint Bernard est catholique*, quoique ni l'un ni l'autre ne le soient essentiellement, mais parce qu'ils sont l'un et l'autre dans la vérité» (dans Pascal, *OC*, X, p. 229); mais on n'obtiendra pas, pour autant, l'interprétation attributive (*O*, XXII, p. 761). Selon la lecture référentielle, maintenant, la description définie est «déterminée» à signifier un dogme précis; elle se mue donc en un désignateur rigide. Autrement dit encore: selon que la description définie reçoit ou non une «détermination» qui la rend rigide, la proposition dans laquelle elle figure acquiert une lecture «déterminante», référentielle, non générique, ou une lecture «attributive», «distributive», générique (*LAP*, II, xiii).

A ce stade, la doctrine de la détermination semble perdre toute cohérence. Il est aisé de voir, en effet, que les mots 'détermination', 'déterminer', etc. servent à décrire trois types de situations:
(1) Soit A tel que $\varphi(A) = a$. B (ou une «circonstance») *détermine*$_1$ A si, et seulement si: (i) $\varphi(B) = b$ (l'idée b pouvant être apportée par la «circonstance»); (ii) A se combine avec B (ou avec la «circonstance»); (iii) $a \neq a + b$ et, naturellement, $a < a + b$ (cf. 2.3.2, 3.1.2).
(2) Soit A un nom commun tel que $\varphi(A) = a$. L'article défini B (ou un facteur équivalent comme le vocatif) *détermine*$_2$ A si et seulement si: (i) A se combine avec B (ou se met au vocatif; je le note alors A'); (ii) $\varphi(A \cap B) = \varphi(A')$ est une idée singulière. Dans ce cas, $a < \varphi(A \cap B) = \varphi(A')$.
(3) Soit A un terme singulier tel que $\varphi(A) = a$. B (ou une «circonstance») *détermine*$_3$ A si, et seulement si: (i) a est une idée singulière, mais non individuelle; (ii) $A \cap B$ (ou A avec la «circonstance») est un désignateur rigide.

Si Arnauld regroupe ces trois processus sous la même étiquette, c'est parce qu'il y voit, avec raison, des procédés destinés à dissiper l'équivoque, qu'elle naisse de la «généralité» ou indétermination$_1$ ('canon', 'âme', ..., mais aussi 'Louis', 'Monsieur' ou 'Le roi' dans un contexte inadéquat), de l'indétermination$_2$ des noms communs, ou de l'indétermination$_3$ des termes singuliers (noms propres équivoques en contexte adéquat, noms tels que 'Monsieur', descriptions définies). Il n'empêche qu'il crée ainsi un flottement métalinguistique que Domat a tenté d'exploiter.

Soit en effet la proposition 'La gazette est fausse', où la description définie 'La gazette' souffre d'indétermination$_3$; «la voici déterminée: *La Gazette de Marseille d'un tel jour est fausse*. Par cette dernière proposition la première est déterminée à une idée plus distincte, puisque cette dernière arrête l'esprit et le restreint de toute l'étendue, du temps et des lieux de la gazette à l'endroit de Marseille et à un tel jour, et cela sans doute c'est déterminer. Cependant cette proposition déterminante ne donne aucune vue de la fausseté individuelle, qui est dans cette gazette, non pas même de la chose dont il est parlé» (dans Pascal, *OC*, X, p. 230). Sans bien s'en rendre compte, Domat relève le simple fait que la détermination$_1$ ne saurait jamais suffire, en principe, pour dissiper les équivoques issues de l'indétermination$_3$ (ceci n'a pas été vu par Stoianovici, 1976). Sous la pression des critiques émises par Domat, Nicole a séparé la détermination$_1$ de la détermination$_3$: «il y a des mots purement équivoques, qui signifient différentes choses, et qui ne conservent rien de leur signification ordinaire. Ainsi le mot de *Canon* est purement équivoque à l'égard d'un Canon de guerre, et de l'ordonnance d'un Concile. Ces mots se déterminent par la suite du discours et par les circonstances. Mais il y a une autre sorte de mots équivoques par erreur; et ce sont ceux qui ne signifient réellement qu'une chose, et sont appliqués par erreur à des choses différentes. Ainsi le mot de *véritable Religion* ne signifiant que la seule et unique Religion, est appliqué par erreur à autant de fausses Religions qu'il y en a dans le monde. Or cette application étant faite et supposée, ces mots, *véritable Religion*, en la bouche de ceux qui l'ont faite, signifient cette Religion à laquelle ils l'ont appliquée. Cette application est une véritable détermination, et non pas seulement une explication; car elle change le sens et la supposition individuelle du mot auquel cette idée est jointe» (dans Arnauld, *O*, XXII, p. 831; texte moins clair dans la *LAP*, I, viii). Corrélativement, Arnauld distingue deux types de «généralité», qui sont les équivalents respectifs de l'indétermination$_1$ et de l'indétermination$_3$: «un terme peut être considéré comme général en deux manières. L'une, en ce que, dans la vérité il convient à plusieurs, comme les mots d'homme, d'animal, de maison, etc. L'autre en ce que ne signifiant qu'une chose dans la vérité, il en signifie néanmoins plusieurs dans l'opinion des hommes» (*O*, XXII, p. 768). Son oubli de la deuxième éventualité tient sans doute aux contraintes polémiques et aux structures du français, lequel, à la différence du latin, ne connaît guère d'équivoques fondées sur l'indétermination$_2$ ('rex' = «un roi» ou «le roi»). Chose plus grave, la *LAP* retombe dans l'amalgame précédemment dénoncé: «quand je dis, *le Pape qui est aujourd'hui*, cela détermine le mot général de Pape à la personne unique et singulière d'Alexandre VII» (I, viii; cf. II, vi).

Par ailleurs, la démarche d'Arnauld reste entachée d'une indécision constante. Rien n'indique si la détermination$_3$ nous livre un terme individuel, ou un désignateur rigide mais non individuel. La première hypothèse paraît la plus plausible, au vu des textes qui suivent, extraits de la réponse à Domat: «quelques déterminations qu'on apporte de la ville, du jour, de l'Imprimeur, de l'endroit particulier de cette gazette, comme de la page et de la matière en général, comme de ce qui se passe à Paris; tout cela ne me servira de rien pour former ce jugement, que cette gazette ainsi déterminée et particularisée soit fausse, tant que ces déterminations et ces particularités seront, comme elles sont en effet, indifférentes à la vérité et à la fausseté; c'est-à-dire, tant qu'on ne connaîtra point en particulier la nouvelle individuelle qui y est rapportée, ou qu'on croira être rapportée dans cette gazette: car l'un ou l'autre suffit (...) ce n'est pas assez qu'un terme marque une chose unique et individuelle, pour dire que ce terme est déterminé autant qu'il le peut être, s'il ne marque cette chose unique et individuelle d'une manière si précise et si distincte, que je n'aie plus besoin d'une autre idée plus distincte et plus précise, pour juger si un tel attribut lui convient» (*O*, XXII, pp. 762-768; cf. 4.3.1). Il faut alors préciser que l'idée singulière initialement exprimée par le terme déterminé$_3$, n'est pas nécessairement incluse dans l'idée individuelle obtenue[10]. D'où la possibilité d'asserter des propositions comme 'Le sens de Jansénius n'est pas le sens de Jansénius' ou 'Cet homme est un ange' (cf. 3.2.2, 3.3.2).

4.2. La théorie du verbe

Jusqu'à présent, le verbe, la conjonction et l'interjection paraissent réunis par «une propriété négative, qui est de ne pas exprimer un objet conçu indépendamment de l'esprit qui le pense» (Donzé, 1967: p. 65); ou, selon le critère distributionnel, de ne pas posséder de correspondant entièrement situé à l'intérieur d'un terme. Parmi les conjonctions, nous rencontrons non seulement 'et', 'vel', 'si', 'ergo', mais aussi le mot négatif 'non' et la particule interrogative latine 'ne'; en outre, les interjections se trouvent curieusement rapprochées des conjonctions (*GGR*, II, xxiii; cf. Colombat, 1979: pp. 127-128). Selon Donzé, le chapitre II, xxiii est «un des plus inconsistants de la *Grammaire* de Port-Royal» (1967: p. 200); Le Goffic ajoute, pour sa part, que «le caractère sommaire et hétéroclite de l'énumération est frappant» (1978: p. 237). Pourtant, le choix des mots cités obéit à une cohérence théorique qui éclaire la stratégie de nos auteurs. Les conjonctions 'et', 'vel', 'si' se succèdent dans l'ordre même où la *LAP* (II, ix) étudie les propositions «composées», respectivement «copulatives», «disjonctives» et «conditionnelles», qu'elles permettent de construire (cf. Donzé, 1967: pp. 152-153; Picardi, 1976: p. 373). La présence de 'ergo' nous rappelle qu'il suffit, en grammaire, de considérer les deux premières opérations de l'esprit (*GGR*, II, ii; cf. Chevalier, 1968: p. 504; Chomsky, 1969: p. 60; Donzé, 1967: p. 130 et mes paragraphes 1.3 et 2.3.2)[11]. Le parallélisme entre 'non' et 'ne', qui peuvent être tous deux «enfermés» dans un autre mot (*GGR*, II, xv et xxiii), se trouve confirmé par le fait que l'attribut d'une proposition interrogative reçoit la même «détermination» universelle que l'attribut d'une proposition négative (*GGR*, II, x; cf. 4.1.2). Enfin, je vais essayer de prouver que l'analyse interne de la classe qui contient conjonctions et interjections répond à la théorie des modes verbaux.

Pour l'instant, il ressort déjà que les verbes et les conjonctions partagent la caractéristique de se voir correspondre, dans les paraphrases canoniques, ce qui peut être décrit comme un opérateur productif de proposition. La copule, 'et', 'vel', 'si', 'ergo', sont des opérateurs binaires qui, appliqués respectivement à deux termes ou à deux propositions, nous donnent une proposition. La particule 'non' fonctionne comme un opérateur unaire qui dérive une proposition d'une autre proposition, et la même conclusion vaudrait pour le 'ne' latin si les phrases interrogatives méritaient d'être appelées 'propositions'. Il n'y a donc, à ce niveau purement syntaxique, que les interjections qui fassent difficulté.

4.2.1. *L'affirmation*

Le verbe est « *un mot dont le principal usage est de signifier l'affirmation* : c'est-à-dire de marquer que le discours où ce mot est employé, est le discours d'un homme qui ne conçoit pas seulement les choses, mais qui en juge et qui les affirme » (*GGR*, II, xiii; cf. *LAP*, II, ii). Lancelot et Arnauld justifient cette définition sémantique par une argumentation à la fois négative et positive dont la progression a été décrite par Donzé (1967: pp. 27-33). Au plan critique, nos auteurs écartent successivement les définitions proposées par Aristote, Buxtorf et Scaliger (Swiggers, 1981d: p. 359). Ils soutiennent, entre autres choses, que la nature verbale ne saurait être cernée par la flexion en temps ou en personne. En effet, « les Participes signifient aussi avec temps » (cf. II, xx), tandis que la flexion en personne, en nombre et en genre (dans les langues qui connaissent ce dernier phénomène) résulte d'une règle d'accord avec le sujet, elle-même éventuellement suivie d'une ellipse du terme déclencheur (*GGR*, II, xvi, xxiv).

A ce stade précoce, la théorie du verbe se laisse reconstruire comme suit. Soit une proposition P dont la structure est partiellement décrite par l'expression:

$$A_{(P)NG} \cap \text{Verbe}_{(P)N(G)(T)}$$

où les lettres souscrites $_{'P'}$, $_{'N'}$, $_{'G'}$, $_{'T'}$ désignent respectivement les marques de personne, de nombre, de genre, et de temps (le sens des parenthèses enserrant $_{'P'}$ et $_{'T'}$ apparaîtra plus loin). Alors la paraphrase canonique P' revêt la forme:

$$A_{(P)NG} \cap Cop \cap B_{(T)}$$

Si le verbe de P est déjà la copule, l'attribut s'accorde avec le sujet en fonction de règles indépendantes.

Dans le raisonnement de la *GGR*, le chaînon le plus faible concerne la flexion temporelle[12]. A partir de la remarque sur les participes, je fais, comme Pariente (1975a: p. 43), l'hypothèse que la proposition :

Dieu a créé le monde.

reçoit la paraphrase :

Dieu est ayant créé le monde.

Mais cette approche se heurte à une difficulté connue des logiciens antérieurs (cf. aussi, *O*, XIII, pp. 270-297). En effet, une proposition comme :

Quelque pape a été un enfant.

se révèle équivoque. On peut résoudre le problème en faisant varier la position syntaxique de la marque temporelle à l'intérieur des paraphrases. Pour le cas examiné, on posera, par exemple :

Quelque pape est (un enfant)$_{\text{PASSÉ}}$

et :

Quelque pape (est)$_{\text{PASSÉ}}$ un enfant.

La théorie de la *GGR* nous interdit de recourir à pareille procédure. Je soupçonne qu'Arnauld a été influencé, ici, par son analyse sémantico-pragmatique des termes (cf. chapitre 3 et 4.1). La *LAP* (III, xix) étudie les équivoques recelées par des propositions telles que 'Les aveugles voient' ou 'Dieu justifie les impies'. Le traitement avancé consiste à invoquer la maxime de non-contradiction pour établir que les noms 'aveugles' et 'impies' sont déterminés$_1$ à signifier ceux qui étaient aveugles, ou impies, auparavant et ne le sont plus. Une analyse similaire vaudrait sans doute pour les propositions 'Cet homme est un ange', 'Ce pain est le corps de Jésus-Christ', etc. où, mêlant les deux langages, nous employons les descriptions définies de façon référentielle (cf. chapitre 5).

Le verbe se singularise donc par le fait qu'il «enferme» une copule 'est' dégagée de toute flexion (Marin, 1975: pp. 286-290; Serrus, 1933: pp. 164-165; Swiggers, 1981d). L'emploi de la troisième personne de l'indicatif présent pour représenter cette copule universellement non marquée ne procède pas d'une décision gratuite. Dans le chapitre II, xvi, Arnauld et Lancelot stipulent, bien avant Benveniste (1966), que la «troisième personne» se réduit, en fait, à l'absence des deux autres : «On voit par là que naturellement ce qu'on appelle troisième personne, devrait être le thème du verbe, comme il l'est aussi dans toutes les langues orientales. Car il est plus naturel que le verbe signifie premièrement l'affirmation, sans marquer particulièrement aucun sujet, et qu'ensuite il soit déterminé par une nouvelle inflexion à renfermer pour sujet la première ou la seconde personne» (cf. Donzé, 1967: pp. 100-102). Je montrerai bientôt que la *GGR* assimile, de manière comparable, l'indicatif non «modifié» à l'absence de mode verbal. Enfin, la multiplication des exemples où le présent permet d'énoncer quelque vérité éternelle nous engage à nous doter d'une copule atemporelle.

S'il se réduit à la copule, le verbe est «substantif» et «marque *l'affirmation*, qui est la principale manière de notre pensée»; sinon, il est «adjectif», et marque l'affirmation «avec l'objet» (II, i; cf. plus haut) en ce sens qu'il «enferme» un mot — le participe — qui «signifie les objets des pensées» (II, xiii, xviii)[13]. Nous pouvons exprimer le versant formel de cette théorie en introduisant, tout à fait explicitement, une copule non marquée, laquelle opérera sur les deux termes de la proposition:

Est (A, B)

(le signe '∩' est alors omis). Mais la définition sémantique nous renvoie aussi à la doctrine cartésienne du jugement (cf. 1.3.1; Nuchelmans, 1983: pp. 74-75). «Le verbe est distingué de quelques noms qui signifient aussi l'affirmation: comme *affirmans, affirmatio*; parce qu'ils ne la signifient qu'en tant que par une réflexion d'esprit elle est devenue l'objet de notre pensée; et ainsi ne marquent pas que celui qui se sert de ces mots affirme, mais seulement qu'il conçoit une affirmation» (*GGR*, II, xiii). Si j'asserte une proposition, j'exprime l'assentiment volontaire que je donne à une inclusion, ou non-inclusion, considérée. Mon assentiment est un acte mental non représentatif d'un objet extérieur, et est, dans le même temps, l'idée de mon assentiment, en vertu de la théorie de la conscience (cf. 1.1.2). Par conséquent, le verbe, ou plutôt la copule '*Est*' qu'il «enferme», se voit associer par la fonction φ et les déterminations$_3$ du contexte et de la situation l'idée de mon assentiment, qui ne diffère pas de mon assentiment lui-même. Au contraire, les mots 'affirmans' et 'affirmatio' expriment des idées représentatives d'un objet extérieur: si je dis 'Ego sum affirmans', j'affirme, grâce à la copule '*Est*' pourvue de marques de personne et de nombre, que l'idée d'un être affirmant est incluse dans l'idée que j'ai de moi; 'affirmans' et 'affirmatio' me permettent donc d'évoquer une affirmation distincte de celle que je suis en train de faire, ce que la copule n'autorise pas (Nuchelmans, 1983: pp. 77, 99-120).

Malheureusement, le concept d'affirmation souffre d'une grave incertitude. En effet, les termes, sujet et attribut, d'une proposition ne suffisent pas à exprimer l'idée de l'inclusion, ou de la non-inclusion, à laquelle l'esprit donne son assentiment. Il faudra donc se rabattre sur l'interprétation I, dont nous avons vu les inconvénients (cf. 1.3.1), ou admettre que la théorie du verbe est ambiguë. La plupart des commentateurs récents penchent pour la seconde solution (Brekle, 1969: pp. 78-82; Dominicy, 1981: pp. 100-101; Durand, 1977: pp. 325-327; Marin, 1975: pp. 279-284; Pariente, 1982; Swiggers, 1980: pp. 126-127, 1981d). Reformulée dans mon vocabulaire, l'hypothèse adoptée se schématise comme suit:

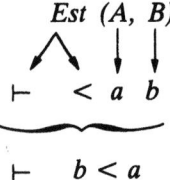

⊢ b < a

Toute paraphrase canonique qui ne contient rien d'autre qu'un sujet *A* et un attribut *B* auxquels s'applique une copule, exprime l'assentiment donné par le destinateur à l'inclusion de l'idée *b* dans l'idée *a*. La copule exprime donc à la fois l'inclusion et l'assentiment, symbolisé ici par le signe frégéen de l'assertion '⊢' (cf. Frege, 1971, et les commentaires de Dummett, 1973; Geach, 1968: pp. 24-25 et 1972: pp. 254-269; Kahn, 1973: pp. 184-191; Récanati, 1981: pp. 248-255). Très souvent, nous le verrons, l'exposé de Port-Royal oscille entre deux tentations: celle d'amalgamer l'inclusion et l'assentiment sous le couvert du mot 'affirmation'; celle, toute contraire, de restreindre le concept d'affirmation à la seule inclusion (cf. 1.3.1).

4.2.2. Les conjonctions, les interjections et les modes

Les conjonctions, unaires ou binaires, nous contraignent d'emblée à prendre en compte le flottement qui vient d'être décrit. Les chapitres II, i et II, xiii de la *GGR* contiennent une définition tronquée de la proposition et du jugement, où la négation n'est même pas évoquée. Cette stratégie semble d'autant plus curieuse que le parallélisme entre «affirmation» et «négation» se trouve constamment maintenu dans la *LAP* et qu'il réapparaît lorsque la *GGR* traite des différentes «opérations de l'esprit» (cf. chapitre 1; ici je suis en désaccord avec Le Goffic, 1978: p. 235).

A priori, l'on pourrait croire que la *GGR* comme la *LAP* se donnent deux copules, l'une «affirmative», l'autre «négative», qui exprimeraient toutes deux l'assentiment, plus l'inclusion ou la non-inclusion (cf. Nuchelmans, 1983: p. 74). Mais cette interprétation se heurte à un témoignage très clair: « quoique tous nos jugements ne soient pas affirmatifs, mais qu'il y en ait de négatifs; les verbes néanmoins ne signifient jamais d'eux-mêmes que les affirmations: les négations ne se marquent que par des particules, *non, ne,* ou par des mots qui l'enferment, *nullus, nemo,* nul, personne: qui étant joints aux Verbes, en changent l'affirmation en négation, *Nul homme n'est immortel. Nullum corpus est indivisibile* » (*GGR*, II, xiii; cf. *LAP*, II, ii). Selon Donzé (1967: pp. 32-33), Arnauld et Lancelot considéreraient la négation « comme un des accidents du verbe (comparable aux notions de nombre, de personne, etc) »; de sorte que « la fonction de la liaison verbale » resterait « affirmative ». Il faudrait postuler, alors, que la copule n'exprime que l'assentiment à une inclusion niée, laquelle n'aurait pas d'autre traduction formelle que la particule négative. Je préfère, quant à moi, une hypothèse qui colle davantage au texte de la *GGR*, et que je figurerai de la manière suivante:

Non (Est (A, B))

$$\underbrace{\underbrace{\overbrace{a\ b}}_{b < a}}_{b \not< a}$$

Appliquée à une paraphrase canonique contenant un sujet A, un attribut B et une copule, la « conjonction » '*Non*' nous livre une proposition exprimant la non-inclusion de b dans a; on peut donc dire, littéralement, que '*Non*' « change l'affirmation [inclusion] en négation [non-inclusion] » (Nuchelmans, 1983: pp. 75-77).

Qu'en est-il, dans ce cas, de l'assentiment? La proposition obtenue exprime, si elle est assertée, l'assentiment à une non-inclusion plutôt que le rejet de l'assentiment à une inclusion (cf. 1.3.1; Frege, 1971: pp. 195-213; Brekle, 1967: pp. 20-21; et les références déjà citées). Si la copule continue à exprimer l'assentiment, malgré la négation, nous devons postuler un mécanisme assez étrange: la « conjonction » affecterait cette part de la signification verbale qui correspond à l'inclusion, mais n'excercerait aucune action sur l'idée d'assentiment.

Les conjonctions 'et', 'vel', 'si' soulèvent des difficultés similaires. Les propositions qui constituent les deux membres d'une copulative, d'une disjonctive ou d'une conditionnelle ne sont pas assertées. Cette conclusion ne peut faire aucun doute si l'on admet que les propositions « composées » doivent recevoir une description uniforme, qui justifie leur emploi dans les syllogismes «conjonctifs» (*LAP*, III, xii). L'assentiment porte donc sur la matière du jugement prise dans son ensemble, et ne saurait être exprimé par l'un ou l'autre verbe. Comme l'ont montré Le Goffic (1978: pp. 240-242) et Nuchelmans (1983: pp. 83-85), il y a là un problème apparemment insurmontable, que la *LAP* a éludé en évitant toute référence à la théorie de l'affirmation dans les chapitres qu'elle consacre aux propositions «composées» (II, ix et x).

La situation s'aggrave encore lorsque nous passons à la «conjonction» latine 'ne'. En effet, l'assentiment cède la place à l'interrogation, «ce mouvement de notre âme, qui veut savoir une chose, et qui demande d'en être instruite»[14]. De même, les modes autres que l'indicatif, ou certains outils subordonnants comme 'quoique', 'quand' (avec les formes en -*rais*), 'etsi', 'utinam', 'que' (avec le subjonctif), expriment l'affirmation «modifiée» ou «conditionnée», le souhait, la concession, la volonté (*GGR*, II, i, xvi; cf. *O*, XIII, p. 408; Donzé, 1967: pp. 112-119, 131-132, 218; Imbert, 1982; Robinet, 1978: pp. 37-40).

Accompagnée de 'ne', 'quoique', 'quand', 'etsi', ou le subjonctif, la copule marque une affirmation-inclusion figurant dans le domaine d'un opérateur; le chapitre II, x parle de «l'affirmation avec un interrogant» et le chapitre II, xvi montre que l'indicatif, loin de constituer une forme parmi les autres, se réduit au pôle non marqué des oppositions modales: «les hommes (...) ont remarqué qu'outre les affirmations simples, comme *il aime, il aimait*, il y en avait de conditionnées et de modifiées; comme *quoiqu'il aimât, quand il aimerait*. Et pour mieux distinguer ces affirmations des autres, ils ont doublé les inflexions des mêmes temps, faisant servir les unes aux affirmations simples; comme *aime, aimait*, et réservant les autres pour les affirmations modifiées; comme *aimât, aimerait*; quoique ne demeurant pas fermes dans leurs règles, ils se servent quelquefois des inflexions simples, pour marquer les affirmations modifiées. *Etsi vereor*, pour *Etsi verear*»[15]. A travers sa confusion superficielle, ce passage nous livre les clefs d'une interprétation cohérente, que j'étendrai aux modes optatif, potentiel et impératif (cf. Picardi, 1976: pp. 373-374). Les «conjonctions» unaires ou binaires, les modes autres que l'indicatif, 'quoique', 'quand', 'etsi', 'utinam', 'que', avec la forme verbale qu'ils exigent, sont des opérateurs qui s'appliquent à une proposition. Les uns, que j'appellerai 'assertoriques', dérivent de la proposition modifiée une autre proposition; il s'agit de '*Non*', 'et', 'vel', 'si', 'ergo'. L'assentiment se trouve alors exprimé par la «conjonction», et non plus par le verbe[16]: «il n'y a point d'objet dans le monde hors de notre esprit, qui réponde à la particule *non*, mais il est clair qu'elle ne marque autre chose que le jugement que nous faisons qu'une chose n'est pas une autre» (II, xxiii). Par contre, les opérateurs non-assertoriques ('ne', le subjonctif, 'quoique', etc.) dérivent de la proposition modifiée une phrase qui, prononcée ou écrite, exprime un «mouvement de l'âme», différent de l'assentiment et attaché à la matière d'un jugement possible. On voit, par la même occasion, que les opérateurs se combinent, dans le langage L, selon un ordre universellement contraignant:

Opérateurs ∩ Opérateurs ∩ Copule ∩ Termes
non-assertoriques assertoriques
(non itérables, (itérables,
non combinables) combinables)

Cette solution présente trois avantages au moins. D'abord, elle souligne l'asymétrie entre l'assentiment, qui n'est exprimé par aucune marque spécifique, et les autres «mouvements». Ensuite, elle nous permet de redéfinir le verbe de manière plus satisfaisante: le verbe «signifie l'affirmation» parce qu'il «enferme» la copule; celle-ci se voit assigner l'idée d'inclusion par la fonction φ, et sa présence est la condition nécessaire (dans tous les cas) et suffisante (sauf intervention d'un opérateur non-assertorique) pour qu'il y ait expression d'un assentiment. Enfin, le statut trouble des interjections s'éclaire quelque peu: ce «sont des mots qui ne signifient aussi rien hors de nous (...), qui marquent les mouvements de notre âme» (II, xxiii). Nous pouvons les décrire comme des opérateurs non-assertoriques qui s'appliquent «à vide» en ce sens qu'ils modifient la matière d'un jugement possible et non exprimé par une proposition. Le contexte ou la situation «détermine» chaque occurrence d'une interjection à signifier le «mouvement» qu'éveille en notre âme tel ou tel état de choses. On prédit ainsi que face à un 'Hélas' isolé, l'interlocuteur posera une question comme 'Qu'est-ce qui se passe?' ou 'Qu'est-ce qui t'arrive?'.

4.3. La quantification

Au paragraphe 4.1.2, j'ai soutenu que l'article, défini ou indéfini, devait être regroupé dans la même classe que les mots 'quelque', 'tout', 'nul', 'aucun', etc. J'ai montré, par la suite, en quoi l'article défini et le démonstratif «déterminent» le nom commun. Je vais maintenant traiter des quantificateurs logiques 'tout', 'tous les', 'quelque(s)', 'nul', 'aucun', et de leurs équivalents 'un/des', 'il y a un/

des...', 'il y a un/des ... qui'; ce faisant, j'ignorerai les numéraux, et le mot 'plusieurs', sur lesquels Port-Royal ne nous dit rien[17].

Le chapitre I, vi de la *LAP* précise que la «restriction ou resserrement de l'idée générale quant à son étendue, se peut faire en deux manières. La première est, par une autre idée distincte et déterminée qu'on y joint; comme lorsqu'à l'idée générale du triangle, je joins celle d'avoir un angle droit; ce qui resserre cette idée à une seule espèce de triangle, qui est le triangle rectangle. L'autre, en y joignant seulement une idée indistincte et indéterminée de partie, comme quand je dis, quelque triangle: et on dit alors que le terme commun devient particulier, parce qu'il ne s'étend plus qu'à une partie des sujets auxquels il s'étendait auparavant, sans que néanmoins on ait déterminé quelle est cette partie à laquelle on l'a resserré» (cf. le chapitre II, xiii du manuscrit, éd. Von Freytag Löringhoff-Brekle, III, pp. 28-30). Pris à la lettre, ce passage infirme soit la loi de Port-Royal, soit la théorie générale du mot. Supposons que 'quelque' se combine à un nom commun A; si nous avons:

$$\varphi(\text{'quelque'} \cap A) \neq \varphi(A)$$

alors 'quelque' détermine$_1$ A (cf. 4.1.2). Si, au contraire, nous obtenons:

$$\varphi(\text{'quelque'} \cap A) = \varphi(A)$$

cela signifie que 'quelque' «explique» A; donc que:

$$\varphi(\text{'quelque'}) < \varphi(A)$$

(cf. 2.3.2; Auroux, 1981, 1982a: pp. 17-18, 1982b: pp. 39, 42; Picardi, 1976: p. 376). Pour échapper à de telles conclusions, il faudrait admettre que 'quelque' n'exprime aucune idée; du même coup, nous perdrions la possibilité de décrire la quantification logique.

Depuis le XVIIIe siècle, il est devenu habituel de résoudre cette difficulté grâce à une doctrine dédoublée de la référence (cf. Auroux, 1979: pp. 90, 180-181; Brekle, 1967: pp. 12-14; Chevalier, 1968: pp. 531-532; Milner, 1978; Wilmet, 1982; et la critique de Geach, 1968: pp. 5-6). Par la détermination$_1$, l'étendue est bien «resserrée», mais le terme n'en devient pas pour autant apte à désigner; il ne possède encore qu'une «référence virtuelle», c'est-à-dire une extension au sein de chaque monde. Le stade désignatif se trouve atteint lorsqu'il y a, par exemple, détermination$_2$ à l'aide de l'article défini, et que le terme acquiert une «référence actuelle» dans le discours.

Pour ma part, je préfère à ce type d'analyse une approche qui me paraît suivre davantage le texte et les intentions de la *LAP*. Comme en d'autres occasions, je m'appuierai sur l'écart qui s'installe entre les propositions des langues naturelles et la syntaxe de leurs paraphrases canoniques. Je montrerai ensuite que ma solution éclaire la sémantique des modalités.

4.3.1. La détermination$_2$

En français, le terme sujet contient, au minimum, un pronom (cf. chapitre 5), un nom propre, un nom singulier ('Monsieur'), ou un nom commun «déterminé» par l'article défini, par le démonstratif ou par un quantificateur ('tout', 'quelque', article indéfini, etc.). Je choisirai de postuler que le quantificateur universel (représenté ici par *'Tout'*) et le quantificateur particulier (représenté par *'Quelque'*) sont, dans les paraphrases de L, des opérateurs qui modifient une proposition. En d'autres mots, *'Tout'* et *'Quelque'* se verront attribuer une portée qui englobe, au moins, les termes sujet et attribut ainsi que la copule. D'autre part, je reconstruirai le carré des propositions catégoriques comme en page 170. Pour ce faire, on doit d'abord poser que, dans les schèmes de base, la négation figure sous la portée de *'Tout'* ou *'Quelque'*, et substituer ensuite à:

Quelque (...)

la paraphrase:

Non (Tout (Non (...))).

Afin d'assigner à chaque schème propositionnel le schème de jugement qui lui correspond, il suffit de formuler quelques règles élémentaires dont le fonctionnement est illustré en page 170. Le traitement appliqué au quantificateur universel a été partiellement esquissé par la *LAP*: «tout ce qui est contenu dans la compréhension d'une idée en peut être universellement affirmé: tout ce qui est enfermé dans l'idée de *triangle*, peut être affirmé de *tout triangle*: tout ce qui est enfermé dans l'idée d'*homme* peut être affirmé de *tout homme*» (III, x).

On voit, d'emblée, pourquoi la *GGR* proclame que 'nullus' ou 'nul' «enferment» la négation, comme le verbe adjectif «enferme» la copule et comme le pronom interrogatif 'quis' «enferme» la «conjonction» 'ne' (II, xiii, xxiii; cf. *LAP*, II, ii et 4.2). En effet, 'nullus' et 'nul' possèdent pour correspondant canonique l'expression:

Tout (Non (...))

de sorte qu'ils entrent, vis-à-vis des opérateurs *'Tout'* et *'Non'*, dans le rapport qui unit le verbe adjectif à la copule et au participe, ou le pronom 'quis' à un pronom canonique et à l'opérateur d'interrogation.

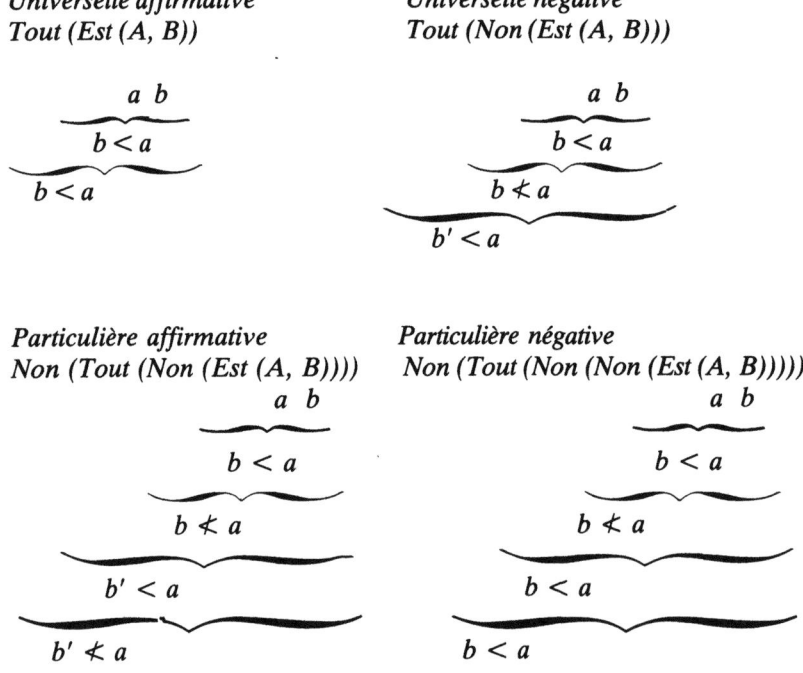

Par ailleurs, la théorie de la détermination nominale commence à prendre corps. Toute proposition qui possède pour terme sujet un nom commun non flanqué d'un quantificateur, d'un article ou d'un démonstratif est dite 'indéfinie', en vertu d'une tradition originellement aristotélicienne (*O*, VII, p. 867, IX, pp. 54-55, XIX, pp. 151-158; *LAP*, II, xiii; cf. Barth, 1974). Considérées isolément, les propositions indéfinies se réduisent à des particulières ou à des universelles selon que l'affirmation-inclusion exprimée par la copule est, ou non, «changée en négation» par l'opérateur '*Non*' (cf. plus haut). Très souvent, néanmoins, le contexte ou la situation viendront brouiller cette régularité, en «déterminant» la proposition à une «quantité», universelle ou particulière, différente de celle que lui reconnaît la doctrine logique (pour un exemple, fourni par la «première proposition», voir *O*, XIX, pp. 151-158; cf. Cognet, 1961: p. 50). Les quantificateurs '*Tout*' et '*Quelque*' éliminent ainsi une équivocité possible, sans apporter cependant aucune détermination$_1$ au terme sujet.

Nous parvenons, dès lors, à généraliser la notion de détermination$_2$ pour autant qu'elle concerne le sujet (cf. 4.1.2). Le nom propre univoque n'exige pas de quantificateur dans la mesure où il exprime une idée individuelle; car cette caractéristique annule, nous l'avons vu, la distinction de quantité (cf. 1.3.4). Une conclusion similaire vaut pour les descriptions construites avec l'article défini ou le démonstratif, mais à deux conditions: il faut, en effet, que les descriptions définies reçoivent une détermination$_3$ et que celle-ci leur fasse exprimer une idée individuelle. Comme les noms propres équivoques et les noms singuliers ('Monsieur') souffrent également d'indétermination$_3$, la solution la plus élégante consiste à postuler que la détermination$_3$ produit toujours un terme individuel. Appelant 'individuelles' les propositions dont le sujet est un terme individuel, nous dirons que:

(1) Un terme sujet est déterminé$_2$ si, et seulement si, il satisfait à la condition suivante: s'il n'est pas indéterminé$_3$, la proposition où il figure possède une quantité (universelle, particulière ou individuelle) qui ne peut être modifiée par des facteurs contextuels ou situationnels.

En vertu de sa forme conditionnelle, la clause définissante de (1) établit, comme nous le souhaitons, que tout terme singulier sujet est déterminé$_2$.

Dans le même temps, nous expliquons en quoi 'quelque(s)' ou ses équivalents méritent le qualificatif 'indéterminé': «l'article *la* (...) marque une chose déterminément; au lieu que l'article *un* ou *une*, la marque indéterminément» (*O*, VII, p. 813; cf. plus haut). En effet, les schèmes de jugements particuliers:

(2) $b' \not< a$
(3) $b \not< a$

se révèlent équivalents à des schèmes métalinguistiques où une variable liée par un quantificateur existentiel permet de «joindre» à l'idée exprimée par le terme sujet «une idée indistincte et indéterminée de partie» (cf. 1.3.3):

(2') Pour quelque c, quelque d, $b + c = a + d \neq e'$
(3') Pour quelque c, quelque d, $b' + c = a + d \neq e'$

De manière semblable, on pourrait prouver que le terme attribut est «resserré» dans les quatre schèmes. Mais Port-Royal ne tire pas cette conclusion, et s'en tient à l'axiome qui énonce, à tort, que «l'attribut d'une proposition négative est toujours pris généralement» (cf. 1.3.3 et *GGR*, II, x).

L'analyse que j'avance dissipe une ambiguïté dont pâtit le chapitre II, xiii de la *LAP*. Appelons 'singulière' toute proposition dont le terme sujet est singulier; de sorte que toute proposition individuelle est singulière, mais non réciproquement. Dans le chapitre cité, la *LAP* assimile les singulières aux indéfinies et elle traite les unes et les autres comme des universelles (cf. *O*, VII, p. 867, IX, pp. 54-55, XIX, pp. 151-158 et Barth, 1974: pp. 119-120). A priori, la description d'Arnauld et Nicole tolère deux interprétations. Ou bien ils soutiennent que toute singulière non modifiée par la négation est une universelle; auquel cas le rapprochement avec les indéfinies se justifie. Ou bien ils pensent que toute singulière, quelle qu'elle soit, est à la fois une universelle et une particulière; auquel cas ils extrapolent à l'ensemble des singulières une affirmation qui ne vaut que pour les individuelles. L'absence d'un quelconque exemple contenant une négation complique encore l'exégèse. Je penche pourtant pour la seconde solution, qui a l'avantage de montrer qu'Arnauld bute, de manière presque permanente, sur la même difficulté. Pour distinguer les deux lectures, attributive et référentielle, des propositions singulières affirmatives, il lui faut admettre qu'un énoncé tel que:

Le roi n'est pas sage.

exprime un jugement particulier ($b \not< a$) ou un jugement universel ($b' < a$), lesquels sont équivalents quand 'Le roi' se mue, par détermination$_3$, en un terme individuel[18]. Dans le cas contraire, la proposition mentionnée exprimera un jugement particulier; sinon les deux lectures discriminées se confondront à nouveau. La *LAP* n'a pas dégagé cette conséquence, grammaticalement indésirable, pour la simple raison qu'Arnauld n'a jamais maîtrisé la notion d'idée singulière et ses corrélats logico-métaphysiques. Il n'en devenait que plus aisé d'étendre à tous les usages des descriptions définies sujets une théorie uniquement pertinente pour l'emploi référentiel (voir page 173).

4.3.2. *Les modalités*

Le chapitre II, viii de la *LAP* consacre fort peu d'attention aux propositions «modales», dans lesquelles «l'affirmation ou négation est modifiée par l'un de ces quatre modes *possible, contingent, impossible, nécessaire*». Il apparaît, en tout cas, que les modalités se réduisent à des opérateurs dont la portée englobe, au moins, la copule et la négation. Les rapports entre modalités et quantificateurs restent obscurs: les seuls exemples cités — 'Il (n')est (pas) impossible que la terre (ne) soit (pas) ronde' — illustrent le cas où la modalité porte sur une proposition individuelle, et donc indifférente aux distinctions de quantité.

THEORIE DE LA PROPOSITION

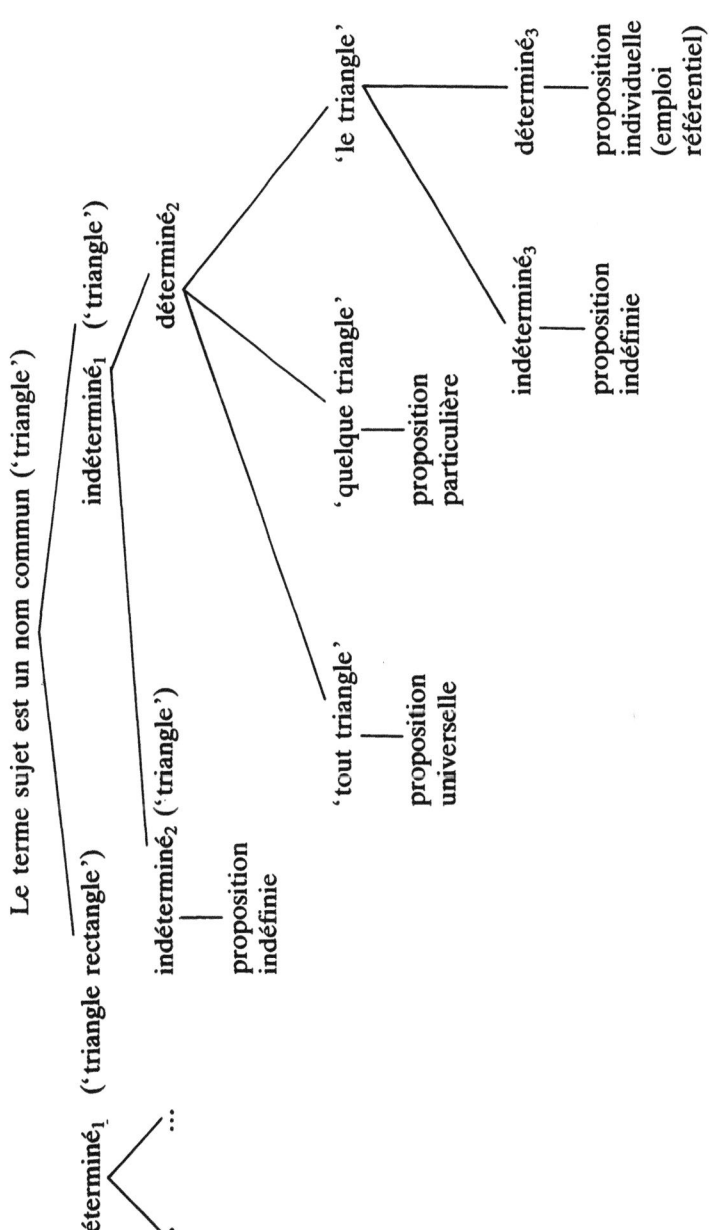

Cette incertitude découle bien évidemment du fait que, selon la théorie des idées et la doctrine du jugement qui s'en inspire, les quantificateurs universel et particulier sont déjà des modalités. On peut donc concevoir que les opérateurs '*Nécessaire*' et '*Possible*' se laissent respectivement paraphraser à l'aide de '*Tout*' et '*Quelque*'; de sorte que les propositions modales n'exhiberaient rien d'autre qu'une itération syntaxique de négations et de quantificateurs. D'après une telle approche, une proposition de la forme 'Il n'est pas impossible que nul *A* ne soit *B*' recevrait la paraphrase canonique et l'interprétation figurées en page 175.

Pour éviter cette absorption pure et simple sans cependant prêter à la *LAP* une théorie plus riche, nous pouvons envisager deux échappatoires. La première consisterait à doter les modalités d'une interprétation épistémique, qui s'appuierait sur une conception subjective de la probabilité (cf. 1.3.4 et 3.2); Arnauld et Nicole ne semblent pas avoir suivi la voie ainsi tracée. Une seconde éventualité se profile, fort confusément, dans les réponses au ministre Claude (*O*, XII, pp. 428-431; *GP*, I, ii, pp. 425-430; cf. 1.3.2) : celui qui asserte une proposition comme 'Il est impossible qu'une montagne soit sans vallée' produit, en réalité, un énoncé métalinguistique du type 'Le terme 'montagne sans vallée' n'exprime aucune idée'. Nous disposons ainsi d'une interprétation qui se marie aisément avec la thèse suivant laquelle il n'y a pas d'idées contradictoires, mais seulement des termes qui paraissent exprimer quelque idée et n'en expriment aucune. Nous avons vu, malheureusement, que toute solution de ce genre ruine à la fois la théorie des idées et la théorie du mot.

La *LAP* utilise néanmoins une modalité que l'on ne saurait assimiler à l'un ou l'autre quantificateur (II, xiii). Soit des propositions telles que 'Tous les hommes ont deux bras' ou 'Tous les hommes se servent des sons pour exprimer leurs pensées'. L'existence de manchots et de muets ne suffit pas à infirmer les jugements universels qu'elles permettent d'exprimer. Nous ne nous trouvons pourtant pas devant ces situations où, à défaut d'une universalité «métaphysique» dénuée de toute exception, la pragmatique du langage ordinaire se satisfait d'une universalité «morale» affectée d'un nombre limité de contre-exemples (*LAP*, II, xiii; cf. *O*, XXII, pp. 4-6, 32; *GP*, I, ii, p. 664; Nicole, *Préjugés*, pp. 151-154; note 10 du chapitre 3 et Barth, 1974: pp. 122-123). Pour que nous ayons le droit de dire que «toutes les femmes aiment à parler», il faut et il suffit, en pratique, que cela soit vrai de la grande majorité des femmes. Mais dans le cas qui nous occupe, le nombre ne change rien à l'affaire. Même si la plupart des hommes

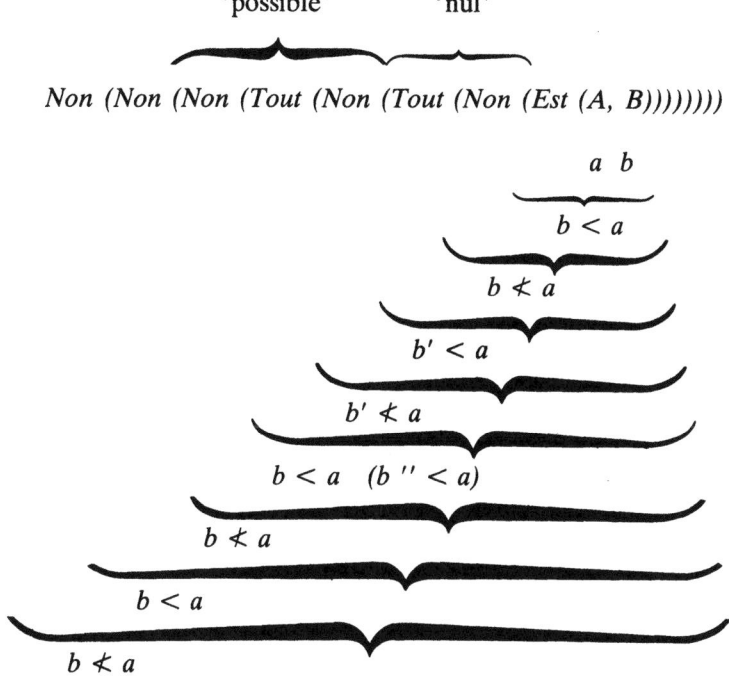

avaient été privés d'un bras par mutilation, il resterait qu'en un certain sens, tous les hommes ont deux bras.

Ce phénomène nous renvoie à la distinction traditionnelle entre négation et privation (cf. Ashworth, 1974: p. 190; Gilson, 1947: pp. 315-317, 1979: p. 245). Comme le rappelle la *LAP*, «les termes privatifs enferment la négation d'une forme dans un sujet qui en est capable; au lieu que les négatifs ne marquent point cette capacité. C'est pourquoi on ne dit point qu'une pierre est aveugle ou morte, parce qu'elle n'est pas capable, ni de la vue, ni de la vie» (III, xviii). Ainsi, 'idiot' est privatif parce qu'il «marque la privation de l'intelligence naturelle» (*O*, XII, p. 404), et l'homme déchu se voit non pas 'nu' mais 'dépouillé' de la grâce (*O*, XVII, p. 140). En un mot, l'idée d'homme inclut *naturellement* les idées d'un être qui a deux bras, d'un être qui parle, d'un être qui voit, d'un être qui vit, d'un être intelligent, d'un être pourvu de la grâce (cf. *O*, X, p. 492).

L'emploi de l'adjectif 'vrai' et de l'adverbe 'vraiment' obéit également à la régularité décrite[19]. Si je dis d'un évêque que c'est un *vrai* évêque, ou qu'il est *vraiment* un évêque, je n'entends pas énoncer une tautologie, mais bien affirmer de l'individu en question qu'il possède toutes les propriétés *naturelles* de l'évêque (*O*, XIII, pp. 139-140, 638-639, XIV, p. 114; *GP*, II, p. 328). On peut dire, raisonnablement, qu'un brochet mange un autre brochet, et ne le mange pas *vraiment*; parce que l'idée de manger inclut *naturellement* l'idée d'une action corporelle, qui consiste à briser l'objet ingéré à l'aide des dents (*GP*, III, pp. 250-252). De même, une fille qui s'astreindrait à la continence «par le motif de l'avarice, parce que la débauche consume ordinairement les biens» serait chaste sans l'être *vraiment* (*O*, VII, p. 199).

On rendra compte de l'ensemble de ces faits en se donnant une modalité '*Naturel*' qui modifie les propositions canoniques de la forme '*Tout* (...)' et ne peut se trouver sous la portée d'aucun autre opérateur. Au plan sémantique, la modalité '*Naturel*' a pour effet que l'inclusion '$<$' est remplacée par une inclusion '$<_N$', pour laquelle on formulera la condition de vérité suivante:

(1) Pour tout a, tout b, $a <_N b$ ssi, pour tout monde *naturel* m_i, $b(m_i) \subset a(m_i)$.

Il se révèle alors aisé de définir les notions d'idée privative, et de terme privatif:

(2) Pour tout a, a est une idée privative ssi, pour quelque b, $b < a$ et $a' <_N b$.

(3) Pour tout A, A est un terme privatif ssi $\varphi(A)$ est une idée privative.

NOTES

[1] Dans ce qui suit, j'écrirai fréquemment 'proposition' pour 'proposition simple et non-complexe'. Cet abus de langage ne devrait susciter aucune ambiguïté.

[2] Dans un passage de son article (1982: p. 316), Imbert semble confondre «la forme et la manière de notre pensée» avec les idées accessoires (cf. 3.3.1). Ceci provient peut-être du fait que «l'inflexion de la voix» suffit à marquer l'interrogation, comme elle suffit parfois à éveiller une idée accessoire (*GGR*, II, xxiii).

[3] Ceci implique que toute conjonction relie des propositions, au moins dans le langage *L* (cf. 4.2 et chapitre 5).

[4] Cette affirmation tranchée se heurte à de graves problèmes empiriques lorsqu'il faut traiter des auxiliaires et des règles d'accord (*GGR*, II, xxii; cf. Chevalier, 1968: p. 528; Donzé, 1967: pp. 108-112).

⁵ Pour un exposé formel, avec les démonstrations des résultats obtenus, voir Dominicy (1983b). Sur l'acception variable du mot 'terme', cf. la note 4 du chapitre 3 et le paragraphe 1.2.1.

⁶ La logique d'Arnauld et de Leibniz ne permet donc pas l'emploi de propositions contrefactuelles comme 'Si César avait été un général carthaginois, Rome n'aurait pas été ce qu'elle est'.

⁷ *O*, I, p. 592 (sur la différence entre 'les autres Mandements' et 'tous les autres Mandements'); VII, p. 830 ('Nous avons de l'assurance' ou 'quelque assurance' est moins fort que 'Nous avons assurance'); pp. 863-864 (sur la traduction de 'omnem mansuetudinem' par 'toute la douceur possible': «*toute douceur* est du vieux style; et *toute la douceur*, sans rien ajouter, ne vaut rien du tout»); VIII, pp. 442-443 (usage de l'article dans les titres en français; article avec les noms propres en grec; cf. von Kunow, 1926: pp. 117-123); p. 462 ('un' peut être article ou numéral; dans 'l'un' nous avons affaire au numéral); IX, pp. 54-56 (cf. note 17); *LAP*, II, i (emploi de l'article et du relatif en grec; cf. *O*, VII, pp. 414-415 et chapitre 5); II, xiii (opposition entre 'les' et 'de(s)'; constructions 'Il y a de(s) ...', 'Il y a de(s) ... qui' comme variantes de 'quelque(s)'; cf. note 17 et Chevalier, 1968: pp. 511-518).

⁸ Sur le destinataire et la date, voir Cousin (1859: pp. 374-376) et Sainte-Beuve (1961-65: II, pp. 474-476). Il semble qu'Arnauld ait proposé à l'Académie cinq questions sur le verbe, le relatif, l'infinitif, l'article et la règle de Vaugelas, et que seul le cinquième point ait fait l'objet d'une réponse (Colombat, 1979: p. 12; Pouzet, 1974: pp. 274-275). Selon Pouzet (1974: pp. 275-292), la lettre à Madame de Sablé montre que les Messieurs caressaient le projet de rédiger une grammaire française. Pour ma part, je serais plutôt enclin à croire qu'ils en laissaient ce soin à l'Académie (cf. *O*, IV, pp. 125-126, XLI, p. iii), tout en manifestant peut-être quelque regret devant l'absence d'un outil qui aurait servi leur action dans le monde (voir, sur ce point, Canto, 1979; Donzé, 1967: p. 12; Sainte-Beuve: II, pp. 496-498; sur le rôle du français à Port-Royal, Pouzet, 1974: pp. 63-78, 107-136).

⁹ Nous avons affaire, dans ce cas, à un «tout collectif»: «Un Tout collectif est un amas de plusieurs choses considérées directement et renfermées dans un même mot, à cause de quelque rapport qu'elles ont ensemble, comme une armée, un peuple, un Parlement, une Eglise (...) Il n'est nullement étrange que [ce] genre de *Tout* puisse être composé de parties séparées et absentes les unes des autres; puisque ce Tout n'a point d'unité réelle» (*GP*, III, p. 12; cf. *O*, XII, pp. 406-407; *LAP*, II, xv et note 17).

¹⁰ Mais il convient qu'elle puisse y être incluse, sinon aucun janséniste ne se verrait autorisé à désigner le dogme augustinien à l'aide de la description définie 'Le sens de Jansénius' (cf. Kleiber, 1981: p. 251). Notons que la théorie sémantico-pragmatique défendue par Arnauld exclut la possibilité, qu'évoque Kripke (1972: p. 343), d'employer un nom propre, par exemple 'César', pour référer à quelqu'un d'autre que le César du monde pris en considération.

¹¹ Voir encore les remarques dispersées dans Arnauld, *O*, VII, p. 639, IX, p. 206.

¹² Selon certains commentateurs (Joly, 1972b: pp. 125-129, 1976a: p. 429, 1977: p. 188; Robinet, 1978: pp. 35-36), Lancelot et Arnauld auraient mal compris la définition aristotélicienne du verbe, faute de maîtriser la distinction séculaire entre «signification» et «consignification». Mais ceci me paraît contredit par le chapitre II, ii de la *GGR*, où le substantif et l'adjectif sont caractérisés par une «manière de signifier» qui renvoie très probablement au «modus significandi» des médiévaux (cf. chapitre 5; Brekle, 1975: p. 341; Chevalier, 1968: pp. 496-497, 508; Donzé, 1967: pp. 177, 202-203; Murat, 1979: pp. 343-344; Picardi, 1976: pp. 366-370; Stéfanini, 1977: p. 102; malgré Swiggers, 1981e: pp. 236-237). Par ailleurs, on remarquera qu'Aristote sépare, lui aussi, le présent des autres temps verbaux (cf. Colaclidès, 1968; Baratin-Desbordes, 1981; Donzé, 1967: p. 188; Rosiello, 1967: p. 126).

[13] Certains auteurs (Foucault, 1969: p. xxiii; Marin, 1975: pp. 158-159, 284-286) ont remarqué que l'opposition entre «verbe substantif» et «verbe adjectif» répond à la dichotomie fondamentale qui partage la classe du nom (cf. 4.1.1 et chapitre 5). Mais quand Marin parle de «substantif verbal» (1975: p. 289), il ignore délibérément l'histoire de la terminologie grammaticale (cf. Bursill-Hall, 1971: pp. 210-211; Donzé, 1967: pp. 134-135; Sahlin, 1928: pp. 295-296).

[14] Le traitement des interrogatives reste peu clair dans l'ensemble. A certains moments, la GGR semble vouloir réduire la question à l'expression d'un désir de savoir: «*ne*, qui est en Latin la particule de l'interrogtion, *aisne?* Dites-vous? n'a point d'objet hors de notre esprit, mais marque seulement le mouvement de notre âme, par lequel nous souhaitons de savoir une chose» (II, xxiii; cf. Nuchelmans, 1983: p. 74). On pourrait penser, alors, que les interrogatives proviennent, comme les phrases au subjonctif, à l'optatif, au potentiel, voire à l'impératif, d'une subordination à un verbe «demander», «souhaiter», «vouloir», etc. Mais la GGR rejette ces explications par ellipse qu'affectionnaient les grammairiens antérieurs, Lancelot inclus (cf. Clérico, 1982: pp. 69-75, 1983; Colombat, 1979: pp. 187-191, 219; Lecointre, 1983; malgré Lakoff, 1976: pp. 361-362).

[15] On pourrait se demander pourquoi les outils subordonnants cités ne sont pas rapprochés du 'si' conditionnel. Je reviendrai sur cette question cruciale au chapitre 5.

[16] Pour certaines conjonctions, comme 'ergo', il serait souhaitable de dire que deux assentiments successifs sont exprimés. Mais une telle procédure impliquerait que le raisonnement ne soit pas résorbé dans le jugement. Quant à la différence entre 'et' et 'vel', elle sera saisie à travers les propriétés logiques de ces particules, plutôt qu'en termes d'assentiments «imbriqués» (cf., sur ce problème, Nuchelmans, 1983: pp. 84-85).

[17] De nombreux problèmes sont négligés ici. Dans un passage déjà cité (*O*, IX, pp. 54-56), Arnauld s'intéresse à l'opposition entre le quantificateur «distributif» 'omnis' = 'tout' et le quantificateur «collectif» 'totus' = 'tout le'. La même question est abordée au chapitre II, xv de la *LAP*, et elle nous renvoie à une sémantique du tout et de la partie que j'ai évoquée en note 9. Arnauld remarque, mais ne commente pas, le fait que l'usage de l'article défini perd sa pertinence au pluriel, où 'tous les' répond à 'tout' plutôt qu'à 'tout le'. D'autre part, la *LAP* réduit 'un/de(s)', 'il y a un/de(s) ... (qui)' à des variantes de 'quelque(s)', et ne décèle donc pas l'emploi générique de l'article indéfini (cf. aussi *GGR*, II, vii).

[18] Je néglige ici une troisième possibilité que je discuterai au chapitre 5.

[19] La *GP* discute aussi l'usage de 'vrai' et 'vraiment' dans les énoncés comme 'Jésus-Christ est le vrai Melchisédech', 'Jésus-Christ est vraiment lumière' (I, ii, pp. 561-571, II, pp. 195-196, 277-286).

5. Le pronom relatif et le terme complexe

Dans ce dernier chapitre, je vais aborder les quelques pages qui constituent, sans nul doute, la contribution majeure de la *GGR* et de la *LAP* à la doctrine grammaticale. Il est généralement admis, en effet, que nos conceptions du pronom relatif, des propositions relatives (ou «incidentes»[1]), et de la subordination, remontent à Port-Royal, par le biais d'une tradition critique allant des grammairiens du XVIIIe siècle jusqu'aux travaux les plus récents (voir, par exemple, Chomsky, 1969; Colombat, 1979, 1981; Dominicy, 1981, 1982: pp. 332-333; Nuchelmans, 1983: pp. 88-98; Touratier, 1980). Pourtant, un contact même sommaire avec les deux ouvrages réserve bien des surprises. En premier lieu, la théorie du pronom relatif connaît trois états successifs, dont les différences relèvent, aux yeux d'un lecteur non prévenu, de la paraphrase ou du souci tactique. D'autre part, le concept actuel de subordination n'est dégagé ni par la *GGR*, ni par la *LAP*, lesquelles traitent du subordonnant 'que' dans la seule mesure où celui-ci se laisse ramener à un relatif[2]. Enfin, la dichotomie entre «proposition principale» et «proposition incidente» subit parfois un curieux renversement: «si je dis: *je soutiens que la terre est ronde; je soutiens* n'est qu'une proposition incidente, qui doit faire partie de quelque chose dans la proposition principale» (*LAP*, II, viii).

Je consacrerai les paragraphes qui viennent à montrer que ces étonnements légitimes, mais anachroniques, peuvent faire place à une reconstruction où la théorie du relatif et de la proposition incidente acquiert une authentique cohérence. Dans la foulée, nous apercevrons quelques-unes des sources auxquelles Arnauld et Nicole ont puisé pour rédiger les chapitres pertinents de la *LAP*[3]. Par ailleurs, nous verrons que l'étude du relatif et des propositions incidentes permet de fonder une analyse sémantico-pragmatique du terme complexe, laquelle éclaire à son tour le statut encore trouble des adjectifs et des prépositions (cf. chapitre 4).

5.1. Le pronom relatif

Le chapitre II, ix de la *GGR* avance, dès la première édition (1660), une théorie du pronom relatif qui rompt, de manière brutale, avec une tradition dont Lancelot s'était inspiré dans la *NML* (deuxième et troisième éditions, 1650, 1653; cf. Colombat, 1979: pp. 4-7, 51-52, 72-76, 237-238, 1982). Issue de Sanctius, et de son acharnement à éliminer la catégorie pronominale, l'approche antérieure consistait à postuler que le relatif s'emploie entre deux occurrences du même nom (déclinées, éventuellement, à des cas distincts), et à dériver l'ensemble des constructions attestées par des règles d'ellipse opérant sur l'une ou l'autre occurrence (cf. Breva-Claramonte, 1983: pp. 126-127, 212-213; Clérico, 1982: pp. 42-43, 185-188, 1983; Colombat, 1979: pp. 44-49, 58-68, 1982, 1983; Touratier, 1980: pp. 161-172). Ainsi, la phrase:

Vidi hominem qui dormiebat.

provient, selon Sanctius, de la structure restituée:

Vidi hominem qui homo dormiebat.

par ellipse de 'homo'. A l'inverse, la *GGR* énonce que le relatif, en tant que pronom, «se met au lieu du nom, et plus généralement même que tous les autres pronoms: se mettant pour toutes les personnes» (II, ix; cf. II, viii). Il y a là un divorce théorique qu'on ne saurait minimiser et dont la responsabilité revient sans doute à Arnauld (voir Clérico, 1982: pp. 69-75; Colombat, 1979: pp. 52-54, 76-82, 90-93, 216-218, 1982, 1983; Dominicy, 1979: pp. 56-57, 1981; malgré Breva-Claramonte, 1983: pp. 238-240; Lakoff, 1976; Padley, 1976: pp. 106, 214, 249-250). Au plan empirique, cette innovation a pour effet que Port-Royal éprouvera quelque peine à expliquer certains tours dont Sanctius rendait élégamment compte. Lorsque — pour user d'un vocabulaire moderne — l'antécédent se trouve «attiré» après le relatif, et décliné au cas correspondant, on a, chez Sanctius, simple ellipse de la première occurrence:

Vidi hominem qui homo dormiebat.
→ Vidi qui homo dormiebat.

La même construction devra maintenant se ranger parmi les exemples, à première vue inexplicables, où un pronom est suivi du nom dont il «tient la place»: 'Qui mos', «laquelle coutume» (*GGR*, II, ix; cf. plus loin); 'Tu Phaedria', 'Ecce ego Joannes', 'illum Ajacem', 'hoc negotium' (*LAP*, II, i; cf. Donzé, 1967: pp. 77-80; Verga, 1972: I, pp. 347-349).

A cette difficulté grammaticale s'ajoute le fait que la théorie de 1660 va faire l'objet de remaniements, dans la deuxième édition de la *GGR* (1664) d'abord, puis dans la cinquième édition de la *LAP*, parue en 1683 (pour l'histoire des textes, voir les éd. utilisées, ainsi que Chevalier, 1968: pp. 503, 526, 532-536; Colombat, 1979: pp. 113-116; Donzé, 1967: pp. 82-87). D'après Verga (1972: I, pp. 352-354), les états de 1660 et de 1683 refléteraient la pensée d'Arnauld, alors que les corrections de 1664 seraient dues au seul Lancelot. Autrement dit, la *LAP* se bornerait à rétablir l'analyse de départ (cf. aussi Donzé, 1967: pp. 205-206). L'hypothèse de Verga présuppose, bien évidemment, qu'Arnauld soit intervenu de manière décisive dans la rédaction des chapitres II, i et II, ii de 1683. Il est cependant possible que ces passages aient été écrits par Nicole (cf. James, 1972: p. 176). Dans une telle éventualité, les divergences que nous découvrons entre l'état de 1664 et la version ultime prennent un tout autre sens. D'autre part, Verga ne relie pas l'évolution observée aux bouleversements qui affectent la théorie générale du pronom au sein de la *GP* (1669-1676) et dans les chapitres postérieurs de la *LAP* (I, xv, II, i, II, xii de 1683). Si ce dernier facteur reçoit l'attention qu'il mérite, la solution de continuité et le retour en arrière postulés par Verga perdent beaucoup de leur plausibilité initiale.

Je soutiendrai ici que l'analyse du relatif est passée par deux états, ceux de 1660 et de 1664, et que la *LAP* a tenté, sans grand bonheur, d'intégrer la seconde approche à la théorie du pronom mise sur pied dans la *GP*. En conséquence, je retracerai l'itinéraire parcouru par la définition du pronom, avant de me pencher sur les problèmes spécifiques qui concernent le relatif.

5.1.1. *La théorie générale du pronom*

Selon la *GGR* (II, viii), «les hommes (...) ont inventé certains mots pour tenir la place des noms; et que pour cette raison ils ont appelé

Pronoms». A ce stade, la classe du pronom se laisse caractériser par deux propriétés distributionnelles: (i) quelques-uns de ses éléments peuvent, comme les noms, constituer un terme (sujet ou attribut) à eux seuls; (ii) en français, quelques-uns de ses éléments peuvent, comme les noms propres et les noms singuliers ('Monsieur'), constituer un terme sujet sans être flanqués d'un article défini, d'un démonstratif ou d'un quantificateur (cf. chapitre 4). La *LAP* (II, i; 1683) recourt à une théorie moins rudimentaire qui dérive de la *GP* (II, pp. 110-152) et fait appel à la sémantique: «L'usage des Pronoms est de tenir la place des Noms, et de donner moyen d'en éviter la répétition qui est ennuyeuse. Mais il ne faut pas s'imaginer qu'en tenant la place des Noms ils fassent entièrement le même effet sur l'esprit. Cela n'est nullement vrai; au contraire, ils ne remédient au dégoût de la répétition que parce qu'ils ne représentent les Noms que d'une manière confuse. Les Noms découvrent en quelque sorte les choses à l'esprit, et les Pronoms les présentent comme voilées, quoique l'esprit sente pourtant que c'est la même chose que celle qui est signifiée par les Noms» (cf. Donzé, 1967: pp. 75-79; Marin, 1975: pp. 170-172). Comme l'a souligné Marin (1975: pp. 175-176), l'utilisation des verbes '(re)présenter' et 'découvrir', ainsi que l'image du voile nous renvoient à la théorie sémiologique (cf. 2.2; «la même chose pouvant être en même temps et chose et signe, peut cacher comme chose, ce qu'elle découvre comme signe», *LAP*, I, iv). C'est qu'ici aussi un modèle quaternaire s'impose; le pronom «signifie» la chose parce qu'il exprime une première idée «confuse» et reçoit des «déterminations» telles qu'il exprime, finalement, la même idée que le nom:

Pronom $\longrightarrow$ idée$_1$ $\longrightarrow$ idée$_2$ $\longrightarrow$ chose
«confuse»

En glosant 'idée confuse' par 'idée générale, indéterminée', je ne fais que me conformer à l'usage de la *LAP* (voir, en particulier, les chapitres I, viii, xi, xv) et de la *GP*: «On peut apprendre par là la signification naturelle des pronoms démonstratifs, *ceci, celui-là*. Car il est vrai qu'ils signifient la chose démontrée, mais ils ne la signifient pas comme les noms. Ils la signifient confusément et non distinctement; ils la signifient par une idée générale, et non par une idée particulière; ils la signifient comme chose présente, comme substance présente; mais ils ne déterminent pas par eux-mêmes quelle est cette chose» (II, p. 111). Cependant, l'interprétation obtenue suscite plus de difficultés qu'elle n'en résout. D'abord, l'indétermination ou «généralité» peut être due à trois facteurs bien distincts (cf. 4.1.2). En outre, quelle que soit la solution adoptée, le rapport au nom pose problème.

Avant d'aborder ces deux questions, il convient d'observer que le modèle quaternaire esquissé plus haut appauvrit la théorie de la *LAP*. Si le pronom «représente» le nom comme le signe «représente» la chose signifiée, alors le fonctionnement du pronom est toujours métaphorique (cf. 2.2.2 et 2.3.1). Autrement dit, nous en arrivons à postuler un réseau de relations figurables de la manière suivante :

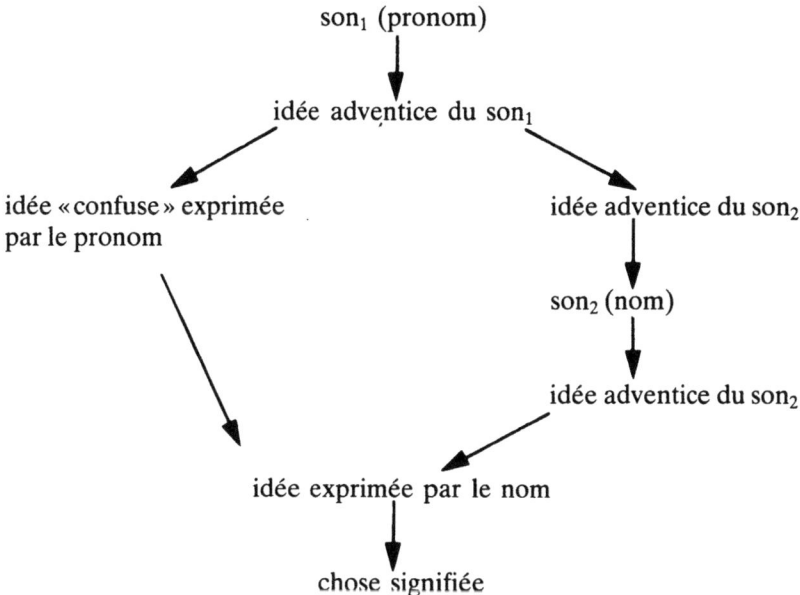

Le pronom devient un signe à la fois linguistique, dans la mesure où il exprime une idée «confuse» à déterminer, et métalinguistique, puisqu'il exprime également l'idée adventice d'un nom (cf. Donzé, 1967: p. 78). Néanmoins, en appelant «accessoires» les idées «ajoutées à la signification confuse et générale» du pronom, la *LAP* (I, xv) nous suggère une simplification[4]. J'ai soutenu, au paragraphe 3.3.1, que les idées accessoires se rattachent à l'idée adventice de la chose signifiante plutôt qu'à l'idée de la chose signifiée. Il est donc concevable que l'idée adventice du nom vienne s'ajouter à l'idée adventice du pronom, de sorte que ce dernier signifie le nom comme un terme dur signifie l'insulte; soit, en figure :

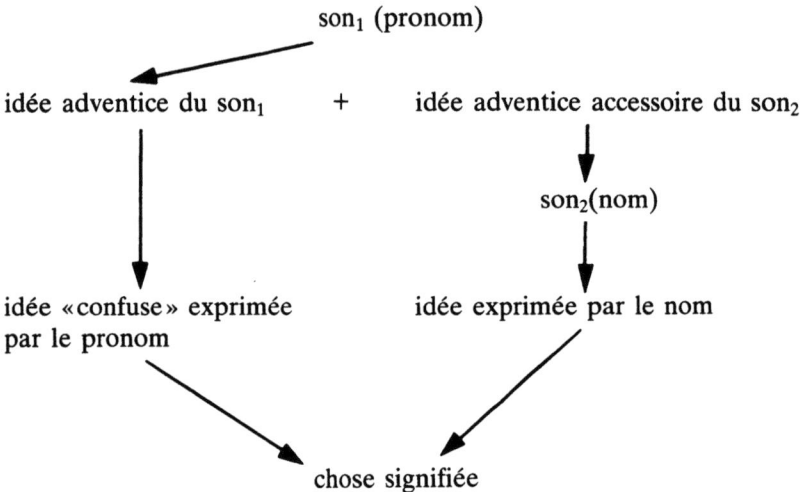

Dans cette optique, la comparaison entre le pronom et les signes naturels qui «cachent comme choses ce qu'ils découvrent comme signes» se justifie pleinement (cf. 3.3.1). Il reste qu'on n'aperçoit toujours pas où se niche l'indétermination du pronom.

On ne saurait penser que le pronom se caractérise par l'indétermination$_1$. Lorsqu'un démonstratif neutre ('ceci', 'hoc') apparaît «sans nom exprimé», «*ceci* signifie cette chose, et (...) *hoc*, signifie *haec res, hoc negotium*. Or le mot de chose, *res* marque un attribut très général et très confus de tout objet, n'y ayant que le néant à quoi on ne puisse appliquer le nom de chose (...) Ainsi il y a une double confusion dans le Neutre, savoir celle du Pronom, dont la signification est toujours confuse, et celle du mot *negotium, chose*, qui est encore aussi générale et aussi confuse» (*LAP*, I, xv, II, i). S'il y a indétermination$_1$ dans 'hoc' ou 'ceci', elle provient du nom signifié par l'idée accessoire. Par la même occasion, nous voyons que l'indétermination$_2$ ne cerne pas non plus la «confusion» du pronom; «comme le pronom démonstratif *hoc*, ne marque pas simplement la chose en elle-même, et qu'il la fait concevoir comme présente» (*LAP*, I, xv), nous pouvons assimiler 'hoc' ou 'hoc negotium' à un terme singulier. Il ne subsiste, dès lors, qu'une solution: tout pronom est un terme singulier qu'une détermination$_3$ mue en terme individuel; «c'est ce qui arrive particulièrement dans les pronoms démonstratifs, quand au lieu du nom propre, on se sert du neutre» (*LAP*, I, xv).

La lecture qui se dégage de ce premier examen éclaircit quelque peu le rôle du nom «représenté». A la troisième personne, ou non-personne (cf. 4.2.1), la syntaxe d'accord en genre et nombre permet d'établir un rapport avec un nom présent dans le contexte, ou complètement indéterminé$_1$. A la première et à la deuxième personnes, le rapport au nom s'instaure par le biais de la situation. Dans tous les cas, la «confusion» est éliminée à la seule condition que le nom «représenté» fonctionne, quand il est «joint» au pronom, comme un terme individuel. S'il s'agit d'un nom propre univoque, l'exigence se trouve automatiquement satisfaite: 'tu Phaedria', 'ego Joannes', 'illum Ajacem' expriment la même idée individuelle que 'Phaedria', 'Joannes', 'Ajacem' (*LAP*, II, i; cf. plus haut et 1.3.4). S'il s'agit d'un nom commun ou singulier, nous obtenons l'équivalent d'une description définie utilisée de façon référentielle. En conséquence, l'interprétation de départ se précise: le pronom «signifie» la chose parce qu'il exprime une idée «confuse» (singulière) *a* et «signifie» aussi un nom, lequel exprime une idée *b* telle que la somme de *a* et *b* égale une idée individuelle. Encore faut-il stipuler que le nom «représenté» peut recevoir des déterminations$_1$ apportées par le contexte ou par la situation: «quand l'on se sert du mot de *ceci* pour montrer un diamant, l'esprit ne se contente pas de le concevoir comme une chose présente, mais il y ajoute les idées de corps dur et éclatant qui a une telle forme» (*LAP*, I, xv).

D'une pareille analyse découlent deux corollaires importants. Comme tout terme singulier (noms propres, 'Monsieur', descriptions définies), le pronom manifestera une indétermination$_1$ en contexte pragmatiquement inadéquat. Le remède gît alors dans une détermination$_1$ expressément signifiée ou véhiculée par les «circonstances» (cf. 4.1.1). D'autre part, le rapport au nom «représenté» peut désormais se concevoir de trois manières distinctes. Il y a un rapport R_1 lorsque le nom figure dans le contexte et que le pronom «en évite la répétition». Il y a un rapport R_2 quand, grâce à un indice morphologique (neutre «mis absolument» (*LAP*, II, i), première ou deuxième personne), un nom absent du contexte se trouve «suppléé». Quant au rapport R_3, il relie le pronom à un terme individuel, lequel contient le nom qui est uni au pronom considéré par R_1 ou R_2.

Il serait trop aisé de débusquer, les unes après les autres, les insuffisances de cette théorie. Bien évidemment, le traitement de la *LAP* n'explique pas les emplois, chers au logicien contemporain, où les pronoms semblent correspondre à des variables quantifiées ('Tout homme croit qu'il est intelligent'; cf. Geach, 1968). En revanche, l'impact des préoccupations théologiques, et des contraintes qu'elles entraînent, se laisse saisir dans le détail.

La doctrine logico-grammaticale du pronom a été élaborée, à partir de la *GP*, afin de prouver que les paroles de la consécration ('Hoc est corpus meum', 'Ceci est mon corps') ne contredisent pas le dogme eucharistique (cf. *O*, VII, pp. 418-424; Marin, 1975: pp. 181-187). La phrase prononcée par le Christ et ses diverses traductions renferment un pronom démonstratif qui ne peut entrer dans le rapport R_1 avec le nom 'corpus', 'corps' ni, par conséquent, entretenir le rapport R_3 avec le terme individuel 'corpus meum', 'mon corps'[5]. S'il en allait ainsi, la proposition examinée serait «spéculative» et permettrait d'exprimer un jugement d'identité (*GP*, II, pp. 110, 115, 144). Il ne suffit pas non plus de dire que 'ceci' exprime l'idée de pain dans le langage des sens et l'idée du corps du Christ dans le langage de la foi; car nous aurions toujours affaire à une proposition «spéculative», qui serait vraie si, et seulement si, le Christ désignait à l'aide du démonstratif le pain déjà consacré[6]. Pour rendre compte du caractère «opératif» de la proposition (*GP*, II, pp. 114, 144; cf. Marin, 1975: pp. 145, 203), c'est-à-dire du fait que son assertion a accompli la consécration, il faut admettre que 'ceci' signifiait le pain au moment où le Christ a prononcé le démonstratif, et a commencé à signifier le corps du Christ dès l'instant où la proposition totale fut prononcée. La théorie du pronom s'efforce de répondre à ces défis.

Premier point: 'hoc', 'ceci' se trouve dans le rapport R_2 avec 'negotium', 'chose', et dans le rapport R_3 avec 'hoc negotium', 'cette chose'. Le pronom souffre alors d'indétermination$_1$ dans le contexte qui entoure l'assertion entière de la proposition «opérative». Autrement dit, 'hoc', 'ceci', 'hoc negotium', 'cette chose' sont, à ce niveau, des termes généraux dont la valeur contient, pour au moins un monde, deux objets: le pain à consacrer et le corps du Christ. En distinguant le contexte où le démonstratif seul a été prononcé et celui où la proposition totale l'a été, nous transformons le pronom en un terme singulier, qui est maintenant indéterminé$_3$. Cette «confusion» particulière au pronom s'évanouit quand l'idée exprimée par le nom 'negotium', 'chose' pourvu de déterminations$_1$ s'ajoute à l'idée exprimée par le pronom, pour nous fournir une idée individuelle; celle du pain dans le premier contexte, celle du corps du Christ dans le second: «le mot de *Pain* marquant une idée distincte, n'est point précisément ce qui répond au terme de *hoc* qui ne marque que l'idée confuse de chose présente, mais (...) il est bien vrai que Jésus-Christ en prononçant ce mot, et ayant en même temps appliqué ses Apôtres au Pain qu'il tenait entre ses mains, ils ont vraisemblablement ajouté à l'idée confuse de *chose présente* signifiée par le terme de *hoc*, l'idée distincte de Pain, qui était seulement excitée, et non précisément signifiée par ce terme (...) le terme de *ceci* ne signifiant de soi-même que l'idée précise de *chose présente*, quoique déterminée au Pain par les idées distinctes que les Apôtres y ajoutèrent, demeura toujours capable d'une autre détermination et d'être lié avec d'autres idées, sans que l'esprit s'aperçût de ce changement d'objet. Et ainsi quand Jésus-Christ prononça de *ceci*, que c'était son Corps, les Apôtres n'eurent qu'à retrancher l'addition qu'ils y avaient faite par les idées distinctes de Pain, et retenant la même idée de *chose présente*, ils conçurent après la proposition de Jésus-Christ achevée, que cette chose présente était maintenant le corps de Jésus-Christ» (*LAP*, I, xv; cf. *GP*, II, pp. 110-152, III, pp. 49, 67-68).

Le long passage qui vient d'être cité corrobore mon analyse de la «détermination» (cf. 4.1.2). Comme en d'autres circonstances, Arnauld et Nicole appliquent à la détermination$_3$ des opérations d'addition ou de soustraction sur les idées qui ne peuvent recevoir alors aucune définition rigoureuse. Encore une fois, l'amalgame entre idées singulières et idées individuelles provoque l'incohérence théorique. D'autre part, le dogme eucharistique exige que la détermination$_3$ produise un terme individuel. Si 'ceci' était un désignateur rigide, et n'exprimait pas une idée individuelle, on pourrait maintenir que le même objet possède dans un monde les propriétés qui en font du pain, et dans un autre monde les propriétés qui en font le corps de Jésus-Christ; ce qui équivaudrait à nier la transsubstantiation et à priver les paroles 'Ceci est mon corps' de toute vertu «opérative» (cf. 5.1.3, 5.2.1, 5.3.2).

5.1.2. *La théorie du relatif*

Dans la première édition de la *GGR* (1660), le chapitre II, ix contient deux développements successifs, qui ne seront expressément séparés qu'en 1676, par l'insertion d'un sous-titre («suite du même chapitre...», voir l'éd. Brekle). A cette occasion, la seconde partie fera l'objet de corrections qui systématisent l'exposé de 1660 sans en altérer la doctrine. Par ailleurs, la version de 1676 conservera aussi les remaniements apportés au premier volet de la démonstration lors de la deuxième édition (1664).

Pour simplifier mon argumentation, je commencerai par étudier la théorie de 1660, sous la forme qu'elle reçoit définitivement en 1676.

Le pronom relatif « a de propre (...) que la proposition dans laquelle il entre (qu'on peut appeler *incidente*) peut faire partie du sujet, ou de l'attribut d'une autre proposition, qu'on peut appeler principale »; et la première édition d'ajouter: « Je dis (...) *peut faire*, etc. parce que cela n'arrive pas toujours, ces propositions où est le relatif, demeurant quelquefois absolues, quoiqu'alors le discours ne soit point achevé. Comme quand je dis simplement: *Dieu qui est Saint: Un homme qui aime Dieu* » (éd. Brekle, II, pp. 20-21). Le relatif connaît donc deux usages compatibles, « l'un d'être pronom, et l'autre de marquer l'union d'une proposition avec une autre »; il en résulte que le grammairien distinguera trois classes d'exemples: « La première, où le relatif est visiblement pour une conjonction et un pronom démonstratif. La seconde, où il ne tient lieu que de conjonction. Et la troisième, où il tient lieu de démonstratif et n'a plus rien de conjonction ».

Toutes choses égales, cette analyse se rapproche du traitement réservé aux verbes adjectifs, aux quantificateurs 'nullus', 'nul' et au pronom interrogatif (cf. chapitre 4). Dans la première classe d'exemples, la proposition « achevée » reçoit une paraphrase canonique où le relatif se voit correspondre une conjonction et un pronom. Ainsi l'énoncé (1) sera-t-il rendu par un énoncé du type (2):

(1) Dieu *qui* est invisible a créé le monde.
(2) *Conj* (Dieu a créé le monde, *Pron* est invisible)

si nous laissons provisoirement en suspens la nature de la conjonction introduite, et le fonctionnement du pronom. Le relatif « ne tient lieu que de conjonction » dans l'exemple (3), qui se paraphrase en (4):

(3) L'homme *que* je t'en ai parlé est parti.
(4) *Conj* (L'homme est parti, Je t'ai parlé de *Pron*)

La phrase (3), que j'emprunte au français populaire, donne une idée plus précise du tour hébreu commenté par Lancelot et Arnauld que les équivalents grecs et latins auxquels ils ont dû, faute de mieux, avoir recours. En hébreu, comme en français populaire, la proposition « incidente » contient un « relatif » invariable accompagné d'un « pronom conjoint ». Cette situation ne se retrouve ni en grec ni en latin; le relatif y est toujours décliné et occasionnellement renforcé par ce que Bakker (1974) appelle un « pronom redondant ». Nous obtenons alors une construction analogue au français 'L'homme dont je t'en ai parlé est parti' (voir encore Colombat, 1979: pp. 79-81; Dominicy, 1979: pp. 45-46, 1981: p. 97; Donzé, 1967: p. 83; Guiraud, 1966; Touratier, 1980: pp. 69-109). Enfin, le relatif « tient lieu de démonstratif et n'a plus rien de conjonction » dans des emplois tels que:

(5) Caesar equites praemisit. *Qui* cum equitatu Helvetiorum proelium commiserunt.

où la seconde proposition se paraphrase en:

(6) *Pron* cum equitatu Helvetiorum proelium commiserunt.

Port-Royal invente, par là, ce que les latinistes sont désormais convenus d'appeler «relatif de liaison» (voir Colombat, 1979: pp. 27-29, 81-83, 1982; Touratier, 1980: pp. 410-414). Cependant, l'approche de la *GGR* suscite ici de graves difficultés. On voit mal, en effet, comment justifier le choix d'un relatif de liaison en lieu et place d'un simple démonstratif. A ce sujet, la pensée de Lancelot et Arnauld se révèle dangereusement flottante: «*QUI mos, cui potius quam Consuli, aut quando magis usurpandus colendusque est?* Il est certain que ce *Qui*, commence plutôt une nouvelle période qu'elle [sic] ne joint celle-ci à la précédente, d'où vient même qu'il est précédé d'un point: Et c'est pourquoi en traduisant cela en français, on ne mettrait jamais *Laquelle coutume,* mais; *Cette coutume,* commençant ainsi la seconde période: *Et par qui CETTE COUTUME doit-elle être plutôt observée, que par un Consul?,* etc.». Passons, pour l'instant, sur l'occurrence encore inexplicable du substantif 'mos' (cf. plus haut); de toute manière, l'extrait cité reste incohérent. Comment peut-on recourir dans la glose à une conjonction ('Et'), alors que le relatif est seulement «pronom»? D'autre part, la préférence accordée à 'cette', au détriment de 'laquelle', confirme bien que, selon nos auteurs, le relatif de liaison ne «renferme» aucune conjonction. Il y a là une contradiction inéluctable que Beauzée ne manquera pas de relever (cf. Dominicy, 1981: pp. 99-100, 103).

Si on accepte la théorie de 1660, le relatif est un mot qui ne signifie ni «un objet de la pensée» (comme le font les pronoms personnels ou démonstratifs) ni «la forme et la manière de la pensée» (comme le fait le pronom interrogatif), puisque aucun élément ne lui correspond systématiquement dans les paraphrases canoniques. En outre, l'absence d'une valeur unique rendant compte de tous les emplois empêche même de le constituer en une catégorie grammaticale à part entière, et surtout de l'appeler 'pronom'. Nous ne saurions non plus avoir recours à la propriété que possède le relatif «de faire que la proposition dans laquelle il entre, puisse faire partie du sujet ou de l'attribut d'une autre proposition»; car cette caractéristique virtuelle se réalise seulement lorsque le relatif est «conjonction». Les problèmes évoqués se doublent de difficultés empiriques insurmontables quand la *GGR* aborde les constructions du type (7):

(7) (i) Non tibi objicio *quod* hominem spoliasti.
(ii) Je suppose *que* vous serez sage.

Pour expliquer ce tour qui plongeait les grammairiens antérieurs dans la plus profonde perplexité (voir Chevalier, 1968: pp. 533-537; Colombat, 1979: pp. 98-120, 1982, 1983; Nuchelmans, 1983: pp. 81-82), Lancelot et Arnauld stipulent de 'quod' ou 'que', «que c'est le relatif, mais dépouillé de son usage de pronom; et ne retenant que son autre usage d'unir la proposition où il se trouve à une autre» (éd. Brekle, II, p. 23). Les exemples cités en (7) ne se distinguent donc pas de l'hébraïsme illustré ici par (3), alors qu'aucun pronom démonstratif ne peut apparaître dans les propositions incidentes de (7).

Afin d'éliminer ces multiples défauts, l'édition de 1664 soumettra la première partie du chapitre II, ix à une révision drastique. Dorénavant, le relatif sera différencié des autres pronoms par deux propriétés: non seulement, il «fait que la proposition dans laquelle il entre, puisse faire partie du sujet ou de l'attribut d'une autre proposition»; de surcroît, «il a toujours rapport à un autre nom ou pronom qu'on appelle Antécédent; comme: *Dieu qui est saint. Dieu* est l'antécédent du Relatif *qui*. Mais cet antécédent est quelquefois sous-entendu et non exprimé». La catégorie acquiert ainsi un trait caractérisant, le «rapport à l'antécédent», qui survit même dans les constructions (3) et (7). Commentant l'exemple (7i), la *GGR* écrit maintenant: «c'est le relatif, qui a toujours rapport à un antécédent (ainsi que nous l'avons déjà dit), mais qui est dépouillé de son usage de pronom; n'enfermant rien dans sa signification qui fasse partie ou du Sujet, ou de l'Attribut de la proposition incidente, et retenant seulement son second usage d'unir la proposition où il se trouve, à une autre».

A priori, la mouture de 1664 tombe dans la plus complète incohérence (cf. Donzé, 1967: pp. 85-87, 205-206). Comment séparer, en effet, le «rapport à l'antécédent» de la nature pronominale? D'ailleurs, si l'on en croit Donzé et Verga, Arnauld aurait abandonné cette deuxième solution dans la *LAP* (1683), où un long passage se trouve consacré aux phrases du type (7): «dans cette proposition, *Jean répondit qu'il n'était pas le Christ*, ce *que* conserve l'usage de lier une autre proposition, savoir, *n'était pas le Christ*, avec l'attribut enfermé dans le mot de *répondit*, qui signifie *fuit respondens*. L'autre usage, qui est de tenir la place du nom et de s'y rapporter, y paraît à la vérité beaucoup moins (...) On pourrait dire néanmoins qu'il le retient aussi. Car en disant que *Jean répondit*, on entend *qu'il fit une réponse*, et c'est à cette idée confuse de *réponse* que se rapporte ce *que*. De même quand Cicéron dit: *Non tibi objicio quod hominem spoliasti*; le *quod* se rapporte à l'idée confuse de *chose objectée*, formée par le mot d'*objicio*. Et cette *chose objectée* conçue d'abord confusément, est ensuite particularisée par la proposition incidente, liée par le *quod*: *Quod hominem spoliasti*. On peut remarquer la même chose dans ces questions: *Je suppose que vous serez sage. Je vous dis que vous avez tort*: ce terme, *je dis*, fait concevoir d'abord confusément une *chose dite*; et c'est à cette *chose dite* que se rapporte le *que*. *Je dis que*, c'est-à-dire, *Je dis une chose qui est*. Et qui dit de même, *Je suppose*, donne l'idée confuse d'une *chose supposée*. Car, *je suppose*, veut dire, *je fais une supposition*; et c'est à cette idée de *chose supposée* que se rapporte le *que*. *Je suppose que*, c'est-à-dire, *Je fais une supposition qui est*» (II, i). De fait, la *LAP* mêle la valeur pronominale («tenir la place du nom») et le rapport à l'antécédent («s'y rapporter»). Par voie de conséquence, le 'quod' ou 'que' de (7) semble se confondre avec le relatif ordinaire. Quant à l'hébraïsme, il n'est même plus mentionné, sans doute parce que la cooccurrence d'un relatif, toujours «pronom», et d'un démonstratif devient inexplicable. A cela s'ajoute une particularité troublante: la paraphrase grâce à laquelle la *LAP* prétend mettre en lumière le rôle de 'que' au sein de (7ii) n'assure pas l'élimination de ce mot; si 'Je suppose' se développe en 'Je fais une supposition qui est', il faut un 'que' pour «lier» à l'expression ainsi obtenue la proposition incidente 'Vous serez sage' (cf. Auroux, 1979: p. 95).

Je pense, malgré tout, que la *LAP* complète sur un point crucial la théorie de 1664, et nous fournit le moyen de la reconstruire en termes satisfaisants. Je ne reviendrai pas sur le détail de ma démonstration (cf. Dominicy, 1979, 1981). L'hypothèse de départ consiste à admettre que, dans la glose 'Je fais une supposition qui est que vous serez sage', le 'que' a une fonction métalinguistique remplie, en d'autres circonstances, par un signe de ponctuation ou par des procédés plus techniques[7]. Si (7ii) se laisse ramener à (8):

(8) Je fais une supposition qui est 'Vous serez sage'.

il n'est pas difficile d'assigner à l'exemple une décomposition conforme à la théorie générale des parties du discours:

(9) (i) Je suis faisant une supposition.
(ii) *Pron* est 'Vous serez sage'.

Cette analyse prouve à suffisance qu'il n'existe aucun «rapport à l'antécédent» entre 'que' ou la paire de guillemets simples et le nom '(une) supposition', mais bien entre 'qui' et '(une) supposition'. Le deuxième pas de la reconstruction précise les relations entre (7i) et (8-9). Contrairement à ce que suggère, au premier abord, le texte de la *LAP*, (9) ne constitue pas la paraphrase canonique de (7i); il faut en effet préférer (10):

(10) *Conj* (Je suis faisant une supposition, Vous serez sage)

de manière à prédire que le 'que' de (7i) est uniquement «conjonction». Le rôle de (8-9) dans l'argumentation de la *LAP* est d'établir que le «rapport à l'antécédent», tel que l'exprime (9ii), s'avère indispensable pour que (10) puisse paraphraser (7ii) (cf. Chevalier, 1968: pp. 535-536). Le troisième et dernier stade de mon interprétation s'inspire de ce résultat et des travaux récents de Harris (1970, 1971, 1976, 1981). Je réduis le «rapport à l'antécédent» à une phrase métalinguistique ou *métaphrase* qui déclenche, partout, une règle d'attachement à l'aide du morphème abstrait *QU*; je postule, en outre, qu'une règle de pronominalisation, elle aussi déclenchée par la métaphrase, fait en sorte que les pronoms «tiennent la place des noms». Les exemples (1), (3), (5) et (7ii) s'analysent, dès lors, comme suit[8]:

(11) (i) *Conj* (Dieu a créé le monde, Dieu est invisible)
    (ii) Métaphrase: 'Dieu' dans la première proposition signifie le même objet que 'Dieu' dans la seconde proposition
    → Dieu *QU* Dieu est invisible a créé le monde
    → Dieu *QU Pron* est invisible a créé le monde
              ⏟
              qui

(12) (i) *Conj* (L'homme est parti, Je t'ai parlé de l'homme)
    (ii) Métaphrase: 'L'homme' dans la première proposition signifie le même objet que 'l'homme' dans la seconde proposition
    → L'homme *QU* je t'ai parlé de l'homme est parti
    → L'homme *QU* je t'ai parlé de *Pron* est parti
           ⏟   ⏟
         que   en

(13) (i) Caesar equites praemisit. Equites cum equitatu Helvetiorum proelium commiserunt
    (ii) Métaphrase: 'equites' dans la première proposition signifie le même objet que 'Equites' dans la seconde proposition
    → ... praemisit. *QU* equites ...
    → ... praemisit. *QU Pron* ...
                    ⏟
                Qui

(14) (i) *Conj* (Je suis faisant une supposition, Vous serez sage)
    (ii) Métaphrase: 'une supposition' dans la première propo-

sition signifie le même objet que 'Vous serez sage' dans la seconde proposition

→ Je suis faisant une supposition *QU* vous serez sage

Dans tous les cas, la présence d'une métaphrase garantit le « rapport à l'antécédent ». Le relatif est « conjonction » en (11), (12) et (14) et « pronom » en (11) et (13). Enfin, la différence entre (12) et (14) ressort clairement: les deux énoncés contiennent un relatif qui « ne tient lieu que de conjonction » mais leurs structures divergent en raison des contraintes pesant sur la règle de pronominalisation (cf. Dominicy, 1979: p. 55).

Si une reconstruction aussi riche élucide, point par point, la version de 1664, elle ne s'intègre pas aisément à la théorie générale du pronom. A mon sens, la cinquième édition de la *LAP*, plutôt que de battre en retraite, a tenté maladroitement de résorber cet écart. Comme les autres pronoms, le relatif « se met au lieu du nom et en excite une idée confuse ». Nous pouvons poser que l'idée exprimée par le relatif est singulière; en témoigne l'alternance avec l'article défini, en grec ancien (*LAP*, II, i; cf. note 7 du chapitre 4). Le relatif « signifie » aussi le nom, lequel reçoit les déterminations$_1$ apportées par le contexte et la métaphrase. Nous obtenons donc, pour les exemples (11) et (14) les relations schématisées ci-dessous:

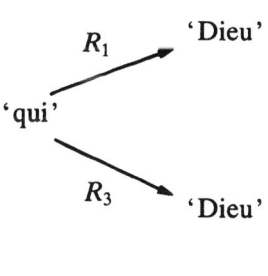

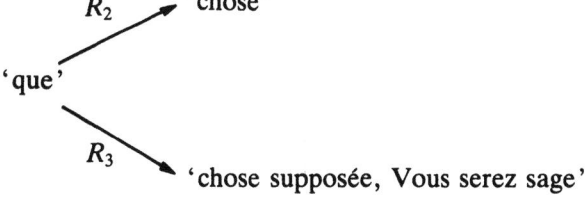

En ce qui concerne (11), il n'est guère douteux que la détermination$_3$ mue 'qui' en un terme individuel. Le problème se complique quand on aborde (14). Si 'que' entrait dans le rapport R_3 avec un nom métalinguistique de proposition, il acquerrait, de fait, le statut de terme individuel (cf. Dominicy, 1979: pp. 52-54). Si, au contraire, R_3 unit 'que' à un nom de jugement, comme je l'ai conjecturé, les notions de singularité ou d'individualité perdent leur pertinence[9]. Je montrerai plus loin qu'Arnauld et Nicole ont souvent adopté, sans s'en rendre compte, la première interprétation. Quoi qu'il en soit, l'itinéraire qui vient d'être retracé explique pourquoi la *LAP* semble amalgamer la nature pronominale et le «rapport à l'antécédent». Tel qu'il est exprimé par la métaphrase, le rapport à l'antécédent se fond dans l'ensemble des «déterminations» appliquées au pronom. Le 'que' de (14) n'est pas «pronom», puisqu'il ne «renferme» pas le résultat d'une pronominalisation (1664) et ne se trouve pas dans le rapport R_1 avec un nom (1683); mais il est néanmoins «pronom», en ce sens qu'il entretient les rapports R_2 et R_3 avec un nom et un terme individuel (1683). L'absence de toute allusion à l'hébraïsme prend maintenant sa pleine dimension: si la théorie de 1683 était correcte, le tour considéré apparaîtrait comme une redondance monstrueuse, dont la grammaire générale et la logique ne pourraient tirer argument.

Je ne crois pas qu'il soit possible de réconcilier les théories de 1664 et de 1683. L'une prédit fort élégamment les phénomènes syntaxiques. L'autre parvient à établir que le relatif est toujours «pronom», et rend compte de constructions telles que 'qui mos' (cf. plus haut); mais elle le fait en réduisant, dans des proportions dramatiques, le domaine couvert par la description grammaticale.

5.1.3. *Propositions complexes et propositions composées*

Toute proposition dans laquelle une proposition incidente fait partie du sujet ou de l'attribut est appelée «complexe»; le même adjectif s'applique au terme qui contient la proposition incidente. Par conséquent, 'complexe' ne s'oppose pas à 'simple'. Est simple une proposition non-«composée», autrement dit une proposition qui ne s'analyse pas en deux ou plusieurs propositions jointes par une ou plusieurs conjonction(s). Ainsi (1), (2) et (3) sont respectivement simple et non-complexe, simple et complexe, et composée:

(1) Dieu est invisible.
(2) Dieu qui est invisible a créé le monde.
(3) Dieu est invisible et Dieu a créé le monde.

(*GGR*, II, ix; *LAP*, I, viii, II, v, vi, vii, ix; cf. chapitre 4; Chevalier, 1968: p. 518; Donzé, 1967: pp. 137-158; Le Goffic, 1978; Nuchelmans, 1983: pp. 77-78, 83-85; Pariente, 1975 a). Néanmoins, Port-Royal a mis quelque temps à fixer cet usage. La première édition de la *GGR* traite encore 'Dieu' de «terme simple» et 'Dieu qui est invisible' de «terme composé» (éd. Brekle, II, p. 20; cf. *O*, XIII, p. 400 et Donzé, 1967: p. 220; Pariente, 1975 a: p. 38). Et la *GGR* continuera, à travers ses éditions successives, de nommer 'simples' les propositions non-complexes[10].

Sur ces flottements secondaires se greffent des difficultés plus insidieuses. Selon la *LAP*, les propositions «qui n'ont qu'un sujet et qu'un attribut s'appellent *simples*, et celles qui ont plus d'un sujet ou plus d'un attribut s'appellent *composées*, comme quand je dis; Les biens et les maux, la pauvreté et les richesses viennent du Seigneur; cet attribut, *venir du Seigneur* est affirmé non d'un seul sujet; mais de plusieurs, savoir *des biens et des maux, etc.*» (II, v). Pour interpréter ce passage, il suffit de postuler d'abord que la conjonction 'et' est un opérateur associatif, ensuite que l'exemple cité reçoit la paraphrase canonique (4) (cf. Donzé, 1967: p. 152):

(4) *Et* (*Et* (Les biens viennent du Seigneur, Les maux viennent du Seigneur), *Et* (La pauvreté vient du Seigneur, Les richesses viennent du Seigneur)).

En quoi le «terme composé» 'Les biens et les maux...' diffère-t-il du terme «simple» mais «complexe» 'Dieu qui est invisible'? La réponse ne gît pas dans la seule forme composée de la paraphrase canonique puisque toute proposition complexe redevient composée à ce niveau. S'il y a proposition complexe, l'un des membres de la structure conjointe se trouve inclus tout entier, par le biais du morphème *QU*, dans le sujet ou l'attribut de l'autre membre; ce qui ne se produit jamais quand la proposition reste composée.

A aucun stade de leur raisonnement, la *GGR* ou la *LAP* ne s'interrogent explicitement sur la nature de la conjonction «renfermée» dans le relatif des propositions incidentes. Tout montre pourtant qu'il ne peut s'agir que de 'et' ou 'si' (cf. Dominicy, 1981). En premier lieu, la *GGR* (II, ix) glose le passage (5):

(5) Is cum primores civitates, in *quibus* fratrem suum ab avunculo interfectum audisset ...

à l'aide de (6):

(6) Is cum primores civitatis, *et* in *his* fratrem suum ab avunculo interfectum audisset ...

(cf. Colombat, 1979: pp. 77-79, 1982). Un deuxième indice, beaucoup plus significatif, nous est fourni par les pages que la *GP* (II, pp. 110-152) et la *LAP* (I, xv, II, xii) consacrent à la proposition «opérative» 'Ceci est mon corps' (Cf. 5.1.1). Nous avons vu que le pronom 'Ceci' fait l'objet de deux déterminations$_3$, qui le muent successivement en un terme individuel signifiant le pain à consacrer et en un terme individuel signifiant le corps du Christ. Si ces déterminations$_3$ sont exprimées, nous obtenons une proposition complexe:

(7) Ceci qui est pain dans ce moment-ci, est mon corps dans cet autre moment.

laquelle doit se paraphraser en:

(8) Ceci est pain dans ce moment-ci et ceci est mon corps dans cet autre moment (*GP*, II, p. 111).

Fait remarquable, Arnauld et Nicole rapprochent (7) et (8) d'exemples comme:

(9) Cette église qui fut brûlée il y a dix ans a été rebâtie il y a un an.

et de la paraphrase composée qui leur correspond:

(10) Cette église fut brûlée il y a dix ans et cette église a été rebâtie il y a un an.

A chaque fois, le terme singulier ('ceci', 'cette église') est un «sujet confus équivalent à deux sujets», en ce sens qu'il reçoit deux déterminations$_3$ distinctes. Si nous pouvons l'employer, en «ajoutant» ou en «retranchant» lesdites déterminations, c'est conformément aux maximes pragmatiques étudiées au chapitre 3, et en accord avec l'existence des deux langages. 'Ceci' et 'cette église' créent un «sujet confus», comme l'usage du mot 'corps' nous permet d'assimiler à un tout substantiel ce qui n'en a que l'apparence sensible: «toutes les fois qu'il y a unité d'idée entre deux objets différents, et entre deux sujets de deux propositions différentes, et qu'il se fait un changement de ce sujet, il arrive (...) que l'esprit peut unir ces deux propositions en une, en faisant de la première une proposition indirecte et accessoire de l'autre» (*GP*, II, p. 111; cf. III, pp. 123-124; *O*, VII, pp. 418-424 et 3.3.2).

La paraphrase en 'si' est attestée, presque par accident, dans une œuvre théologique d'Arnauld (*O*, XIII, pp. 400-409; 1672). L'auteur y soutient que les propositions complexes «se peuvent bien réduire en *conditionnelles*, sans rien changer dans leur véritable idée: car c'est la même chose de dire; *Tout Juste qui persévère, sera sauvé*, ou de dire; *Si le Juste persévère, il sera sauvé* (...) Mais le contraire n'est pas véritable; parce qu'il y a des propositions *conditionnelles*, qu'on ne peut réduire en *catégoriques*, en renfermant la condition dans le sujet, sans changer notablement l'impression qu'elles faisaient dans l'esprit étant *conditionnelles*, et donner lieu d'en avoir une toute différente et très fausse. Et ce sont surtout celles qui enferment des conditions impossibles» (p. 401). La proposition (11):

(11) Si un homme avait trente pieds de haut, il serait plus fort qu'Hercule.

ne sera donc pas glosée par:

(12) Les hommes qui ont trente pieds de haut sont plus forts qu'Hercule.

En effet, «celui qui parlerait ainsi croirait cette condition possible, ou (...) ne voudrait pas se conformer au langage ordinaire des hommes» (p. 402).

Je n'envisagerai pas, pour l'instant, les critères qui dictent le choix entre 'et' et 'si'. En revanche, il apparaît immédiatement que Port-Royal a saisi le rôle subordonnant du relatif tout en excluant des paraphrases canoniques le mécanisme syntaxique de subordination. La tactique qui consiste à séparer 'si' de mots comparables comme 'quoique', 'quand', 'etsi' (cf. note 15 du chapitre 4) trouve ici sa justification. 'Si' est classé, avec 'et' et 'vel', parmi les «conjonctions» en raison de sa valeur logique. Dans tous les cas, nous avons affaire à ce que l'on appelle aujourd'hui une «coordination». Les développements ultérieurs de la doctrine grammaticale confirment cette lecture: chez Condillac, la notion moderne de «proposition subordonnée» se définit en contraste avec la notion de «proposition incidente» et il faut attendre la fin du XIXe siècle pour que la classe des «relatives» soit définitivement incluse dans la classe des «subordonnées» (voir, sur l'ensemble du problème, Auroux, 1979: p. 203; Branca, 1982; Chervel, 1977: pp. 78-83, 132-134, 205-234; Colombat, 1979: pp. 3-4, 78, 82,127-128, 145-146, 226-230, 1981, 1982; Dominicy, 1979: pp. 51, 59, 1981: p. 99, 1982: pp. 332-333; Donzé, 1967: pp. 145, 148, 153-155).

5.2. La proposition incidente

Certaines propositions complexes semblent «enfermer plusieurs jugements» (*GGR*, II, ix; *LAP*, II, i, v, vi, vii, ix; cf. Donzé, 1967: pp. 143-145, 151-155; Le Goffic, 1978; Nuchelmans, 1983: p. 86; Touratier, 1980: p. 61). Quand je dis 'Dieu qui est invisible a créé le monde qui est visible', «il se passe trois jugements dans mon esprit renfermés dans cette proposition. Car je juge premièrement que *Dieu est invisible*. 2. Qu'il *a créé le monde*. 3. Que *le monde est visible*. Et de ces trois propositions, la seconde est la principale et l'essentielle de la proposition. Mais la première et la troisième ne sont qu'incidentes» (*GGR*, II, ix)[11].

On sait que cette thèse a suscité l'enthousiasme de Chomsky (1969: pp. 62-64), qui y voyait la preuve de ce que Port-Royal maniait la distinction entre structure profonde et structure de surface. Je ne referai pas le bilan des nombreuses critiques que le linguiste américain s'est ainsi attirées (voir, entre autres, Donzé, 1967: pp. 220-221; Kretzmann, 1975; Land, 1974: pp. 76-80; Padley, 1976; Pariente, 1975a; Rosiello, 1967: pp. 116-120). En gros, l'interprétation de Chomsky se heurte à deux objections. Tout d'abord, la proposition composée ou complexe obtenue par une dérivation transformationnelle «enferme» la matière de plusieurs jugements possibles, et non pas plusieurs «jugements». Nous avons vu, au chapitre 4, que le verbe exprime l'assentiment à la seule condition qu'il ne figure sous la portée d'aucun opérateur. Si la paraphrase canonique est composée, l'objet de l'assentiment sera constitué d'une «opération de l'esprit» appliquée à la matière de deux ou plusieurs jugements possibles. D'autre part, le caractère «incident» des propositions introduites par le relatif ne se résume pas à leur occurrence syntaxique au sein du sujet ou de l'attribut. La *LAP* précise en effet «que les propositions jointes à d'autres par des *qui*, ou ne sont des propositions que fort imparfaitement (...) ou ne sont pas tant considérées comme des propositions que l'on fasse alors, que comme des propositions qui ont été faites auparavant, et qu'alors on ne fait plus que concevoir, comme si c'étaient de simples idées» (II, v). Certes, cette «imperfection» ou ce recul chronologique, que Donzé (1967: p. 221), Land (1974: p. 80) et Pariente (1975a: pp. 44-45) invoquent contre Chomsky, pourrait renvoyer à la structure sous-jacente où les futures incidentes apparaissent intégralement. Il reste que le texte de la *LAP* partage la classe des incidentes en deux catégories, que la reconstruction chomskyenne ne nous permet pas de retrouver.

Dans les pages qui suivent, je vais essayer de prouver que la théorie sémantique des propositions incidentes peut être élaborée à partir de la doctrine de la détermination, et de l'analyse présentée au paragraphe 5.1. J'aborderai ensuite les problèmes soulevés par les énoncés du type 'Je soutiens que la terre est ronde'.

5.2.1. *Explicatives et déterminatives*

Les chapitres I, viii et II, vi, vii de la *LAP* sont réputés pour avoir intégré à l'étude des propositions incidentes la dichotomie, déjà connue des médiévaux, entre détermination et explication (cf. 2.3.2; Auroux, 1978, 1979: pp. 176-180, 1981, 1982b: pp. 39-40; Chevalier, 1968: pp. 530-531; Chomsky, 1969: pp. 65-68; Donzé, 1967: pp. 138-143; Nuchelmans, 1983: pp. 78-81; Pariente, 1975a, 1979; Picardi, 1976: pp. 384-385; Touratier, 1980: pp. 26-27, 245-264, 277). A première vue, l'extrapolation s'effectue sans peine. Dans 'Alexandre qui est fils de Philippe', le terme individuel 'Alexandre' est combiné avec la proposition incidente 'qui est fils de Philippe'. Celle-ci «explique» 'Alexandre' parce que l'idée totale, si elle n'égale pas e', égale l'idée individuelle exprimée par 'Alexandre' (cf. 1.3.4). La même conclusion vaut pour 'homme qui est un animal doué de raison', puisque l'idée d'homme inclut l'idée d'un animal doué de raison. En revanche, il y a détermination$_1$ dans 'homme qui est savant', puisque l'idée d'homme n'inclut, ni n'exclut d'ailleurs, l'idée d'un être savant: «Ces additions ne sont pas de simples explications, mais des déterminations, parce qu'elles restreignent l'étendue du premier terme, en faisant que le mot [d'homme] ne signifie plus qu'une partie des [hommes]» (*LAP*, I, viii).

Cependant nous rencontrons ici deux difficultés successives. Pour commencer, la notion de «détermination» recèle une ambiguïté constante. Ainsi l'exemple (1):

(1) Ceci qui est pain dans ce moment-ci, est mon corps dans cet autre moment.

contient une incidente, laquelle mue le terme singulier 'Ceci' en un terme individuel (cf. 5.1). Si nous nous en tenons aux critères qui viennent d'être énoncés, il y a «explication» et non détermination$_1$ (cf. 4.1.2). Autrement dit, nous n'arriverons à interpréter la théorie de la *LAP* qu'en discriminant trois classes de propositions incidentes:

déterminatives$_1$		«détermination»
non-déterminatives$_1$	déterminatives$_3$	
	non-déterminatives$_3$	«explication»

A l'appui de cette exégèse, je citerai un passage particulièrement délicat de la *LAP*: «*La doctrine qui met le souverain bien dans la volupté du corps, laquelle a été enseignée par Epicure, est indigne d'un Philosophe*. Cette proposition a pour attribut, *indigne d'un Philosophe*, et tout le reste pour sujet, ainsi ce sujet est un terme complexe qui enferme deux propositions incidentes: la première est, *qui met le souverain bien dans la volupté du corps:* le *qui* dans cette proposition incidente est déterminatif: car il détermine le mot de doctrine qui est général, à celle qui affirme que le souverain bien de l'homme est dans la volupté du corps (...) La seconde proposition incidente est, *qui a été enseignée par Epicure*, et le sujet auquel ce *qui* se rapporte, est tout le terme complexe, *la doctrine qui met le souverain bien dans la volupté du corps*, qui marque une doctrine singulière et individuelle (...) Et c'est pourquoi le *qui* de la seconde proposition incidente, *qui a été enseignée par Epicure*, n'est point déterminatif, mais seulement explicatif» (II, vi). Il est clair que l'incidente 'qui a été enseignée par Epicure' déterminerait$_1$ le nom isolé 'doctrine'. Par ailleurs, Arnauld et Nicole semblent postuler que la première incidente détermine$_3$ le terme singulier 'la doctrine' à exprimer une idée individuelle. S'il en va ainsi, l'incidente traduit en mode matériel une proposition métalinguistique du mode formel: '(la doctrine) qui est 'le souverain bien de l'homme est dans la volupté du corps''. Cette glose émerge plus nettement dans un extrait des *Imaginaires*: «La doctrine d'Arius est une hérésie; aussi ne consiste-t-elle pas dans les mots vagues et indéterminés de doctrine d'Arius, mais dans ce dogme précis; Que le Fils n'est pas consubstantiel au Père» (I, p. 26). On conçoit, alors, pourquoi la description définie 'Le sens de Jansénius' peut fonctionner comme terme individuel: si elle est employée de manière référentielle, elle signifiera une proposition, qui se révèle, en tant que telle, hérétique ou non hérétique (cf. 3.3.2 et 4.1.2). Du même coup, nous apercevons les raisons qui ont poussé nos auteurs à intégrer la théorie du relatif dans la théorie générale du pronom: par le biais des gloses métalinguistiques ('Je fais une supposition qui est que vous serez sage'), ils ont pensé établir que le 'que' subordonnant entretient le rapport R_3 avec un terme individuel (cf. 5.1.2 et note 9). Quoi que vaille cette hypothèse, elle prédit que, dans l'exemple considéré ici, la seconde incidente devient explicative[12].

Malheureusement, la *LAP* n'obtient un tel résultat qu'en attribuant au terme 'la doctrine qui est 'le souverain bien est dans la volupté du corps'' une structure où l'article défini détermine$_2$ le nom commun 'doctrine' et où l'incidente détermine$_3$ le terme singulier 'la doctrine'[13]:

(2) 'doctrine'
    ↓
   détermination$_2$: 'la doctrine'
    ↓
   détermination$_3$: 'la doctrine qui est 'le souverain bien est dans la volupté du corps''

Certes, la structure (2) est également postulée au sein du chapitre que la *GGR* consacre à la règle de Vaugelas (cf. 4.1.2). Lancelot et Arnauld écrivent en effet que «dans l'usage présent de notre langue, on ne doit point mettre de *qui* après un nom commun, s'il n'est déterminé par un article, ou par quelque autre chose qui ne le détermine pas moins que ne ferait un article» (II, x). Mais si nous étendons la structure (2) aux quantificateurs (dont l'article indéfini), nous perdons complètement la distinction initiale entre incidentes déterminatives$_1$ et incidentes non-déterminatives$_1$. Soit, par exemple, les propositions[14] :

(3) Quelque homme qui est un animal doué de raison est charitable.

(4) Quelque homme qui est savant est charitable.

Comme les métaphrases assurent d'emblée que 'quelque homme' signifie le même objet dans la future incidente que dans la future principale, la déterminative$_1$ 'qui est savant' ne restreint pas davantage l'étendue du terme 'quelque homme' que la non-déterminative$_1$ 'qui est doué de raison'. Avec l'article défini, ce corrélat s'impose plus clairement encore. Il ne saurait subsister aucune différence entre les incidentes de (5) et (6) :

(5) Les hommes qui sont des animaux doués de raison sont charitables.

(6) Les hommes qui sont savants sont charitables.

puisque le nom commun 'hommes' est chaque fois déterminé$_2$ à signifier une idée singulière. Pour récupérer l'intuition de départ, il faut préférer la structure (7) :

(7) 'homme(s)'

   détermination$_1$: 'homme qui est savant'
                      'hommes qui sont savants'

   détermination$_2$: 'Quelque homme qui est savant'
                      'Les hommes qui sont savants'

mais on ne voit plus, dans ce cadre, comment une incidente pourrait apporter une détermination$_3$.

L'interprétation que je vais avancer ici part de trois prémisses indépendantes, dont la première est formulée, plus ou moins explicitement, par de nombreux auteurs (voir Geach, 1968: pp. 112-120, 1972, 1976; Harris, 1970, 1971, 1981; cf. Dominicy, 1981; Donzé, 1967: pp. 154-155; Pariente, 1979: pp. 111-112; Picardi, 1976: pp. 386-388). Je postulerai d'abord que la paraphrase canonique des propositions complexes qui renferment une déterminative$_1$ est «composée» au moyen de la conjonction 'si', avec la future incidente comme antécédent; et que la paraphrase canonique des propositions complexes qui renferment une non-déterminative$_1$ est «composée» au moyen de la conjonction 'et'. Cette conjecture se trouve immédiatement appuyée par les passages commentés plus haut (cf. 5.1.3). D'autre part, j'assignerai aux termes complexes la structure (2) ou la structure (7) selon qu'ils contiennent un article défini (un démonstratif) ou un quantificateur. Enfin, je stipulerai que le quantificateur, en tant qu'opérateur assertorique, a ici une portée plus large que la conjonction (cf. chapitre 4).

Voici, à titre d'illustration, le traitement qui sera réservé aux propositions de la forme:

(8) Tout A qui est B est C.

A partir de la paraphrase canonique:

(9) *Tout (Et (Est (A, B), Est (A, C)))*

nous obtenons le schème de jugement:

(10) $(b < a) \wedge (c < a)$

dont la condition de vérité s'énonce comme suit:

(11) Dans tout monde m_i, $a(m_i) \subset b(m_i)$ et $a(m_i) \subset c(m_i)$.

Ainsi la proposition 'Tous les hommes, qui sont pieux, sont charitables', où les virgules indiquent la non-détermination$_1$, sera vraie si, et seulement si, pour tout monde, la classe des hommes est incluse dans la classe des êtres pieux et dans la classe des êtres charitables. Mais à partir de la paraphrase canonique:

(12) *Tout (Si (Est (A, B), Est (A, C)))*

nous obtenons le schème de jugement:

(13) $(c < a) < (b < a)$

dont la condition de vérité s'énonce comme suit:

(14) Dans tout monde m_i tel que $a(m_i) \subset b(m_i)$, $a(m_i) \subset c(m_i)$.

Ainsi la proposition 'Tous les hommes qui sont pieux sont charitables' sera vraie si, et seulement si, dans tout monde où la classe des hommes est incluse dans la classe des êtres pieux, la classe des hommes est incluse dans la classe des êtres charitables. Par la même occasion, nous parvenons à décrire le rapport entre (15) et (16):

(15) Tous les hommes, qui sont des animaux doués de raison, sont charitables.

(16) Tous les hommes qui sont des animaux doués de raison sont charitables.

(15) sera vraie si, et seulement si, dans tout monde, la classe des hommes est incluse dans la classe des animaux doués de raison et dans la classe des êtres charitables; (16) sera vraie si, et seulement si, dans tout monde où la classe des hommes est incluse dans la classe des animaux doués de raison, la classe des hommes est incluse dans la classe des êtres charitables. Comme l'idée d'homme inclut l'idée d'un animal doué de raison, les deux propositions s'avéreront équivalentes[15].

Il ne serait pas difficile de développer cette analyse avec plus de rigueur; mais cela nous conduirait à redécouvrir, pour une part, la doctrine moderne de la quantification. Par ailleurs, le traitement logique des relatives, vu sa dépendance vis-à-vis de la théorie des idées, s'arrête nécessairement au terme sujet. Dans le passage déjà mentionné (*O*, XIII, pp. 400-402) où il élimine les incidentes à l'aide de 'si', Arnauld ne cite aucun exemple dont le terme complexe ne soit pas sujet. La situation se complique encore quand nous prenons en compte l'article défini et le démonstratif. Soit les propositions (17) et (18)[16]:

(17) L'homme, qui est pieux, est charitable.
(18) L'homme qui est pieux est charitable.

En usage générique, donc attributif (cf. 4.1.2), le terme singulier 'L'homme' reste indéterminé$_3$. Nous obtenons, par conséquent, des conditions de vérité distinctes:

(17') Dans tout monde, la valeur de l'idée singulière exprimée par 'L'homme' est incluse dans la valeur de l'idée exprimée par 'pieux' et dans la valeur de l'idée exprimée par 'charitable'.

(18') Dans tout monde où la valeur de l'idée singulière exprimée par 'L'homme' est incluse dans la valeur de l'idée exprimée par 'pieux', la valeur de l'idée singulière exprimée par 'L'homme' est incluse dans la valeur de l'idée exprimée par 'charitable'.

Il est aisé d'observer que cette hypothèse prédit l'équivalence de (19) et (20), en emploi générique, si l'idée d'homme inclut bien l'idée d'un animal doué de raison:

(19) L'homme, qui est un animal doué de raison, est charitable.
(20) L'homme qui est un animal doué de raison est charitable.

Ceci expliquerait, entre autres choses, que dans tous les exemples cités par la *LAP*, le terme complexe contenant un article défini et une incidente est à la fois sujet et employé de manière attributive (cf. Sahlin, 1928: p. 134; Touratier, 1980: pp. 252, 326, 352-361). Par contre, les difficultés s'accumulent dès qu'on aborde la lecture non générique, donc référentielle. Le terme singulier 'L'homme' reçoit alors une détermination$_3$ fournie soit par le contexte ou la situation (17), soit par l'incidente (18). Dans les deux cas, il faut opter pour la paraphrase en 'et'. Si l'incidente est «explicative» (non-déterminative$_3$), les conditions de vérité demeurent satisfaisantes:

(17'') Dans tout monde, la valeur de l'idée individuelle exprimée par le terme déterminé$_3$ 'L'homme' est incluse dans la valeur de l'idée exprimée par 'pieux' et dans la valeur de l'idée exprimée par 'charitable'.

En revanche, lorsque l'incidente est déterminative$_3$, toute l'approche de Port-Royal bascule dans l'incohérence. Nous ne pouvons plus recourir à la métaphrase, puisque le terme singulier 'L'homme' ne devient individuel qu'à partir du moment où il y a eu attachement par *QU*. Bien évidemment, la proposition 'Ceci qui est du pain est mon corps' nous confronte à un paradoxe identique. Dans la lecture «spéculative» où 'ceci' signifie le pain déjà consacré, l'incidente 'qui est du pain', prise au langage des sens, reste «explicative»; parallèlement le pronom 'ceci' signifie le même objet au sein des deux membres de la paraphrase canonique en 'et'. Mais dans la lecture «opérative», où l'incidente apporte une détermination$_3$, la proposition se voit attribuer une paraphrase en 'et' à l'intérieur de laquelle les deux occurrences de 'Ceci' cessent de signifier le même objet. L'attachement par *QU* n'est plus déclenché alors par l'identité de référence, mais par l'identité des expressions (cf. encore note 22).

La théorie que je viens de reconstruire rencontre encore d'autres problèmes moins importants pour mon propos. Certains de ces obstacles se dissipent à la lumière de la distinction récente entre sémantique et pragmatique (cf. Dominicy, 1981: p. 105; Picardi, 1976: pp. 386-387). Considérons les exemples suivants (Frege, 1971: pp. 120-123; Geach, 1968: p. 113):

(21) Napoléon, qui avait plus de quarante-cinq ans, conduisit lui-même ses gardes contre la position ennemie.
(22) Napoléon, qui reconnut le danger, conduisit lui-même ses gardes contre la position ennemie.

Pour (21), les gloses informelles qui suivent s'avèrent aussi plausibles l'une que l'autre:

(21') Napoléon avait plus de quarante-cinq ans, et il conduisit lui-même ses gardes contre la position ennemie.
(21'') Napoléon conduisit lui-même ses gardes contre la position ennemie, et il avait plus de quarante-cinq ans.

En ce qui concerne (22), les deux ordonnancements ne paraissent pas indifférents au sens:

(22') Napoléon reconnut le danger, et il conduisit lui-même ses gardes contre la position ennemie.
(22'') Napoléon conduisit lui-même ses gardes contre la position ennemie, et il reconnut le danger.

Seul (22') conserve la nuance causale déjà présente dans (22). Selon Frege, «la pensée que la connaissance du danger fut la raison pour laquelle Napoléon conduisit ses gardes contre la position ennemie» est «une pensée annexe» que ne doit pas rendre la forme logique de la proposition. On pourrait soutenir, en s'inspirant de Grice (1967; cf. Harnish, 1976: p. 359), que (22'') n'exclut pas plus que (22') la nuance causale, mais que celle-ci est induite de (22) et de (22') par un mécanisme d'implicature.

5.2.2. *Fausseté et négation*

Malgré toutes ses insuffisances, la théorie que j'ai reconstruite prédit avec beaucoup d'élégance les propriétés logiques des différentes classes d'incidentes. La proposition complexe 'Dieu, qui est invisible, a créé le monde, qui est visible', avec ses deux incidentes explicatives, reçoit une paraphrase qui implique les trois propositions coordonnées; elle «enferme» donc trois «jugements». Il n'en ira pas ainsi quand les incidentes examinées sont déterminatives$_1$ ou déterminatives$_3$. De 'Les hommes qui sont pieux sont charitables', je ne puis inférer ni 'Les hommes sont pieux', ni 'Les hommes sont charitables'; de 'La doctrine qui met le souverain bien dans la volupté du corps est indigne d'un philosophe', je ne puis inférer ni 'La doctrine met le souverain bien dans la volupté du corps', ni 'La doctrine est indigne d'un philosophe' (*LAP*, II, vi; cf. Dominicy, 1981; Le Goffic, 1978: pp. 239-240; Pariente, 1975a: pp. 43-45). C'est en ce sens que les déterminatives «ne sont des propositions que fort imparfaitement» (*LAP*, II, v).

Si on soumettait la doctrine de Port-Royal au moule de la logique actuelle, on devrait conclure que toute proposition qui contient une explicative ou une déterminative$_3$ fausse, est fausse; et que toute proposition qui contient une déterminative$_1$ fausse, est vraie (cf. Dominicy, 1981: p. 107; Nuchelmans, 1983: pp. 80-81). La *LAP* n'aboutit naturellement pas à ces résultats. En ce qui concerne les déterminatives$_1$, «il est certain que pour l'ordinaire elles ne sont pas susceptibles de fausseté; parce que l'attribut de la proposition incidente n'y est pas affirmé du sujet, auquel le *qui* se rapporte. Car si on dit, par exemple, *Que les Juges qui ne font jamais rien par prières et par faveur, sont dignes de louanges*, on ne dit pas pour cela qu'il y ait aucun Juge sur la terre qui soit dans cette perfection. Néanmoins je crois qu'il y a toujours dans ces propositions une affirmation tacite et virtuelle, non de la convenance actuelle de l'attribut au sujet auquel le *qui* se rapporte; mais de la convenance possible. Et si on se trompe en cela, je crois qu'on a raison de trouver qu'il y aurait de la fausseté dans ces propositions incidentes; comme si on disait, *Les esprits qui sont carrés, sont plus solides que ceux qui sont ronds*, l'idée de *carré* et de *rond* étant incompatible avec l'idée d'*esprit* pris pour le principe de la pensée, j'estime que ces propositions incidentes devraient passer pour fausses» (II, vii; cf. II, vi). Autrement dit: l'incidente ne sera déclarée fausse que dans le cas où elle exprime l'inclusion d'une idée *b* dans une idée *a* avec laquelle *b* se révèle incompatible (cf. Nuchelmans, 1983: p. 79; Pariente, 1975a: pp. 39-40,45). D'autre part, si la proposition complexe permet d'exprimer l'assentiment à un jugement fondé, le terme sujet exprimera une idée différente de *e'* (cf. 1.3). Il en résulte que les hypothétiques qui «enferment des conditions impossibles» ne peuvent être glosées par des propositions à incidentes (*O*, XIII, pp. 400-409; cf. 5.1.3)[17]. Lorsque le terme sujet, exprime, malgré tout, une idée contradictoire, la proposition complexe, quoique vraie formellement, tombera dans la «fausseté», en raison de l'amalgame que le cartésianisme effectue entre la vérité d'une proposition, et le bien-fondé de son assertion.

Pour les explicatives, l'argumentation de la *LAP* comporte plusieurs pas. Il faut commencer par distinguer deux éventualités, illustrées par les exemples suivants (*LAP*, II, vii; cf. aussi *O*, XXI, p. 173):

(1) Alexandre, qui était fils de Philippe, était petit-fils d'Amintas.
(2) Alexandre, qui a été fils de Philippe, a vaincu les Perses.

Dans (1), la fausseté de l'incidente entraîne celle de la principale, parce que la vérité de l'incidente est une condition nécessaire pour que la principale soit vraie. Arnauld et Nicole tentent donc d'écarter les cas où les valeurs de vérité de l'incidente et de la principale dépendent l'une de l'autre (cf. Nuchelmans, 1983: p. 78). Une fois cette condition remplie, on peut voir que, d'après eux, la fausseté de l'incidente n'affecte pas la valeur de vérité de la principale, ou de la proposition complexe prise dans sa totalité. Ainsi, la proposition (2) «doit passer pour vraie, quand Alexandre ne serait pas fils de Philippe, parce que l'affirmation de la proposition principale ne tombe que sur Alexandre, et ce qu'on y a joint incidemment, quoique faux, n'empêche point qu'il ne soit vrai qu'Alexandre a vaincu les Perses». Ceci nous explique déjà pourquoi les explicatives «ne sont pas (...) considérées comme des propositions que l'on fasse alors» (*LAP*, II, v). Il reste qu'il semble y avoir confusion entre la proposition principale et la proposition totale, et que la hiérarchie instaurée entre les divers «jugements» ne se justifie toujours pas.

La théorie de la *LAP* s'éclaircit quelque peu quand on la compare avec le traitement réservé aux propositions «composées dans le sens» (*LAP*, II, x; cf. Ashworth, 1973; Donzé, 1967: pp. 155-158; Kretzmann, 1975: pp. 189-195; Le Goffic, 1978: pp. 241-242; Nuchelmans, 1983: p. 83). Une «exclusive» telle que (3):

(3) La seule vertu est une vraie noblesse.

«enferme deux jugements différents», en ce sens que nous pouvons en déduire (4) et (5):

(4) La vertu est une vraie noblesse.

(5) Ce qui n'est pas la vertu n'est pas une vraie noblesse.

Supposons que (3) se réduise à la conjonction par 'et' de (4) et (5); nous pourrons nier l'exceptive en affirmant soit «que la vertu ne rend point noble», soit «que la naissance rend noble aussi bien que la vertu», soit enfin «que la naissance rend noble, et non la vertu». Pourtant, si on nie (3) «sans s'expliquer davantage, la négation tombe naturellement sur l'exclusion», et (4) demeure «affirmé». Par ailleurs, il est clair que la fausseté de (4) n'entraîne pas celle de (5). Les propositions «composées dans le sens» et les propositions complexes à incidentes explicatives partagent donc deux propriétés remarquables: (i) sauf indication contraire, la négation porte toujours sur une même proposition de la paraphrase canonique, celle qui est dite 'principale'; (ii) en général, la valeur de vérité de la principale ne dépend pas de la valeur de vérité des autres propositions.

Le 'que' subordonnant et l'infinitif posent ici des problèmes insolubles (cf. Colombat, 1979: pp. 168-175, 229-230, 1981; Donzé, 1967: pp. 147-148). Selon la *GGR*, (II, xvii), l'infinitif «perd l'affirmation et devient nom (...) quand on dit, *le boire, le manger,* et de même, *je veux boire, volo bibere.* Car c'est à dire; *volo potum,* ou *potionem*». Par contre, il «retient l'affirmation (...) quand je dis: *scio malum esse fugiendum, je sais qu'il faut fuir le mal*»; dans ce cas, l'infinitif a, comme 'que', «ce pouvoir de joindre la proposition où il est à une autre». A priori, Lancelot et Arnauld paraissent partir de l'observation que (6) n'implique pas (7), tandis que (8) implique (9):

(6) Je veux boire.
(7) Je bois.
(8) (i) Scio malum esse fugiendum.
    (ii) Je sais qu'il faut fuir le mal.
(9) (i) Malum est fugiendum.
    (ii) Il faut fuir le mal.

Mais ils citent, parmi les exemples où l'infinitif «joint une proposition à une autre», la phrase (10):

(10) Il croit savoir toutes choses.

laquelle n'implique pas (11):

(11) Il sait toutes choses.

Si les incidentes en 'que' étaient déterminatives$_1$, comme le suggère Nuchelmans (1983: p. 81), l'inférence qui conduit de (8) à (9) deviendrait injustififiable; si elles étaient explicatives, (10) impliquerait (11). Cependant, nous l'avons vu, la théorie de 1683 prétend établir, par le biais des gloses métalinguistiques, que l'antécédent reçoit une détermination$_3$. Dans une telle hypothèse, (8ii) et (10) impliquent bien 'Je sais quelque chose' et 'Il croit quelque chose', mais pas 'Il faut fuir le mal' ou 'Il sait toutes choses'. Ceci ressort encore plus clairement si nous substituons à (8ii) la glose métalinguistique (12):

(12) Je sais la chose qui est 'Il faut fuir le mal'.

où le terme singulier 'la chose' est déterminé$_3$ par l'attribut de l'incidente. La différence entre (6) et (8i-10) ne gît alors plus que dans l'agrammaticalité supposée de 'Je veux que je boive', car «l'affirmation» retenue par l'infinitif, ou par le 'que', se ramène à l'inclusion, et ne recouvre pas l'assentiment[18].

5.2.3. Les énonciateurs transparents

Le chapitre II, v de la *LAP* énonce que les « propositions complexes peuvent être de deux sortes. Car la complexion, pour parler ainsi, peut tomber ou sur la matière de la proposition, c'est-à-dire sur le sujet, ou sur l'attribut, ou sur tous les deux; ou bien sur la forme seulement ». Or, les développements qui viennent ensuite ne concernent que la première situation. L'histoire du texte nous permet d'apercevoir la genèse de cette curieuse lacune. Dans la version manuscrite (éd. von Freytag Löringhoff-Brekle, III, pp. 19-20), le chapitre II, iii (= II, v de 1683) se termine par un long développement consacré aux propositions où « la complexion tombe (...) sur la forme, c'est-à-dire sur l'affirmation, ou la négation, qui est exprimée par le verbe »; Arnauld et Nicole y discutent deux classes d'exemples :

(1) (i) $\begin{Bmatrix} \text{Je soutiens} \\ \text{Il est vrai} \end{Bmatrix}$ que la terre est ronde.

(ii) $\begin{Bmatrix} \text{Je nie} \\ \text{Il n'est pas vrai} \end{Bmatrix}$ que la terre soit ronde.

(iii) Les raisons d'astronomie nous convainquent que le soleil est beaucoup plus grand que la terre.

(2) Tous les philosophes nous assurent que les choses pesantes tombent d'elles-mêmes en bas.

Les propositions 'Je soutiens', 'Il est vrai', 'Je nie', 'Il n'est pas vrai' sont déclarées « incidentes » parce que (1i) et (1ii) ne diffèrent de (3i) et (3ii) :

(3) (i) La terre est ronde.

(ii) La terre n'est pas ronde.

que par la « manière » dont l'affirmation, ou la négation, se trouve exprimée : grâce au seul verbe 'est' ou à la seule particule négative dans (3); grâce à ces mêmes outils et à la proposition « incidente » dans (1). En (1iii), l'incidente 'Les raisons de l'astronomie nous convainquent' sert à « appuyer la vérité » de (3iii) :

(3) (iii) Le soleil est beaucoup plus grand que la terre.

Pour (2), il s'agit d'une proposition qui se révèle ambiguë selon « le dessein de celui qui la profère ». Au sein du raisonnement (4) :

(4) Tous les philosophes nous assurent que les choses pesantes tombent d'elles-mêmes en bas. Or les pierres sont pesantes. Donc elles tombent en bas d'elles-mêmes.

nous pouvons substituer (5) à (2) :

(5) Les choses pesantes tombent d'elles-mêmes en bas.

et l'incidente 'Tous les philosophes nous assurent' appuiera donc la vérité de (5). Par contre, dans (6):

> (6) Tous les philosophes nous assurent que les choses pesantes tombent d'elles-mêmes en bas. Or cela est une erreur, et par conséquent il se peut faire qu'une erreur soit enseignée par tous les philosophes.

«La première partie [de (2)] serait la proposition principale, et (...) la seconde partie seulement de l'attribut». Autrement dit, nous avons affaire à deux «syllogismes complexes» de forme radicalement différente. (4) sera comparé à (7):

> (7) Dieu commande d'honorer les rois (que les rois soient honorés). Louis XIV est roi. Donc Louis XIV doit être honoré.

où la proposition incidente 'Dieu commande' «confirme cette affirmation, *Les Rois doivent être honorés*» (*LAP*, II, xi, III, ii, ix, xi; cf. éd. von Freytag Löringhoff-Brekle, III, pp. 54-58; Durand, 1977: pp. 331-332). Car les conclusions de (4) et (7) se laissent respectivement remplacer par (8) et (9):

> (8) Tous les philosophes nous assurent que les pierres tombent en bas d'elles-mêmes.
>
> (9) Dieu commande d'honorer Louis XIV.

avec la réserve que ces propositions complexes reçoivent la même analyse en «principale» et en «incidente» que la prémisse majeure. En revanche, (6) sera rapproché de (10):

> (10) Le soleil est une chose insensible. Les Perses adoraient le soleil. Donc les Perses adoraient une chose insensible.

Cette fois-ci, la conclusion paraît obtenue par l'intermédiaire de la dérivation suivante:

> (11) (i) Le soleil est une chose insensible et les Perses adoraient le soleil.
>
> (ii) Les Perses adoraient le soleil qui est une chose insensible.
>
> (iii) Les Perses adoraient une chose insensible.

Le passage de (11 i) à (11 ii) se fait en vertu de la théorie des incidentes explicatives, et il postule, bien évidemment, que 'le soleil' est un terme individuel (*LAP*, III, ix; voir aussi l'éd. von Freytag Löringhoff-Brekle, III, pp. 54-55). De la même manière, on réduira (6) à (12):

> (12) (i) 'Les choses pesantes tombent d'elles-mêmes en bas' est une erreur et tous les philosophes nous assurent 'Les choses pesantes tombent d'elles-mêmes en bas'.

(ii) Tous les philosophes nous assurent 'Les choses pesantes tombent d'elles-mêmes en bas' qui est une erreur.
(iii) Tous les philosophes nous assurent une erreur.

Il est clair qu'il faudra, de nouveau, soumettre la subordination en 'que' à l'interprétation métalinguistique, ceci afin que l'incidente de (12 ii) «explique», elle aussi, un terme individuel (cf. 5.1 et 5.2.2)[19].

Dès la première édition de la *LAP*, les paragraphes qui viennent d'être commentés passent à l'actuel chapitre II, viii, dans lequel Arnauld et Nicole traitaient originellement des seules modalités (voir Donzé, 1967: pp. 149-151; Nuchelmans, 1983: pp. 82-83; Pariente, 1975b: p. 231). Ce glissement, qui prive le chapitre II, v d'une part importante de son contenu, s'explique, à mon sens, par deux raisons fondamentales. Nous avons vu, en 4.3, que les quantificateurs et les modalités peuvent être décrits comme des opérateurs assertoriques qui agissent, au plan sémantique, sur l'affirmation (inclusion) exprimée par la copule, ou la négation (non-inclusion) exprimée par une particule négative jointe à la copule. Par voie de conséquence, un quantificateur ou une modalité marquent aussi l'assentiment, du moins quand ils ne se trouvent sous la portée d'aucun autre opérateur. Or, les propositions quantifiées et les propositions modales sont souvent complexes, au moins «dans l'expression»; (13) équivaut à (14):

(13) Il est nécessaire que la terre soit ronde.
(14) La terre est nécessairement ronde.

et (15) équivaut à (16):

(15) Il y a des craintes qui sont raisonnables.
(16) Quelques craintes sont raisonnables.

(*LAP*, II, xiii; cf. chapitre 4). On comprend mieux, dès lors, que les propositions (1), (2) et (7) contiennent, pour l'une des lectures concevables, une «incidente» qui «modifie» la copule, niée ou non niée, à la façon d'un quantificateur ou d'une modalité (cf. Auroux, 1979: p. 94). Si le rôle rempli par le relatif 'que' demeure obscur (cf. Nuchelmans, 1983: p. 82), le rapprochement avec (13) et (15) montre que nous nous heurtons à un problème plus général, encore illustré par les constructions en 'C'est ... que' (*LAP*, II, xi; *GGR*, II, x; cf. Chevalier, 1968: p. 511-518).

Par ailleurs, la théorie de Port-Royal ne sépare pas clairement les modalités des modes (cf. Durand, 1977: pp. 326-327). Si la quantification n'absorbe pas la modalité, et que celle-ci reçoit une interprétation épistémique (cf. 4.3.2), l'affirmation ou la négation exprimée par la copule (éventuellement niée) fera l'objet d'une «modification» non assertorique, assimilable, *mutatis mutandis*, aux «modifications» que peuvent apporter les modes autres que l'indicatif. Les «incidentes» de (1), (2) et (13) rendront alors quelques-unes des différentes variétés d'engagements que le sujet parlant contracte vis-à-vis de ses destinataires quant à la vérité de l'inclusion, ou de la non-inclusion, exprimée par la «principale». Dans (7), l'incidente 'Dieu commande' véhicule une modalité déontique qui peut être ramenée à l'opérateur '*Naturel*', mais la construction posera problème au plan syntaxique, puisque la proposition introduite par 'que' n'est pas déclarative (cf. notes 17 et 18).

De nombreux linguistes estimeront sans nul doute que les exemples (1i) et (1ii) sont tout à fait différents de (1iii) et (2). En effet, les «incidentes» 'Je soutiens', 'Je nie', 'Il (n')est (pas) vrai' exhibent une propriété de «transparence» telle que, si un locuteur asserte 'Je soutiens que la terre est ronde' ou 'Il est vrai que la terre est ronde', il est censé asserter, du même coup, 'La terre est ronde'. Cette transparence découle soit de la «montée sémantique» rendue possible par le prédicat 'vrai', soit de l'emploi d'un verbe «performatif» à la première personne de l'indicatif présent (cf. Quine, 1975: pp. 22-25; Récanati, 1981: en particulier pp. 33-34, 51-61). En d'autres termes, (1i) et (1ii) ne toléreraient pas l'ambiguïté que la *LAP* décèle dans (2), et la transparence que les «incidentes» de (1iii) et (2) peuvent éventuellement acquérir relèverait de mécanismes de discours indépendants. Il est symptomatique, à cet égard, que Récanati (1981), lorsqu'il commente Port-Royal, se borne à citer (1i) et passe (1iii) et (2) sous silence[20].

Pour ma part, je pense que la démarche d'Arnauld et Nicole se fonde sur des présupposés tout autres, qu'une étude historique permet de dégager. Dans sa *Réponse aux difficultés du marquis de Sourdis*, puis dans l'*Ecrit pour la duchesse de Longueville* (cf. introduction), Barcos avait voulu défendre Jansénius en affirmant que ce dernier n'avait rien fait d'autre que de rapporter les opinions de saint Augustin (cf. Orcibal, 1963: p. 117): «le livre de Jansénius n'ayant pour but de que de représenter les sentiments de Saint Augustin sur la matière de la grâce (...) et la prédestination, (...) il n'y parle point et n'y exprime point ses opinions et ses pensées, pouvant dire qu'il n'est rien que la voix de Saint Augustin» (Orcibal, 1963: pp. 122, 125-126, 127). L'argumentation de Barcos s'appuyait, pour une fois, sur la grammaire: «Jansénius ne dit pas, telle Proposition est vraie ou fausse; mais toujours que S. Augustin a dit qu'elle est vraie ou fausse (...) au lieu que la Proposition qu'on lui impose le fait parler absolument. On change donc une Proposition relative en une Proposition absolue; et une

Proposition modifiée en une Proposition simple» (dans Arnauld, *O*, XXII, pp. 690-691). Le métalangage utilisé ici ne laisse planer aucun doute. Les propositions assertées par Jansénius possèdent la forme:
   (17) Saint Augustin dit que *P*.

Elles sont «relatives» et non «absolues» parce qu'elles rapportent une assertion effectuée par un énonciateur distinct de leur énonciateur; elles sont «modifiées» et non «simples» parce que «l'incidente» 'Saint Augustin dit' exonère leur énonciateur de tout engagement quant à la vérité de *P* (plus précisément: du jugement possible exprimé par *P*). La réaction d'Arnauld et Nicole ne se fit pas attendre (voir *O*, XXII, pp. 672-674, 686-694, 700). Si on suivait Barcos, on devrait admettre que Jansénius n'a émis que des propositions de fait: «la Proposition totale de Jansénius et toutes les autres semblables, où l'on attribue une Proposition et une opinion à un Auteur, sont composées de deux énonciations distinctes, qui ont de soi-même leur sens séparé. L'une, qui contient l'énonciation d'un certain dogme qui est enfermé dans une Proposition complète; l'autre, qui consiste en une autre énonciation par laquelle on attribue ce dogme à un Auteur» (p. 691; cf. 3.2.2). Dans cette hypothèse, Jansénius n'aurait jamais dû conclure de (17) à *P*. Or, il se livre constamment à cette inférence, parce qu'il admet «que tout ce que dit S. Augustin sur la matière de la grâce est vrai et catholique» (p. 690; cf. pp. 674, 687-688, 700); en conséquence, «quand Jansénius dit: S. Augustin dit cela, c'est la même chose que s'il disait: je crois après S. Augustin» (p. 692). Lorsque Jansénius prend bien soin de se retrancher derrière les textes augustiniens, sa précaution vient de ce qu'il use de termes «généraux» que le docteur de la grâce a «déterminé» à ne signifier qu'une partie de leur étendue initiale (pp. 692-694; cf. 3.3.1).

La position d'Arnauld et Nicole pourrait donc se résumer en termes assez rigoureux. Pour un catholique, et relativement aux matières de la grâce et de la prédestination, saint Augustin est un *énonciateur transparent*: si *E* dit que saint Augustin dit que *P*, et que *P* traite des matières susdites, alors *E* est réputé dire que *P*. Ceci s'applique immédiatement aux exemples (1i) et (1ii) avec 'soutenir' et 'nier', si nous les glosons respectivement en (18) et (19):
   (18) Je dis que la terre est ronde.
   (19) Je dis que la terre n'est pas ronde.

En effet, la maxime de sincérité exige que, sauf indication contraire, tout énonciateur soit transparent pour lui-même, et relativement à tout thème imaginable (cf. 3.3.1). Si nous voulons échapper à cette

contrainte pragmatique, nous devrons, par exemple, recourir à une
«protestation extérieure»:

(18') Je dis que la terre est ronde; mais elle n'est pas ronde.
(19') Je dis que la terre n'est pas ronde; mais elle est ronde.

de même qu'un théologien hostile à l'augustinisme usera de formules telles que:

(17') Saint Augustin dit que P; mais (je dis que) non-P.

L'ambiguïté découverte par Arnauld et Nicole s'étend donc à (1i-18) et (1ii-19), même si la maxime de sincérité la masque le plus souvent. Seuls font exception ici les tours 'Il est vrai', 'Il n'est pas vrai', pour les raisons déjà signalées.

L'approche que je viens de décrire ne me semble pas inférieure aux théories modernes étudiées par Récanati. Elle explique que des exemples comme (1), (2) et (7) puissent être rapprochés les uns des autres. La «modalisation» assertive de (1i) s'avère plus «forte» que celle de (1iii), laquelle l'emporte à son tour sur la «modalisation» assertive de (2), en fonction du pari que le locuteur effectue normalement sur sa propre sincérité, sur les raisons de l'astronomie, sur les opinions des philosophes. Quant à l'inférence qui conduit de (20) à (21):

(20) Dieu commande que les rois soient honorés.
(21) Les rois doivent être honorés.

elle s'impose aux yeux du chrétien si (20) est glosé en (22):

(22) Dieu dit que les rois doivent être honorés.

En effet, pour tout chrétien, et relativement à toute matière, Dieu est un énonciateur transparent.

5.3. Le terme complexe

Jusqu'à présent, je me suis préoccupé des propositions complexes qui, sous leur forme immédiatement accessible, contiennent au moins une proposition incidente. Je vais maintenant me tourner vers les cas où apparaît un terme complexe dont l'incidente est partiellement «sous-entendue». Il apparaîtra très vite que cette enquête élucide le statut grammatical de l'adjectif, et permet de débusquer une nouvelle catégorie de termes qui «ne sont complexes que dans le sens». Après avoir prouvé qu'au sein de cette classe, il faut encore différencier les termes *connotatifs* des termes *dénotatifs*, je reviendrai sur la syntaxe et la sémantique de la préposition.

5.3.1. La théorie de l'adjectif

Au paragraphe 4.1.1, j'ai soutenu que la dichotomie entre substantifs et adjectifs devait précéder, dans l'ordre même de la théorie, les distinctions qui permettent de définir le nom propre et le nom commun. Malheureusement, la *GGR* et la *LAP* réservent à l'adjectif un traitement assez indécis, où surnagent à grand-peine quelques bribes des conceptions médiévales (cf. note 12 du chapitre 4). Je ne résumerai pas le contenu des chapitres pertinents (*GGR*, II, ii; *LAP*, I, ii, II, i), car il a été analysé, avec toute l'attention souhaitable, par Donzé (1967: pp. 67-72), Marin (1975: pp. 151-168), Murat (1979) et Swiggers (1981e). Il faut cependant garder trois points à l'esprit. Pour la *GGR* comme pour la *LAP*, la stratification ontologique qui sépare les «choses» ou «substances» des «manières des choses» ou «accidents» ou «modes» ne se reflète pas immédiatement dans la classification grammaticale. Le substantif «signifie directement» la substance ('homme', 'corps', ...) ou l'accident ('dureté', 'blancheur', ...); dans ce second cas, il est dit 'abstrait'[21]. L'adjectif «signifie directement, mais confusément» la substance ou «sujet» et «indirectement, quoique distinctement» l'accident ('dur', 'blanc', ...) ou une substance «divisée en deux idées» dont «on regarde l'une comme sujet, et l'autre comme mode» ('humain', ...). Si on ajoute à cela que le substantif abstrait peut aussi exprimer les idées de modes obtenues par la «division» des substances ('humanité', ...), on aboutit à discriminer cinq classes de noms communs (cf. Swiggers, 1981e). D'autre part, il se fait que «des Noms (...) passent pour substantifs en Grammaire et (...) sont de véritables adjectifs, comme *roi, philosophe, médecin*, puisqu'ils marquent une manière d'être ou mode dans un sujet». Ceci nous conduit d'emblée au deuxième point. «Dans l'usage», l'adjectif se distingue du substantif en ce qu'il ne peut «subsister seul dans le discours» (cf. Henry, 1975: p. 83). Il convient de voir là une conséquence syntaxique de sa «signification confuse, qu'on peut appeler connotation». Par nature, l'adjectif souffre d'indétermination$_1$; ainsi «tous les adjectifs (...) doivent avoir un *pluriel*, parce qu'il est de leur nature d'enfermer toujours une certaine signification vague d'un sujet, qui fait qu'ils peuvent convenir à plusieurs, au moins quant à la manière de signifier; quoiqu'en effet ils ne convinssent qu'à un» (*GGR*, II, iv; cf. Picardi, 1976: pp. 388-389; Swiggers, 1981e: p. 239). En combinant l'adjectif à un substantif, nous lui faisons signifier une partie de l'ensemble des objets qu'il «signifie confusément». Si 'roi', 'philosophe', 'médecin' ne réclament aucun substantif en discours, c'est que leurs conditions d'emploi les «déterminent» par avance à ne signifier qu'une partie des hommes. Enfin, la *GGR* établit un parallèle instructif entre deux séries de classes grammaticales:

substantif non abstrait	adjectif	substantif abstrait
('corps')	('blanc')	('blancheur')
copule	participe	infinitif
('est')	('chantant')	('chanter')

Pour fonctionner en discours, l'adjectif exige un substantif comme le participe exige la copule (le «verbe substantif», cf. note 13 du chapitre 4). Lorsqu'il «ne retient pas l'affirmation» (cf. 5.2.2), l'infinitif «est alors différent des Participes, en ce que les participes sont des noms adjectifs, et que l'Infinitif est un nom substantif, fait par abstraction de cet adjectif; de même que de *candidus*, se fait *candor*, et de *blanc* vient *blancheur*. Ainsi *rubet* verbe, signifie *est rouge*, enfermant ensemble l'affirmation et l'attribut: *rubens* participe signifie simplement *rouge*, sans affirmation; et *rubere* pris pour un nom, signifie *rougeur*» (*GGR*, II, xiii). Par conséquent, «le verbe signifie tout ce que signifie l'Infinitif pris comme nom: et de plus l'affirmation (...) comme *candidus, blanc* signifie le substantif tiré de l'adjectif, savoir *candor, la blancheur* et de plus la connotation d'un sujet dans lequel est cet abstrait» (*GGR*, II, xviii; cf. Chevalier, 1968: p. 525). Si nous systématisons cette comparaison négligée des commentateurs, nous arrivons à une conclusion originale: le participe, et l'adjectif en général, ne signifient pas autre chose que l'infinitif ou le substantif abstrait, mais ils s'en distinguent par le fait qu'ils ne figurent, dans les paraphrases canoniques, qu'en position attribut. Leur «signification confuse» ou «connotation» tient à ce que l'extension du sujet restreint celle de l'attribut (cf. 1.3.3); de sorte que la «signification directe» de l'adjectif ou du participe dépendra, en discours, de la «signification directe» du sujet.

De nombreux passages appuient une telle reconstruction (cf. Chomsky, 1969: p. 64; Kretzmann, 1975: pp. 181-186; Marin, 1975: pp. 159-160; Touratier, 1980: pp. 29, 54-55). Le chapitre II, ix de la *GGR* paraphrase les exemples (1) et (2):

(1) Dieu invisible a créé le monde visible.
(2) Video canem currentem.

en:

(1') Dieu qui est invisible a créé le monde qui est visible.
(2') Je vois un chien qui court.

et plusieurs œuvres d'Arnauld témoignent de cette stratégie. 'Spero in Christum pro me mortuum' est traduit par 'J'espère en Jésus-Christ qui est mort pour moi'; car «toutes sortes d'adjectifs se peuvent souvent traduire en cette manière: *Deus invisibilis creavit mundum visibilem. Dieu qui est invisible a créé le monde qui est visible*» (*O*, VII, p. 415). Dans les propositions 'Huic definitioni sincere nos subjicientes pollicemur nos adversus eam nihil facturos' et 'Deum diligentes omnia mandata ejus servamus', «ces participes *subjicientes, diligentes*, ne sont point déterminés par les verbes qui suivent à une autre signification qu'à celle qu'ils ont naturellement; qui est, que ces Propositions sont complexes, et en renferment deux, comme s'il y avait: *Nos qui huic definitioni nos subjicimus pollicemur*. Or il est clair que ces paroles, *qui huic definitioni nos subjicimus*, n'ont point d'autre sens que ces paroles absolues: *huic definitioni nos subjicimus*» (*O*, XXI, p. 603). La *LAP* stipule expressément que, dans les groupes substantif + adjectif, «si ce relatif n'est pas toujours exprimé, il est toujours en quelque sorte sous-entendu, parce qu'il se peut exprimer si l'on veut sans changer la proposition. Car c'est la même chose de dire, un corps transparent, ou un corps qui est transparent» (I, viii; cf. II, v). Une description similaire s'applique à des structures appositives comme 'Urbs Roma' ou 'Alexandre le plus généreux de tous les rois', respectivement «résolues» en 'Urbs quae dicitur Roma', et 'Alexandre qui a été le plus généreux de tous les rois' (*GGR*, II, ix; *LAP*, II, v; cf. Colombat, 1979: pp. 76-77).

Le fait que l'adjectif ne puisse occuper, à l'intérieur des paraphrases canoniques, d'autre position que celle d'attribut explique un passage assez curieux du chapitre consacré aux idées accessoires. Arnauld et Nicole s'en prennent «à ceux qui se plaignent des reproches qu'on leur a fait» et qui changent «les substantifs en adjectifs: de sorte que si on les a accusés d'ignorance ou d'imposture, ils disent qu'on les a appelés ignorants ou imposteurs; ce qui n'est pas raisonnable; ces mots ne signifiant pas la même chose. Car les mots adjectifs d'ignorant et d'imposteur, outre la signification du défaut qu'ils marquent, enferment encore l'idée de mépris, au lieu que ceux d'ignorance et d'imposture marquent la chose telle qu'elle est, sans l'aigrir ni l'adoucir» (*LAP*, I, xiv; cf. *O*, I, pp. 455-461). Cette analyse, qui ne semble guère défendable au plan empirique, revient sans doute à reconnaître que, dans tous ses usages, l'adjectif sert à exprimer un jugement possible. Par conséquent, si l'adjectif d'une proposition affirmative éveille une idée accessoire, celle-ci entrera dans le rapport d'inclusion avec l'idée exprimée par le sujet. A l'inverse, la substantif abstrait ne transforme pas la proposition où il figure en proposition complexe, et ne peut donc véhiculer un jugement injurieux ou méprisant.

5.3.2. *Termes connotatifs et termes dénotatifs*

Tout terme qui contient un adjectif est donc un terme complexe, que la proposition incidente fasse ou non l'objet d'une ellipse du relatif et de la copule. Tant que subsiste le nom sujet ou un pronom qui en «tient la place», le terme est «complexe dans l'expression» (*LAP*, I, viii). Lorsque l'adjectif s'utilise seul, et ailleurs qu'en position attribut, le terme est «complexe dans le sens». Soit le latin 'album' ou le français '(le) blanc'; «la raison pourquoi on n'exprime pas le substantif auquel ils se rapportent, c'est que c'est un substantif général qui comprend tous les sujets de ces modes, et qui est par là unique dans cette généralité» (*LAP*, I, viii, II, i). Autrement dit encore, l'adjectif n'est pas un terme complexe indépendamment de son occurrence en discours (ce que suggèrent pourtant Marin, 1975: p. 151 et Murat, 1979); 'album', '(le) blanc' sont des termes triplement indéterminés auxquels le contexte ou la situation peuvent apporter une détermination$_1$ ('bonnet blanc'), une détermination$_2$ ('quelque blanc') ou une détermination$_3$ ('le blanc Alexandre'). Dans de tels cas, l'adjectif isolé se révèle paraphrasable par un terme dont la structure se conforme à la syntaxe des propositions complexes:

	'bonnet blanc'	→	'bonnet qui est blanc'
'blanc' →	'quelque blanc'	→	'quelque objet qui est blanc'
	'le blanc Alexandre'	→	'l'homme qui est Alexandre qui est blanc'

L'adjectif 'blanc' ainsi «déterminé» est un terme «complexe dans le sens» et *connotatif*, parce que la paraphrase le transporte nécessairement en position attribut.

Selon la *LAP*, les noms singuliers ('Monsieur') et les descriptions définies pourvus d'une détermination$_3$ sont, eux aussi, complexes dans le sens et connotatifs: «le blanc signifie confusément un corps, et la blancheur distinctement: sentiment d'Aristote signifie confusément quelque opinion, quelque pensée, quelque doctrine, et distinctement la relation de cette pensée à Aristote auquel on l'attribue» (I, viii; cf. Stoianovici, 1976). En revanche, le pronom, et particulièrement le démonstratif, se décrira comme un terme complexe dans le sens et *dénotatif*: «alors que l'adjectif est la marque distincte dans l'expression d'un confus dans le représenté (...) le pronom neutre est la marque confuse dans l'expression d'un distinct dans le sens» (Marin, 1975: p. 168). Traduite en un métalangage plus formel, cette glose énonce que la paraphrase maintient le pronom en position sujet:

'Ceci' → 'Ceci qui est du pain dans ce moment-ci'

Le même résultat peut être saisi par le biais de son corollaire le plus immédiat. Si un terme individuel est connotatif, la proposition incidente de sa paraphrase est explicative; si un terme individuel est dénotatif, la proposition incidente de sa paraphrase est déterminative$_3$.

Cette conclusion éclaircit notablement le débat centré autour de la description définie 'Le sens de Jansénius' (cf. 3.2.2, 4.1.2, 5.2.1). La proposition:

(1) Le sens de Jansénius est hérétique.

tolère une lecture attributive, générique et une lecture référentielle, non générique. Dans la seconde éventualité, le terme singulier est déterminé$_3$ à signifier un dogme, c'est-à-dire une proposition qui se nomme elle-même quand elle se trouve précédée du relatif 'que' (cf. encore 5.1.2, 5.2.2 et 5.2.3). Ce terme singulier étant connotatif, tous ses mots, hormis l'article défini, figurent en position attribut au sein de la paraphrase complexe dans l'expression. 'Le sens de Jansénius' se voit donc remplacé par le terme 'id quod sensit Jansenius'. «Or ce sujet, *id*, n'est pas et ne peut pas être un *id* indéterminé, et un *id* quelconque; mais il faut nécessairement que ce soit un *id* déterminé et distinctement connu; c'est-à-dire un certain dogme, et par conséquent la relation d'être le sens de Jansénius: et la qualité d'hérétique étant ajoutée[s] à cette idée distincte, et ne changeant pas sa supposition individuelle; c'est-à-dire, ne faisant point qu'elle soit prise pour une autre chose, il s'ensuit que ce sont des explications et non des déterminations» (Nicole, dans Arnauld, *O*, XXII, pp. 832-833; texte moins clair dans la *LAP*, I, viii). Le 'id' de la paraphrase, en tant que terme dénotatif (cf. Marin, 1975: p. 168), se «résoudra» en un terme complexe dans l'expression où il conservera son statut de sujet. Autrement dit, la proposition (1) équivaudra à:

(2) (i) Ceci qui est que ... qui est sens de Jansénius est hérétique.
(ii) Ceci qui est '...' qui est sens de Jansénius est hérétique.

et exhibera la même forme logique que l'exemple (3) précédemment discuté (cf. *O*, XXII, p. 780):

(3) La doctrine qui met le souverain bien dans la volupté du corps, laquelle a été enseignée par Epicure, est indigne d'un philosophe.

Arnauld et Nicole disposent ainsi de tous les outils techniques nécessaires à leur argumentation. En lecture référentielle, (1) renferme bien (4) et (5):

(4) Ceci qui est '...' est hérétique.
(5) Ceci qui est '...' est sens de Jansénius.

c'est-à-dire une proposition de droit et une proposition de fait (cf. 3.2). «C'est pourquoi votre Proposition [*Le sens de Jansénius est hérétique*] est semblable à celle d'une personne qui dirait; *que Cyrus, fils de Cambyse a délivré les Juifs de captivité*: car cette personne mêlerait deux choses dans une même proposition» (*O*, XXI, p. 173; cf. aussi p. 211). D'autre part, les «jugements» tels que (1) ou (3) «enferment toujours deux affirmations, lors même qu'elles ne sont pas exprimées: L'une principale qui regarde la vérité (...) l'autre incidente, qui ne regarde qu'un point d'histoire» (*LAP*, II, vi). Parce qu'elle est incidente et explicative, (5) possède une caractéristique qui se révèle essentielle dans le présent contexte: sa fausseté n'entraîne pas celle de (4), ni non plus celle de (1 = 2). On voit, par conséquent, que la théorie des propositions incidentes vient légitimer l'attitude du janséniste qui asserterait (1 = 2) en signant le formulaire «déterminé» par le premier mandement. J'incline à penser, quant à moi, que l'amalgame entre proposition principale et proposition totale a pris naissance dans ce contexte tactique[22].

Par ailleurs, les gloses métalinguistiques brouillent la différence entre détermination$_1$ et détermination$_3$, qu'Arnauld et Nicole n'ont jamais réussi à maintenir (cf. note 13). Cette situation les a poussés à croire que toutes les difficultés liées à l'usage référentiel pouvaient être soumises à un traitement comparable. Discutant la proposition 'Le vrai bonheur ne peut provenir du plaisir des sens', Arnauld considère que le terme singulier 'Le vrai bonheur' reçoit deux «déterminations» distinctes, selon que l'usager parle le langage de la concupiscence ou celui de la foi (*O*, XL, pp. 3-5; cf. 3.3.2). Il affirme ensuite que la proposition examinée enferme une proposition de droit et une proposition de fait. De toute évidence, la solution métalinguistique déboucherait ici sur des absurdités; mais on ne voit plus, alors, comment garantir la détermination$_3$ (cf. 4.1.2).

Quoi qu'il en soit, les langues connaissent un mécanisme d'ellipse qui produit des termes individuels connotatifs. Nous rendons compte par là même, du passage de (6i), (7i) et (8i) à respectivement (6ii), (7ii) et (8ii):

(6) (i) Les Perses adoraient le soleil qui est une chose insensible.
    (ii) Les Perses adoraient une chose insensible.
(7) (i) Tous les philosophes nous assurent 'Les choses pesantes tombent d'elles-mêmes en bas' qui est une erreur.
    (ii) Tous les philosophes nous assurent une erreur.

(8) (i) Brutus a tué César qui était un tyran.
    (ii) Brutus a tué un tyran.

ce qui justifie un type de «syllogismes complexes» (cf. 5.2.3; *O*, I, p. 264; Durand, 1977: pp. 332-333). Comme les incidentes de (6i), (7i) et (8i) sont explicatives, la négation pourra porter sur l'un ou l'autre membre de la paraphrase canonique, même si elle affecte normalement la principale (cf. 5.2.2). Il en découle que les propositions suivantes:

(9) Les Perses n'adoraient pas une chose insensible.
(10) Il n'est pas vrai que tous les philosophes nous assurent une erreur[23].
(11) Brutus n'a pas tué un tyran.

quand elles constituent la négation de (6), (7) ou (8), se voient assigner, vu l'absence syntaxique de l'antécédent, les interprétations:

(9') Les Perses adoraient le soleil qui n'est pas une chose insensible.
(10') Tous les philosophes nous assurent 'Les choses pesantes tombent d'elles-mêmes en bas' qui n'est pas une erreur.
(11') Brutus a tué César qui n'était pas un tyran.

(*LAP*, II, v; cf. Chevalier, 1968: pp. 516-517; Durand, 1977: pp. 323-324). Contrairement à ce que supposent Durand (1977: p. 324, 1980: p. 132) et Swiggers (1980: p. 126), cette analyse peut s'étendre au terme sujet. «Les contradictoires de ces sortes de Propositions: *le sens de Jansénius est hérétique; les cinq Propositions sont hérétiques dans le sens de Jansénius*, sont équivoques de leur nature; parce que les affirmatives contenant dans le sens deux Propositions; l'une de fait, et l'autre de droit, lorsqu'on les nie, la négation peut tomber sur l'une ou sur l'autre» (*O*, XXII, p. 747). Autrement dit, le passage de (12i) à (12ii):

(12) (i) '...' qui est sens de Jansénius est hérétique.
    (ii) Le sens de Jansénius est hérétique.

produit un terme connotatif, de telle sorte que (13) peut équivaloir à (14):

(13) Le sens de Jansénius n'est pas hérétique.
(14) '...' qui n'est pas sens de Jansénius est hérétique.

Il reste que (13) à la différence de (9), (10) et (11), admet aussi l'interprétation (15):

(15) '...' qui est sens de Jansénius n'est pas hérétique.

ceci en raison des propriétés référentielles des descriptions définies.

5.3.3. La préposition

Au paragraphe 4.1, j'ai signalé que la préposition, tout en «signifiant un objet de la pensée», marque aussi «les rapports que les choses ont les unes avec les autres». Il y a là une contradiction que la théorie du terme complexe permettrait de dissiper. Il suffit de postuler, en effet, que la préposition transforme tout substantif (propre ou commun) en adjectif, de sorte qu'un groupe préposition + nom ne puisse jamais fonctionner en tant que sujet.

Ma conjecture se heurte, dès l'abord, au témoignage de la *GGR* (II, ix; cf. Kretzmann, 1975: pp. 182-186; Pariente, 1975a; Robins, 1976: p. 134). Commentant l'exemple (1):

(1) La valeur d'Achille a été cause de la prise de Troie.

Lancelot et Arnauld précisent que «cette union de plusieurs termes dans le sujet et dans l'attribut (...) n'empêche pas que la proposition ne soit simple, ne contenant en soi qu'un seul jugement, ou affirmation (...) Ce qui arrive toujours toutes les fois, que des deux substantifs qui entrent dans le sujet ou dans l'attribut de la proposition, l'un est régi par l'autre». Pourtant, ils «expliquent» les adjectifs latins 'aureus', 'ferreus', 'bovinus' par les groupes 'd'or', 'de fer', 'de bœuf' (*GGR*, II, ii). En outre, ils écrivent que des «pronoms principaux et primitifs (...) il s'en forme d'autres qu'on appelle possessifs; de la même sorte que nous avons dit qu'il se faisait des adjectifs des noms qui signifient des substances, en y ajoutant une signification confuse; comme de *terre, terrestre*. Ainsi, *meus, mon* signifie distinctement *moi*, et confusément quelque chose qui m'appartient et qui est à moi. *Meus liber*, mon livre, c'est-à-dire *le livre de moi*» (*GGR*, II, viii; cf. Chevalier, 1968: pp. 523-524; Donzé, 1967: pp. 80-82). Si la «signification confuse» du possessif naît de son occurrence obligée comme attribut, la préposition semble bien être un outil d'adjectivation qui rend complexe le terme où elle apparaît[24]. La *LAP* nous fournit à cet égard une confirmation précieuse: «quand on dit, *le prince des philosophes*, c'est un terme complexe dans l'expression, puisque le mot de prince est déterminé par celui de philosophe» (I, viii).

Extrapolée à toute la syntaxe de régime, une telle approche se muerait en une tentative, condamnée par avance, de ramener l'ensemble des formes logiques imaginables au schème aristotélicien. Les flottements descriptifs de la *GGR* témoignent ainsi d'un désarroi théorique profond.

NOTES

[1] Pour l'usage du terme 'relatif', voir *GGR*, II, xix; *LAP*, II, ix; Chevalier, 1968: pp. 526-527; Colombat, 1979: p. 83; Donzé, 1967: pp. 153, 219-221; Kuroda, 1979: p. 41; Nuchelmans, 1983: p. 84.

[2] Pour des remarques isolées sur 'que' et ses équivalents grecs et latins, voir outre *GGR*, II, ix: *O*, VI, p. 600; *GP*, II, p. 105 (cf. 2.3).

[3] Ce faisant, je négligerai l'influence que le casuiste Caramuel a pu exercer sur nos auteurs (cf. Angelelli, 1976; Brekle, 1975: pp. 331-337; Ceyssens, 1962; Risse, 1964: pp. 350-354; Robinet, 1978: p. 35; Salmon, 1979: pp. 75-81).

[4] Dans le même contexte, la *GP* (II, pp. 111-113) parle de «termes accessoires» (cf. aussi Donzé, 1967: p. 79; Marin, 1975: p. 169; Picardi, 1976: pp. 390-391).

[5] Je passe ici sur le fait que 'corpus meum', 'mon corps' contient à son tour un pronom, et se trouve donc dans le rapport R_3 avec le terme individuel 'corpus Christi', 'le corps du Christ' (cf. Marin, 1975: pp. 170, 296-297 et 5.3.3).

[6] Sur cette interprétation, voir 3.3.2 et Arnauld, *O*, VII, p. 419: «les Théologiens sont partagés sur la manière dont Jésus-Christ consacra; et il y en a qui ont cru, après deux grand Papes, Innocent III et Innocent IV, que le Sauveur en instituant le Sacrement, non en Ministre, changea le pain en son corps par une bénédiction secrète, et qu'ensuite il dit à ses Apôtres du pain déjà changé, *ceci est mon corps*».

[7] Dans la *NML* (pp. 478-479), Lancelot glose 'Scio jam filius quod amet meus' en 'Hoc — ou 'illud' — (negotium) jam scio, nempe quod amet filius meus', et 'laetor quod vivit in urbe' en 'laetor ob id — ou 'propter id negotium' —, quod est, vivit in urbe' ou encore '... quod est τὸ vivere in urbe'. Sur l'emploi métalinguistique de la ponctuation et de l'article neutre grec, voir *GGR*, II, xxi; Colombat, 1979: pp. 31, 110-115, 167; Dominicy, 1979: pp. 48, 57-58, 60, 1981; Donzé, 1967: p. 86).

[8] Je suppose ici que le relatif de liaison «enferme» le morphème *QU*. Mais il pourrait aussi ne différer en rien d'un pronom démonstratif (cf. Dominicy, 1979: pp. 52, 59-60). Si l'on adopte l'hypothèse figurée en (13), la règle d'attachement par *QU* posera problème.

[9] Il est clair que la proposition est considérée ici comme un *type*, et non comme un *token* (cf. 2.2.1).

[10] Le fait que les chapitres II, vi et II, vii ne figurent pas dans la version manuscrite de la *LAP* montre bien qu'Arnauld ne maîtrisait pas vraiment la théorie des propositions complexes lorsqu'il a rédigé la première édition de la *GGR* (cf. éd. von Freytag Löringhoff-Brekle, III, p. 21; Chevalier, 1968: p. 532; Pariente, 1975b: p. 231).

[11] Dès janvier 1657, Arnauld analyse la proposition complexe 'Les Pères nous montrent un Juste en la personne de S. Pierre, à qui la grâce, sans laquelle on ne peut rien, a manqué' en trois parties: 'Les Pères ... S. Pierre', '[un Juste] à qui la grâce a manqué', '[la grâce] sans laquelle on ne peut rien' (*O*, XX , pp. 330-331).

[12] Selon Chevalier (1968: pp. 532-533), les auteurs de la *LAP* tiendraient 'lequel' «pour un signe de relative explicative». Le texte cité ne me paraît pas autoriser cette conclusion.

[13] On pourrait aussi conjecturer que 'doctrine' est déterminé$_1$ à exprimer une idée individuelle par l'incidente, dont l'attribut devient un nom propre dans l'interprétation métalinguistique. Cette particularité a sans doute favorisé la confusion entre détermination$_1$ et détermination$_3$, à l'occasion des longues discussions consacrées au sens de Jansénius. Mais l'occurrence de l'article défini relève alors de l'aberration (cf. 4.1.2).

[14] Je conserve ici la ponctuation de Port-Royal. L'usage qui consiste à distinguer les explicatives à l'aide de virgules remonte à l'abbé Girard (cf. Colombat, 1979: pp. 83-84, 95; Donzé, 1967: pp. 141-142; Henry, 1975: p. 84; Pariente, 1979; Touratier, 1980: pp. 268-271).

[15] L'analyse esquissée s'applique aussi aux propositions qui concernent la doctrine de la grâce et l'universalité du rachat (*LAP*, II, xiii, cf. 3.1.3). Dans (i) et (ii):
  (i) Tous les hommes sont sauvés par la mort de Jésus-Christ.
  (ii) Tous les hommes sont justes par la grâce de Jésus-Christ.
le terme sujet reçoit une détermination$_1$ exprimable par une incidente:
  (iii) Tous les hommes qui sont sauvés sont sauvés par la mort de Jésus-Christ.
  (iv) Tous les hommes qui sont justes sont justes par la grâce de Jésus-Christ.
Ainsi la proposition (i = iii) sera vraie si, et seulement si, dans tout monde où la classe des hommes est incluse dans la classe des sauvés, la classe des hommes est incluse dans la classe des sauvés par la mort de Jésus-Christ; et de même pour (ii = iv). Amalgamant les singulières génériques aux universelles (cf. 4.3.1), la *LAP* étend cette approche aux exemples du type:
  (v) (Tous) les Hollandais sont bons matelots.
récemment étudiés par Carlson (1980: pp. 44-45, 181-186; sur l'emploi de l'adjectif 'bon', voir Arnauld, *O*, XIV, pp. 211-213). La particularité de (v) réside alors en ce que le quantificateur universel se trouve sous la portée de la modalité '*Naturel*' (cf. 4.3.2): la proposition est vraie si, et seulement si, dans tout monde naturel où la classe des Hollandais est incluse dans la classe des matelots, la classe des Hollandais est incluse dans la classe des bons matelots.

[16] Je me limite ici au singulier. Dans l'approche que j'ai développée au paragraphe 4.1.2, il convient de distinguer les prédicats selon qu'ils sont extrapolables, ou non, de la partie au tout: «quand je dis: *Les Romains ont vaincu les Cartaginois: Les Vénitiens font la guerre au Turc: Les Juges d'un tel lieu ont condamné un criminel*, ces propositions ne sont point universelles; autrement on pourrait conclure de chaque Romain qu'il aurait vaincu les Carthaginois, ce qui serait faux. Et elles ne sont point aussi particulières. Car cela veut dire plus que si je disais, que quelques Romains ont vaincu les Carthaginois; mais elles sont singulières» (*LAP*, II, xiii; cf. note 9 du chapitre 4).

[17] De nombreuses raisons empêchent nos auteurs de prendre en compte l'alternance entre:
  Si un homme avait trente pieds de haut, il serait plus fort qu'Hercule.
et:
  Les hommes qui auraient trente pieds de haut seraient plus forts qu'Hercule.
D'abord, la théorie des modes verbaux, qui ne prévoit pas que l'affirmation puisse être «modifiée» dans une incidente (cf. 4.2.2; Colombat, 1979: pp. 200-205, 228-230, 1981); ensuite la sémantique des modalités, lesquelles se résorbent dans la quantification (cf. 4.3.2).

[18] Comme le remarque Colombat (cf. note 17), il est possible que la *GGR*, ait essayé, sans succès, de capter le caractère déclaratif des incidentes en 'que' auxquelles se borne son enquête. Le chapitre II, xvii décrit les relations entre interrogation directe et interrogation indirecte en partant de deux exemples:
  (i) (a) Pouvez-vous faire cela?
    (b) On m'a demandé si je pouvais faire cela.
  (ii) (a) Qui êtes-vous?
    (b) Il m'a demandé qui j'étais.
On peut voir dans 'si' le reflet subordonnant de l'opérateur d'interrogation, que le pronom interrogatif «enferme» par définition (cf. chapitre 4). Parallèlement, 'que' constituerait alors une marque d'assertion, moins éloignée qu'il n'y paraît du grec 'hóti' ou du latin 'quia' utilisés en structure indépendante (*GGR*, II, ix et xvii; cf. *O*, VI, p. 600; Colombat, 1979: pp. 118-120, 147-153, 1982; Donzé, 1967: pp. 146-147).

[19] Il est donc abusif de prêter à la *LAP* une «théorie partielle des relations» (Chomsky, 1969: pp. 74-75; cf. les critiques de Brekle, 1969: pp. 86-89, 1975: p. 336; Kuroda, 1979: pp. 46-47).

[20] Dans son ouvrage de 1979 (pp. 137-142), Récanati commente les exemples (1iii) et (2); il ajoute que l'ambiguïté de (1i) et (1ii), connue des logiciens médiévaux, n'est pas explicitement dégagée par la *LAP*. Néanmoins, la théorie de l'affirmation (cf. 4.2.1) semble prédire l'existence même de cette ambiguïté: si je dis 'Je suis affirmant que la terre est ronde', le participe 'affirmant' me permet de «signifier» mon affirmation présente comme un «objet de ma pensée» auquel j'applique une réflexion expresse.

[21] L'usage du terme 'abstrait' pose quelques problèmes. La *GGR* et le chapitre I, ii de la *LAP* paraissent limiter l'appellation de 'substantif abstrait' à des mots tels que 'humanité', 'corporéité', 'raison' qui signifient un attribut essentiel (cf. plus bas et Murat, 1979). Mais en II, i, la *LAP* écrit: «quand par une abstraction de l'esprit on conçoit ces manières sans les rapporter à un certain sujet, comme elles subsistent alors en quelque sorte dans l'esprit par elles-mêmes; elles s'expriment par un mot substantif, comme *sagesse, blancheur, couleur*» (cf. aussi *GP*, III, p. 213).

[22] On pourrait étendre la même analyse aux exemples (17) et (18) du paragraphe 5.2.1:

(i) L'homme, qui est pieux, est charitable.
(ii) L'homme qui est pieux est charitable.

En effet, ils sont tous deux glosables, dans la lecture référentielle, à l'aide de (iii):

(iii) L'homme qui est Untel qui est pieux est charitable.

Cependant, l'incidente 'qui est pieux' devient alors irrémédiablement explicative, et nous perdons tout espoir de retrouver la distinction marquée ici par les virgules.

[23] L'interaction de la négation et du quantificateur pose ici problème.

[24] Les expressions 'Le mien', 'La tienne', 'Les siens', etc. seraient donc des termes singuliers comparables à 'Le blanc', 'La verte', 'Les rouges', etc. (*GGR*, II, viii); ils deviendraient des termes individuels connotatifs en cas de détermination$_3$.

Conclusion

Dans son livre de 1972, Verga décrit l'œuvre d'Arnauld comme « une apologétique qui ne devient pas système ». Ce raccourci saisissant ne manque pas de vérité ; il dissimule pourtant une unité de réflexion que je crois avoir restituée ici. Depuis la théorie des idées jusqu'à la théorie du terme complexe, un fil conducteur nous a guidés, sans solution de continuité, du cartésianisme à la logique, de la logique à la sémiologie, puis à la pragmatique, à la sémantique et à la syntaxe des langues naturelles. Le fondement de cet itinéraire n'est, tout compte fait, qu'un calcul élémentaire et jamais construit, sur lequel se greffe une interprétation intensionnelle aux corrélats mal maîtrisés. De là découlent la force et la faiblesse de la linguistique élaborée à Port-Royal. Force, parce qu'un appareil très simple est utilisé aux limites de ses possibilités, pour rendre compte d'une gamme apparemment hétéroclite de phénomènes ; faiblesse, parce que cet acquis s'appuie sur le caractère ambigu ou imprécis de certaines notions cruciales.

L'unité de la doctrine se laisse clairement apercevoir lorsqu'une même difficulté resurgit, de manière répétitive, à travers tout l'exposé. Ainsi, l'amalgame entre idées singulières et idées individuelles, qui semble se ramener à une confusion purement technique, n'exerce pas ses ravages au seul plan de la métaphysique. Il compromet aussi les théories du nom, de l'article et du pronom, brouille la logique de la quantification, et mine obscurément l'analyse des descriptions définies en tant que termes complexes. Le rôle d'écran que peuvent jouer certains concepts centraux est bien illustré par l'étude de la « détermination ». Pour une part, la « détermination » se définit à un niveau de généralité situé en deçà de la grammaire et de la logique propositionnelle, là où la stratification entre l'idée et le jugement tend à s'effacer, et où se formule la loi de compositionnalité. La théorie de la « détermination » s'étend alors au domaine pragmatique, tout en rendant élégamment compte de l'équivocité. Cependant, la notion même de « détermination » éclate quand on essaie de l'appliquer au détail logique ou grammatical. Cette dispersion, dont Arnauld et Nicole ont parfois pris conscience, cède la place à une unification locale dans quelques cas privilégiés, dont les propositions traitant du sens de Jansénius nous offrent l'exemple le plus frappant.

Parallèlement à ces résultats strictement internes, les influences respectivement exercées par Descartes et par les préoccupations théologiques se dessinent beaucoup mieux. A de nombreux égards, Arnauld se révèle soucieux de réaliser une synthèse entre le cartésianisme et une tradition d'origine scolastique dont il ne veut pas renier tous les outils. Ceci le conduit à soumettre les thèses cartésiennes à une interprétation non-réifiante et non-dispositionnelle fondée sur la distinction, rigoureusement mise en œuvre, de la conscience virtuelle et de la conscience expresse. Dans un tel contexte, le langage acquiert une importance épistélomologique que Descartes ne lui reconnaissait pas, et le contact se rétablit avec l'augustinisme et les théories logico-linguistiques du Moyen Age et de la Renaissance. Par le chaînon intermédiaire de la doctrine sémiologique, les analyses sémantiques et pragmatiques que les théologiens avaient accumulées pendant des siècles peuvent faire l'objet d'une lecture inédite, où l'apologétique suit les mêmes chemins que le plaidoyer pour la science moderne. Avec ses quatre voies aux certitudes inégales (sensation, foi humaine, raison, foi divine), notre savoir couvre tous les terrains, de sorte que l'analyse des idées, effectuée par le biais du langage quotidien, se mue en un bouclier universel contre l'erreur et le péché.

La position particulière d'Arnauld et de Nicole au sein du monde catholique s'explique par cette alliance de réforme et de réaction. Même si Nicole est plus scolastique et Arnauld plus cartésien, l'un et l'autre s'accordent à rejeter toute attitude qui confond les secteurs du savoir ou pervertit la pragmatique de la communication. Ainsi Barcos et les Jésuites sont-ils condamnés pour des raisons à la fois inverses et similaires. Enfermé dans un obscurantisme hautain, le premier risque de pratiquer un langage privé, réceptacle d'une vérité absolue que les hommes ne pourraient découvrir; avides de nouveauté et trop enclins à substituer l'autorité à la révélation, les seconds cèdent volontiers aux manœuvres linguistiques que l'usage ordinaire tolère à l'intérieur de limites souvent floues et implicites. L'affaire des signatures constitue, de ce point de vue, un témoignage irremplaçable. Pour parvenir au compromis traduit par le premier mandement, Arnauld et Nicole ont dû mobiliser toutes les ressources de leur théorie linguistique. Leur échec tactique procède sans doute de causes multiples; l'échec doctrinal atteste d'un isolement intellectuel que l'histoire externe du jansénisme ne laissait pas soupçonner.

En cette fin du vingtième siècle, plus d'un grammairien ou d'un linguiste travaille, chaque jour, sur les questions que n'ont cessé d'explorer ses ancêtres de Port-Royal. Ceci provient d'abord de ce que la *Grammaire* et la *Logique* ont légué à la postérité un appareil d'analyse qui, sans éliminer les cadres morphologiques de la grammaire ancienne, garantit l'autonomie de la syntaxe et en multiplie les techniques descriptives. Mais il y a une parenté plus profonde encore qui nous rapproche aujourd'hui d'Arnauld et de Nicole; c'est, à travers l'étude syntaxique, sémantique et pragmatique des langues naturelles, la recherche constante d'une rationalité commune que nous voulons soustraire à l'idéologie.

Bibliographie

Pour les sources premières, les renvois se font par un système de citations directes ou d'abréviations dont le détail est donné plus bas. Pour les sources critiques, le renvoi se fait au nom d'auteur suivi de la date de publication, elle-même suivie d'une lettre minuscule si l'auteur a publié plusieurs titres dans la même année.

I. Sources premières

ARNAULD (Antoine)
(1) O = Œuvres, éd. de G. Du Pac de Bellegarde, J. Hautefage et N. de Larrière, Paris-Lausanne, 1775-83, 43 tomes [réimpression anastatique, Bruxelles, 1964; sur la genèse de cette édition voir Jacques, 1975, 1976: pp. 751-755].
(2) «Plusieurs raisons pour empêcher la censure ou la condamnation de la philosophie de Descartes», dans V. Cousin, *Fragments de philosophie moderne*, Paris, 1855, pp. 7-22 [sur l'attribution de cet écrit, voir Bouillier, 1854: I, pp. 458-460; Gouhier, 1978: p. 204; Laporte, 1923-52: II, p. xxxviii].
(3) et P. Nicole, *LAP = La logique ou l'art de penser*, éd. de P. Clair et F. Girbal, Paris, ^{1}1965, ^{2}1981 [autre éd. consultée: B. von Freytag Löringhoff et H.E. Brekle, Stuttgart-Bad Cannstatt, 1965-67, 3 tomes; reproduit le manuscrit].
(4) et P. Nicole, *GP = La [grande] perpétuité de la foi de l'Eglise catholique touchant l'Eucharistie*, Paris, 1704, 3 vol.
(5) Voir LANCELOT (2).

BARCOS (Martin de)
Voir Goldmann (1956a); Orcibal (1963).

CORDEMOY (Gérauld de)
Œuvres philosophiques, éd. de P. Clair et F. Girbal, Paris, 1968.

DESCARTES (René)
(1) AT = *Œuvres*, éd. de Ch. Adam et P. Tannery, Paris, 1897-1913, 11 vol.
(2) Voir Gilson (1947).

DOMAT (Jean)
Voir Pascal (1), X, pp. 228-253; Jovy (1908-12: I, pp. 234-260).

LA FORGE (Louis de)
Œuvres philosophiques, éd. de P. Clair, Paris, 1974.

LAMY (Bernard)
(1) *De l'art de parler*, Paris, ²1676.
(2) *Entretiens sur les sciences*, éd. de F. Girbal et P. Clair, Paris, 1966.

LANCELOT (Claude)
(1) *NML = Nouvelle méthode pour apprendre facilement la langue latine*, Paris, ¹³1819 [sur les différentes éd., voir Colombat, 1979: pp. 237-238].
(2) et A. Arnauld, *GGR = Grammaire générale et raisonnée*, éd. de H.E. Brekle, Stuttgart-Bad Cannstatt, 1966, 2 tomes [autre éd. consultée: voir Foucault, 1969].

LEIBNIZ (Gottfried Wilhelm)
(1) *Discours de métaphysique et correspondance avec Arnauld*, éd. de G. Le Roy, Paris, 1957.
(2) *Nouveaux essais sur l'entendement humain*, éd. de A. Robinet et H. Schepers, dans *Sämtliche Schriften und Briefe*, Berlin, 1962, vol. VI, vi.
(3) Voir Parkinson (1966).

MALEBRANCHE (Nicolas de)
Œuvres complètes, éd. de G. Rodis-Lewis, A. Robinet *et al.*, Paris, 1959-70, 20 tomes.

NICOLE (Pierre)
(1) *Les Imaginaires et les Visionnaires*, Liège, 1667, 2 vol.
(2) *Préjugés légitimes contre les calvinistes*, Liège, ³1683.
(3) *Les prétendus réformés convaincus de schisme*, Bruxelles, ²1684.
(4) *Lettres choisies*, Liège, 1702.
(5) *Essais de morale*, Paris, 1714-23, 13 vol.
(6) «Traité de la vraie et de la fausse beauté dans les ouvrages de l'esprit», trad. du latin par P.C. Richelet, dans *Nouveau recueil des épigrammatistes français anciens et modernes*, Amsterdam, 1724, II, pp. 169-220.
(7) Voir ARNAULD (1), XXII, pp. 831-833; MALEBRANCHE, XVIII [cf. Rodis-Lewis, 1950b]; PASCAL (1), X, pp. 198-221; Chédozeau (1981); Chinard (1948: pp. 119-130); Delassault (1963).
(8) Voir ARNAULD (3) et (4).

PASCAL (Blaise)
Les citations directes renvoient à (3). Pour les *Pensées*, je reproduis le texte de (5), en conservant la numérotation de Brunschvicg.
(1) *OC = Œuvres*, éd. de L. Brunschvicg, P. Boutroux et F. Gazier, Paris, 1904-14, 14 vol.
(2) *Œuvres complètes*, éd. de J. Chevalier, Paris, ²1962.
(3) *Œuvres complètes*, éd. de L. Lafuma, Paris, 1963.
(4) *OD = Œuvres diverses (1623-1654) = Œuvres complètes*, vol. II, éd. de J. Mesnard, Bruges, 1970 [voir Mesnard, 1964].
(5) *Pensées*, éd. de M. Le Guern, Paris, 1977, 2 vol.

SACY (Louis-Isaac Le Maistre de)
Voir Delassault (1959).

THUROT (François)
Tableau des progrès de la science grammaticale, éd. de A. Joly, Bordeaux, 1970.

II. Sources critiques

AARSLEFF (H.)
1967, *The Study of Language in England 1780-1860*, Princeton, U.P.
1970, «The History of Linguistics and Professor Chomsky», *Language*, XLVI, pp. 570-585.
1971, «Cartesian Linguistics. History or Fantasy?», *Language Sciences*, 17, pp. 1-12.
1975, «The Eighteenth Century, including Leibniz», dans SEBEOK, éd., pp. 383-479.
1982, *From Locke to Saussure*, Minneapolis, U. of Minnesota P.

ABERCROMBIE (N.)
1936, *The Origins of Jansenism*, Oxford, Clarendon.

ADAM (A.)
1968, *Du mysticisme à la révolte. Les Jansénistes du XVIIe siècle*, Paris, Fayard.

AGASSI (J.)
1963, *Towards a Historiography of Science*, La Haye, Mouton (*History and Theory. Studies in the Philosophy of Science*, Beiheft 2).

ALQUIÉ (F.)
1960, «Conscience et signes dans la philosophie moderne et le cartésianisme», dans *Polarité du symbole*, Bruges, Desclée de Brouwer (*Etudes Carmélitaines*, XXXIX), pp. 221-226.

ANGELELLI (I.)
1976, «Ioannes Caramuel Lobkowitz. A Bio-Bibliographical Note», *Teorema*, 6, pp. 513-517.

ARMOGATHE (J.-R.)
1969, «Dom Desgabets et Port-Royal», *Chroniques de Port-Royal*, 17-18, pp. 68-87.
1977, *Theologia cartesiana. L'explication de l'Eucharistie chez Descartes et Dom Desgabets*, La Haye, Nijhoff.

ASHWORTH (E.J.)
1972, «Descartes' Theory of Clear and Distinct Ideas», dans BUTLER, éd., pp. 89-105.
1973, «The Doctrine of Exponibilia in the Fifteenth and Sixteenth Centuries», *Vivarium*, II, pp. 137-167.
1974, *Language and Logic in the Post-Medieval Period*, Dordrecht, Reidel.
1981, «Do Words Signify Ideas or Things? The Scolastic Sources of Locke's Theory of Language», *Journal of the History of Philosophy*, XIX, pp. 299-326.

ASPELIN (G.)
1967, «Idea and Perception in Locke's *Essay*», *Theoria*, XXXIII, pp. 278-283.

AUERBACH (E.)
1957, «La teoria politica di Pascal», *Studi Francesi*, I, pp. 26-42.

Augustinus Magister, Paris, Etudes Augustiniennes, 1954.

AUROUX (S.)
1973, *L'Encyclopédie. «Grammaire» et «Langue» au XVIIIe siècle*, Paris, Mame.
1978, «Grammaire et logique: une théorie archaïque des relations», *Dialogue*, XVII, pp. 1-19.
1979, *La sémiotique des Encyclopédistes*, Paris, Payot.
1980, «Dumarsais et le lieu des tropes», dans KOERNER, éd., pp. 199-210.
1981, «Le concept de détermination: Port-Royal et Beauzée», *Transactions of the Fifth International Congress on the Enlightenment*, Oxford, pp. 1236-1246.
1982a, «Il programma logico dell' Illuminismo francese», dans BUZZETTI (D.) et FERRIANI (M.), éds, *La grammatica del pensiero*, Bologne, Il Mulino, pp. 11-43.

1982b, *L'illuminismo francese e la tradizione logica di Port-Royal*, Bologne, Cooperativa Libraria Universitaria Editrice.

AUVRAY (P.)
1974, *Richard Simon*, Paris, P.U.F.

BAIRD (A.W.S.)
1979, «La méthode de Pascal en physique», dans *Méthodes chez Pascal*, pp. 113-119.

BAKKER (W.F.)
1974, *Pronomen abundans and Pronomen coniunctum*, Amsterdam, North-Holland.

BALZ (A.G.A.)
1951, *Cartesian Studies*, New York, Columbia U.P.
1952, *Descartes and the Modern Mind*, New Haven, Yale U.P.

BARATIN (M.) et DESBORDES (F.)
1981, *L'analyse linguistique dans l'antiquité classique*, Paris, Klincksieck.
1982, «Sémiologie et métalinguistique chez Saint Augustin», *Langages*, 65, pp. 75-89.

BARBER (W.H.)
1955, *Leibniz in France from Arnauld to Voltaire*, Oxford, Clarendon.

BARTH (E.M.)
1974, *The Logic of the Articles in Traditional Philosophy*, Dordrecht, Reidel.

BATTAIL (J.-Fr.)
1973, *L'avocat philosophe Géraud de Cordemoy*, La Haye, Nijhoff.

BAUDIN (E.)
1946-47, *Etudes historiques et critiques sur la philosophie de Pascal*, Neuchâtel, La Baconnière.

BECK (L.J.)
1952, *The Method of Descartes*, Oxford, Clarendon.
1965, *The Metaphysics of Descartes*, Oxford, U.P.

BELAVAL (Y.)
1960, *Leibniz critique de Descartes*, Paris, Gallimard.

BENICHOU (P.)
1948, *Morales du Grand Siècle*, Paris, Gallimard.

BENVÉNISTE (E.)
1966, *Problèmes de linguistique générale*, Paris, Gallimard.

BENZECRI (E.)
1939, *L'esprit humain selon Pascal*, Paris, P.U.F.

BEYSSADE (J.-M.)
1979, *La philosophie première de Descartes*, Paris, Flammarion.

BIRAULT (H.)
1964, «Science et métaphysique chez Descartes et chez Pascal», *Archives de Philosophie*, XXVII, pp. 483-526.

Blaise Pascal, l'homme et l'œuvre, Paris, Minuit (*Cahiers de Royaumont, Philosophie*, 1), 1956.

BLANCHÉ (R.)
1970, *La logique et son histoire*, Paris, Colin.

BLONDEL (M.)
1923, «Le jansénisme et l'antijansénisme de Pascal», *Revue de Métaphysique et de Morale*, XXX, pp. 129-163.

BONNO (G.)
1955, *Les relations intellectuelles de Locke avec la France*, Berkeley et Los Angeles, U. of California P. (*Publ. in Modern Philology*, XXXVIII).

BOPP (K.)
1902, «Antoine Arnauld, der grosse Arnauld, als Mathematiker», Leipzig, Teubner (*Abhandlungen zur Geschichte der mathematische Wissenschaften*, XIV), pp. 187-338.

BOSSONG (G.)
1979, «Über die zweifache Unendlichkeit der Sprache. Descartes, Humboldt, Chomsky und das Problem der sprachlichen Kreativität», *Zeitschrift für Romanische Philologie*, LXXV, pp. 1-20.

BOUILLIER (F.)
1854, *Histoire de la philosophie cartésienne*, Paris et Lyon, Durand et Brun, 2 vol.

BRANCA (S.)
1982, «Théorie de la liaison des idées et syntaxe: les origines de la notion d'unité syntaxique large dans l'*Art d'écrire*», dans SGARD, éd., pp. 289-311.

BREKLE (H.E.)
1964, «Semiotik und linguistische Semantik in Port-Royal», *Indogermanische Forschungen*, LXIX, pp. 103-121.
1967, «Die Bedeutung der *Grammaire générale et raisonnée* für die heutige Sprachwissenschaft», *Indogermanische Forschungen*, LXXII, pp. 1-21.
1969, compte rendu de Chomsky, *Cartesian Linguistics* [cf. CHOMSKY, 1969], *Linguistics*, 49, pp. 74-91.
1975, «The Seventeenth Century», dans SEBEOK, éd., pp. 277-380.

BREMOND (H.)
1920, *Histoire littéraire du sentiment religieux en France*, Paris, Bloud et Gay, vol. IV, ii.

BREVA-CLARAMONTE (M.)
1983, *Sanctius' Theory of Language*, Amsterdam, Benjamins.

BRIDET (L.)
1929, *La théorie de la connaissance dans la philosophie de Malebranche*, Paris, Rivière.

BRODY (J.)
1964, «Pierre Nicole, auteur de la préface du *Recueil de poésies chrétiennes et diverses*», *XVIIe siècle*, 64, pp. 31-54.

BRUNETIÈRE (F.)
1932, *Etudes critiques sur l'histoire de la littérature française*, Paris, Hachette, 4e série, 9e éd.

BRUNOT (F.)
1966, *Histoire de la langue française*, Paris, Colin, tome IV, 1.

BURSILL-HALL (G.)
1971, *Speculative Grammars of the Middle Ages*, Paris et La Haye, Mouton.

BUSSON (H.)
1933, *La pensée religieuse française de Charron à Pascal*, Paris, Vrin.
1948, *La religion des classiques (1666-1685)*, Paris, P.U.F.

BUTLER (R.J.)
éd., *Cartesian Studies*, Oxford, Blackwell, 1972.

CADET (F.)
1887, *L'éducation à Port-Royal*, Paris, Hachette.

CANILLI (A.)
1977, «Nota di linguistica pascaliana», *Studi Italiani di Linguistica Teorica ed Applicata*, VI, pp. 75-99.

CANTO (M.)
1979, «L'invention de la grammaire», *Critique*, 387-388, pp. 707-719.

CARLSON (G.N.)
1980, *Reference to Kinds in English*, New York et Londres, Garland.

CARRÉ (I.)
1887, *Les pédagogues de Port-Royal*, Paris, Delagrave.

CARRÉ (M.-R.)
1974, «Pensée rationnelle et responsabilité morale: le Traité de sagesse dans *La Logique de Port-Royal*», *Publications of the Modern Language Association*, LXXXIX, pp. 1075-1083.

CASTAÑEDA (H.-N.)
1976, «Leibniz's Syllogistico-Propositional Calculus», *Notre-Dame Journal of Formal Logic*, XVII, pp. 481-500.

CATON (H.)
1973, *The Origin of Subjectivity. An Essay on Descartes*, New Haven et Londres, Yale U.P.

CEYSSENS (L.)
1950 sv., Divers travaux historiques publiés notamment sous les titres de *Jansenistica maiora* et *Jansenistica minora*, Bruxelles, Malines et Rome.
1957, «Le jansénisme. Considérations historiques préliminaires à sa notion», dans *Jansenistica minora*, III, 24.
1962, «Autour de Caramuel», dans *Jansenistica minora*, VII, 59.

CHÉDOZEAU (B.)
1973, «Historique et sens réel de la sortie de Nicole hors de France», dans *Missions et démarches de la critique. Mélanges offerts au Professeur J.A. Vier*, Paris, Klincksieck, pp. 467-473.
1978, «Nicole et la grandeur», Paris, C.N.R.S. (*Recherches sur le XVIIe siècle*, 2), pp. 102-108.
1979, «La spiritualité de M. de Barcos, abbé de Saint-Cyran», *Chroniques de Port-Royal*, 26-27-28 (1977-78-79), pp. 95-112.
1980, «Comment Nicole se justifie de n'avoir point repris la lutte», *Chroniques de Port-Royal*, 29, pp. 7-16.
1981, «Huit lettres de Pierre Nicole fort importantes pour le temps des grandes contestations», *Chroniques de Port-Royal*, 30, pp. 3-37.

CHERVEL (A.)
1977, *Histoire de la grammaire scolaire*, Paris, Payot.

CHEVALIER (J.)
1923, «La méthode de connaître d'après Pascal», *Revue de Métaphysique et de Morale*, XXX, pp. 181-220.

CHEVALIER (J.-Cl.)
1967, «La Grammaire générale de Port-Royal et la critique moderne», *Langages*, 7, pp. 16-33.
1968, *Histoire de la syntaxe. Naissance de la notion de complément dans la grammaire française (1530-1750)*, Genève, Droz.

1970, « L'histoire de la grammaire. Quelques ouvrages récents », *Revue Romane*, V, pp. 145-158.
1977a, « Les *Entretiens d'Ariste et d'Eugène* du Père Bouhours soit la littérature et l'idéologie », dans DUCHET (M.) et JALLEY (M.), éds, *Langue et langages de Leibniz à l'Encyclopédie*, Paris, 10/18, pp. 25-43.
1977b, « *Grammaire générale* de Port-Royal et tradition grecque », dans JOLY et STÉFANINI, éds, pp. 145-156.
1979, « Analyse grammaticale et analyse logique. Esquisse de la naissance d'un dispositif scolaire », *Langue Française*, 41, pp. 20-34.

CHINARD (G.)
1948, *En lisant Pascal*, Genève, Droz.

CHOMSKY (N.)
1965, « De quelques constantes de la théorie linguistique », *Diogène*, 51, pp. 14-24.
1969, *La linguistique cartésienne*, Paris, Seuil.
1970, *Le langage et la pensée*, Paris, Payot.

CHOUILLET (J.)
1972, « Descartes et le problème de l'origine des langues au XVIIIe siècle », *Dix-huitième siècle*, IV, pp. 39-60.

CHURCH (R.W.)
1931, *A Study in the Philosophy of Malebranche*, Londres, Allen & Unwin.

CLAIR (P.)
1964, *Louis Thomassin (1619-1695)*, Paris, P.U.F.

CLARK (R.)
1932, *Strangers and Sojourners at Port-Royal*, Cambridge, U.P.

CLÉRICO (G.)
1977, « F. Sanctius: histoire d'une réhabilitation », dans JOLY et STÉFANINI, éds, pp. 125-143.
1982, *Franciscus Sanctius, Minerve*, introduction, traduction et notes, Lille, P.U.
1983, « Ellipse et syntaxe de concordance chez quelques grammairiens classiques », *Histoire Epistémologie Langage*, V, 1, pp. 43-56
et LAHOUATI (G.), « Où la grammaire transformationnelle prend-elle vraiment sa source ? », *Le Français Moderne*, XL, pp. 52-60.

COGNET (L.)
1950, *Claude Lancelot Solitaire de Port-Royal*, Paris, Sulliver.
1956, « Le jugement de Port-Royal sur Pascal », dans *Blaise Pascal*, pp. 11-45.
1961, *Le jansénisme*, Paris, P.U.F. (« Que sais-je ? »).
1963, « Pascal et Port-Royal », *Chroniques de Port-Royal*, 11-14, pp. 98-104.
1969, « Bremond et Port-Royal », *Chroniques de Port-Royal*, 17-18, pp. 41-58.

COHEN (M.)
1977, *Sensible Words: Linguistic Practice in England 1640-1785*, Baltimore, Johns Hopkins U.P.

COHEN ROSENFIELD (L.)
1940, *From Beast-Machine to Man-Machine*, New York, Oxford U.P.

COLACLIDÈS (P.)
1968, « Note sur la définition du verbe par Aristote », *Glotta*, XLVI, pp. 56-58.

COLOMBAT (B.)
1979, *La théorie des propositions incidentes dans la « Nouvelle méthode pour apprendre la langue latine » de Lancelot*, Université de Clermont II, thèse de 3e cycle.

1981, «La proposition infinitive latine et la proposition incidente à Port-Royal», *L'Information Grammaticale*, 10, pp. 43-48.
1982, «Port-Royal et le relatif latin», à paraître dans la *Revue des Etudes Anciennes*.
1983, «L'ellipse et la syntaxe du relatif latin dans la grammaire *causiste*», *Histoire Epistemologie langage*, V, 1, pp. 57-65.

COMPAYRÉ (G.)
1879, *Histoire critique des doctrines de l'éducation en France depuis le seizième siècle*, Paris, Hachette, 2 vol.

COOK (M.L.)
1974, «Arnauld's Alleged Representationalism», *Journal of the History of Philosophy*, XII, pp. 53-62.
1975, «The Alleged Ambiguity of *Idea* in Descartes' Philosophy», *Southwestern Journal of Philosophy*, VI, pp. 87-94.

COSERIU (E.)
1972, *Die Geschichte der Sprachphilosophie von der Antike bis zur Gegenwart*, Tübingen, T.B.L., 2ᵉ partie.
1974, «Les universaux linguistiques (et les autres)», dans HEILMANN (L.), éd., *Actes du 11ᵉ congrès international des linguistes*, Bologne, Il Mulino, I, pp. 47-73.

COUSIN (V.)
1859, *Madame de Sablé*, Paris, Didier, 2ᵉ éd.

COUTURAT (L.)
1901, *La logique de Leibniz*, Paris, Alcan.

COUTURE (L.)
1911, «Commentaire d'un fragment de Pascal sur l'Eucharistie», dans COUTURE, *Enseignement*, Toulouse/Paris, Privat/Champion, pp. 104-127.

DANTO (A.)
1978, «The Representational Character of Ideas and the External World», dans HOOKER, éd., pp. 287-297.

DASCAL (M.)
1978, *La sémiologie de Leibniz*, Paris, Aubier-Montaigne.

De CERTEAU (M.)
1978, «L'idée de traduction de la Bible au XVIIᵉ siècle: Sacy et Simon», *Recherches de Science Religieuse*, LXII, pp. 73-91.

DELASSAULT (G.)
1957, *Le Maistre de Sacy et son temps*, Paris, Nizet.
1959, *Choix de lettres inédites de Louis-Isaac Le Maistre de Sacy (1650-1683)*, Paris, Nizet.
1963, *La pensée janséniste en dehors de Pascal*, Paris, Buchet-Chastel.

DELBOS (V.)
1924, *Etude de la philosophie de Malebranche*, Paris, Bloud et Gay.

DELESALLE (S.)
1980, «L'évolution de la problématique de l'ordre des mots du 17ᵉ au 19ᵉ siècle en France», *DRLAV*, 22-23, pp. 235-278.

DEL NOCE (A.)
1937, «La gnoseologia cartesiana nell' interpretazione di Arnauld», dans *Cartesio*, Milan, Vita e Pensiero (*Rivista di Filosofia Neo-Scolastica*, suppl. au vol. XIX), pp. 259-284.

De MEYER (A.)
1917, *Les premières controverses jansénistes en France (1640-1649)*, Louvain, Van Linthout.
DESGRIPPES (G.)
1935, *Etudes sur Pascal. De l'automatisme à la foi*, Paris, Téqui.
DIBON (P.)
1954, «Le problème de l'âme des bêtes chez Descartes et ses premiers disciples néerlandais», dans *Mens en dier*, pp. 187-221.
DOMINICY (M.)
1977, «Les parties du discours dans la grammaire de Port-Royal», dans DE VRIENDT (S.) et PEETERS (Chr.), éds, *Linguistique en Belgique 1*, Bruxelles, Didier, pp. 25-37.
1979, «Deux théories convergentes des propositions relatives: Port-Royal et Z.S. Harris», dans DE VRIENDT (S.) et PEETERS (Chr.), éds, *Linguistique en Belgique 2*, Bruxelles, Didier, pp. 44-64.
1981, «Beauzée critique de Port-Royal. La théorie du relatif», Bruxelles, Editions de l'Université (*Etudes sur le XVIIIe siècle*, VIII), pp. 95-107.
1982, «Condillac et les grammaires de dépendance», dans SGARD, éd., pp. 313-343.
1983a, «D'Alembert et la querelle des inversions», paru dans *Dix-huitième siècle*, XVI (1984), pp. 109-122.
1983b, «On Abstraction and the Doctrine of Terms in Eighteenth-Century Philosophy of Language», à paraître dans *Topoi*.
DONNELLAN (K.)
1971, «Reference and Definite Descriptions», dans STEINBERG (D.D.) et JAKOBOVITZ (L.A.), éds, *Semantics*, Cambridge, U.P., pp. 100-114.
DONZÉ (R.)
1967, *La grammaire générale et raisonnée de Port-Royal*, Berne, Francke.
DREYFUS (G.)
1966, «Le fondement du langage dans la philosophie de Malebranche», dans *Le langage*, I, pp. 137-142.
DROIXHE (D.)
1978, *La linguistique et l'appel de l'histoire (1600-1800)*, Genève et Paris, Droz.
DUCHESNEAU (Fr.)
1973, *L'empirisme de Locke*, La Haye, Nijhoff.
DUCROT (O.)
1972, *Dire et ne pas dire*, Paris, Hermann.
1973, *La preuve et le dire*, Paris, Mame.
DÜRR (K.)
1930, *Neue Beleuchtung einer Theorie von Leibniz*, Darmstadt, Reichl.
1947, «Die mathematische Logik von Leibniz», *Studia Philosophica*, VII, pp. 87-102.
DUMMETT (M.)
1956, compte rendu de RESCHER, 1954, *Journal of Symbolic Logic*, XXI, pp. 197-199.
1973, *Frege: Philosophy of Language*, Londres, Duckworth.
DURAND (J.)
1977, «Some Aspects of Reference and Predication in the *Grammaire générale et raisonnée* and the Port-Royal *Logique*», *Studies in Language*, I, pp. 321-336.
1980, «Port-Royal: a Reply [cf. SWIGGERS, 1980]», *Studies in Language*, IV, pp. 131-137.

EDWARDS (P.)
1972, «Atheism», dans EDWARDS, éd., I, pp. 174-189.
éd., *The Encyclopedia of Philosophy*, Londres, Collier-Macmillan, 1972, 8 tomes.
ELUNGU (P.E.)
1973, *Etendue et connaissance dans la philosophie de Malebranche*, Paris, Vrin.
ENRIQUES (F.)
1922, *Per la storia della logica*, Bologne, Zanichelli.
FALCUCCI (C.)
1939, *Le problème de la vérité chez Pascal*, Toulouse, Privat.
FAUCONNIER (G.)
1976, *Etude de certains aspects logiques et grammaticaux de la quantification et de l'anaphore en français et en anglais*, Université de Paris VII, thèse.
1979, «Comment contrôler la vérité. Remarques illustrées par des assertions dangereuses et pernicieuses en tout genre», *Actes de la Recherche en Sciences Sociales*, 25, pp. 3-22.
1984, *Espaces mentaux*, Paris, Minuit.
FERREYROLLES (G.)
1984, *Blaise Pascal. Les Provinciales*, Paris, P.U.F.
FOUCAULT (M.)
1966, *Les mots et les choses*, Paris, Gallimard.
1967, «La grammaire générale de Port-Royal», *Langages*, 7, pp. 7-15.
1969, Introduction à la *GGR* augmentée des remarques de Ch. Duclos [version revue de FOUCAULT, 1967], Paris, Republications Paulet.
FRANCE (P.)
1972, *Rhetoric and Truth in France. Descartes to Diderot*, Oxford, Clarendon.
FRANÇOIS (A.)
1939, «Précurseurs français de la grammaire affective», *Mélanges Bally*, Genève, pp. 369-377.
FREGE (G.)
1971, *Ecrits logiques et philosophiques*, Paris, Seuil.
GAUKROGER (S.)
éd., *Descartes. Philosophy, Mathematics and Physics*, Brighton/Totowa, The Harvester Press/Barne & Noble, 1980.
GAZIER (A.)
1923-24, *Histoire générale du mouvement janséniste depuis ses origines jusqu'à nos jours*, Paris, Champion, 2 vol.
GEACH (P.T.)
1968, *Reference and Generality*, Ithaca et New York, Cornell U.P., 2ᵉ éd.
1972, *Logic Matters*, Oxford, Blackwell.
1976, «Back-Reference», dans KASHER (A.), éd., *Language in Focus*, Dordrecht, Reidel, pp. 25-39.
GEWIRTH (A.)
1943, «Clearness and Distinctness in Descartes», *Philosophy*, 18, pp. 17-36.
GILLOT (H.)
1914, *La querelle des Anciens et des Modernes en France*, Paris, Champion.
GILSON (E.)
1947, éd. commentée du *Discours de la méthode*, Paris, Vrin.

1955, « Le sens du terme *abêtir* chez Blaise Pascal », dans *Les Idées et les Lettres*, Paris, Vrin, pp. 263-274.
1979, *Index scolastico-cartésien*, Paris, Vrin, 2ᵉ éd.

GITS (A.)
1940, *La foi ecclésiastique aux faits dogmatiques dans la théologie moderne*, Louvain, Presses de l'Université.

GOLDMANN (L.)
1955, *Le Dieu caché*, Paris, Gallimard.
1956a, *Correspondance de Martin de Barcos abbé de Saint-Cyran*, Paris, P.U.F.
1956b, « Le pari est-il écrit pour le libertin? », dans *Blaise Pascal*, pp. 111-131.

GOUHIER (H.)
1926, *La vocation de Malebranche*, Paris, Vrin.
1948, *La philosophie de Malebranche et son expérience religieuse*, Paris, Vrin.
1958, « Le refus du symbolisme dans l'humanisme cartésien », *Archivio di Filosofia (Umanesimo e simbolismo)*, pp. 65-74.
1962, *La pensée métaphysique de Descartes*, Paris, Vrin.
1966, *Blaise Pascal. Commentaires*, Paris, Vrin.
1972, *La pensée religieuse de Descartes*, Paris, Vrin, 2ᵉ éd.
1978, *Cartésianisme et augustinisme au XVIIᵉ siècle*, Paris, Vrin.

GREENLEE (D.)
1967, « Locke's Idea of *Idea* », *Theoria*, XXXIII, pp. 98-107.

GRICE (H.P.)
1967, *Logic and Conversation*, Harvard, William James Lectures, inédit.

GRISELLE (E.)
1906, « L'apologétique de Nicole », *Revue de l'Institut Catholique de Paris*, XI, pp. 302-316, 424-453.
1910-19, « Silhouettes jansénistes », *Revue d'Histoire Littéraire de la France*, XVII, pp. 137-155, XVIII, pp. 421-439, XXIII, pp. 216-247, XXVI, pp. 419-445.

GROSS (M.)
1967, « Sur une règle de cacophonie », *Langages*, 7, pp. 105-119.

GUENANCIA (P.)
1976, *Du vide à Dieu. Essai sur la physique de Pascal*, Paris, Maspero.
1979, « Pascal et la méthode expérimentale », dans *Méthodes chez Pascal*, pp. 121-137.

GUÉROULT (M.)
1968, *Descartes selon l'ordre des raisons*, Paris, Aubier-Montaigne, 2 vol.

GUILHOU (E.)
éd., *Descartes et le cartésianisme hollandais*, Paris/Amsterdam, P.U.F./Editions Françaises d'Amsterdam, 1951.

GUIRAUD (P.)
1966, « Le système du relatif en français populaire », *Langages*, 3, pp. 40-48.

GUNDERSON (K.)
1964, « Descartes, La Mettrie, Language and Machines », *Philosophy*, XXXIX, pp. 193-222.

GUSDORF (G.)
1969, *Les sciences humaines et la conscience occidentale*, Paris, Payot, vol. III, tome ii.

HAMELIN (O.)
1911, *Le système de Descartes*, Paris, Alcan.

HANNAFORD (R.L.)
1970, «Animadversions on Some Recent Speculations concerning the Contemporary Significance of *Cartesian Linguistics*», dans *Actes du 10* congrès international des linguistes*, Bucarest, II, pp. 247-254.

HARNISH (R.M.)
1976, «Logical Form and Implicature», dans BEVER (Th. G.), KATZ (J.J.) et LANGENDOEN (D.T.), *An Integrated Theory of Linguistic Ability*, Hassocks, The Harvester Press, pp. 313-391.

HARNOIS (G.)
1929, *Les théories du langage en France de 1660 à 1821*, Paris, Les Belles Lettres.

HARRINGTON (T.M.)
1982, *Pascal philosophe*, Paris, S.e.d.e.s.-C.D.U.

HARRIS (Z.S.)
1970, *Papers in Structural and Transformational Linguistics*, Dordrecht, Reidel.
1971, *Structures mathématiques du langage*, Paris, Dunod.
1976, *Notes du cours de syntaxe*, Paris, Seuil.
1981, *Papers on Syntax*, Dordrecht, Reidel.

HEESS (M.)
1977, *Blaise Pascal*, Munich, Fink.

HENRY (P.)
1975, «Constructions relatives et articulations discursives», *Langages*, 37, pp. 81-98.

HILDEBRANDT (R.)
1976, *Cartesianische Linguistik. Eine Analyse der Sprachauffassung Noam Chomskys*, Francfort-sur-le-Main/Berne, Lang.

HOOKER (M.)
1978, «Descartes' Denial of Mind-Body Identity», dans HOOKER, éd., pp. 171-185.
éd., *Descartes. Critical and Interpretive Essays*, Baltimore et Londres, The Johns Hopkins U.P., 1978.

HORN (L.)
1972, *On the Semantic Properties of Logical Operators in English*, U.C.L.A., thèse.

HOWELL (W.S.)
1956, *Logic and Rhetoric in England 1500-1700*, Princeton, U.P.
1971, *Eighteenth-Century British Logic and Rhetoric*, Princeton, U.P.

IMBERT (Cl.)
1982, «Port-Royal et la géométrie des modalités subjectives», *Le Temps de la Réflexion*, III, pp. 307-335.

IMLAY (R.A.)
1979, «Arnauld on Descartes' Essence: A Misunderstanding», *Studia Leibnitiana*, XI, pp. 134-145.

ISHIGURO (H.)
1972, *Leibniz's Philosophy of Logic and Language*, Londres, Duckworth.

JACOB (Fr.)
1970, *La logique du vivant*, Paris, Gallimard.

JACQUES (E.)
1974, «Arnauld, Cassini et la comète de 1680», *LIAS*, I, pp. 5-20.
1975, «Un anniversaire: l'édition des œuvres complètes d'Antoine Arnauld», *Revue d'Histoire Ecclésiastique*, LXX, pp. 705-730.

1976, *Les années d'exil d'Antoine Arnauld (1679-1694)*, Louvain, Publications Universitaires et Nauwelaerts.

JAMES (E.D.)
1972, *Pierre Nicole Jansenist and Humanist. A Study of his Thought*, La Haye, Nijhoff [en partie repris dans «The Political and Social Theory of Pierre Nicole», *French Studies*, XIV (1960), pp. 117-128].

JØRGENSEN (J.)
1931, *A Treatise of Formal Logic*, Copenhague/Londres, Levin & Munksgaard/Humphrey Milford-Oxford U.P., 3 vol.

JOLY (A.)
1972a, «Cartésianisme et linguistique cartésienne. Mythe ou réalité?» *Beiträge zur Romanischen Philologie*, XI, pp. 86-94.
1972b, éd., introduction et notes, dans HARRIS (J.), *Hermès*, Genève, Droz.
1976a, «James Harris et la problématique des parties du discours à l'époque classique», dans PARRET, éd., pp. 410-430.
1976b, «Le débat sur les parties du discours à l'époque classique», *Zeitschrift für Phonetik, Sprachwissenschaft und Kommunikationsforschung*, XXIX, pp. 464-467.
1977, «La linguistique cartésienne: une erreur mémorable», dans JOLY et STÉFANINI, éds, pp. 165-199
et STÉFANINI (J.), éds, *La grammaire générale des Modistes aux Idéologues*, Lille, P.U., 1977.

JOVY (E.)
1908-12, *Pascal inédit*, Vitry-le-François, 5 vol.
1928, *Etudes pascaliennes*, Paris, Vrin, vol. III.

KAHN (Ch. H.)
1973, *The Verb 'Be' in Ancient Greek*, Dordrecht, Reidel.

KATZ (J.J.)
1972, *Semantic Theory*, New York, Harper and Row.
1977, *Propositional Structure and Illocutionary Force*, Hassocks, The Harvester Press.
1978, «Effability and Translation», dans GUENTHNER (F.) et GUENTHNER-REUTTER (M.), éds, *Meaning and Translation*, Londres, Duckworth, pp. 191-234.

KAUPPI (R.)
1960, *Über die Leibnizsche Logik*, Helsinki, Acta Philosophica Fennica, XII.

KAWAMATA (K.)
1979, «Les deux abbés de Saint-Cyran inspirateurs de Pascal», *Chroniques de Port-Royal*, 26-27-28 (1977-78-79), pp. 125-132.

KENNY (A.)
1968, *Descartes. A Study of his Philosophy*, New York, Random House.
1972, «Descartes on the Will», dans BUTLER, éd., pp. 1-31.

KIRKINEN (H.)
1960, *Les origines de la conception moderne de l'homme-machine*, Helsinki, Annales Academiae Scientiarum Fennicae, 122.

KLEIBER (G.)
1981, *Problèmes de référence: descriptions définies et noms propres*, Paris, Klincksieck.

KNEALE (W. et M.)
1962, *The Development of Logic*, Oxford, Clarendon.

KNOWLSON (J.R.)
1975, *Universal Language Schemes in England and France 1600-1700*, Toronto, U.P.

KOERNER (K.)
éd., *Progress in Linguistic Historiography*, Amsterdam, Benjamins, 1980.

KOHLER (S.)
1905, *Jansenismus und Cartesianismus*, Düsseldorf, Schaub.

KOTARBINSKI (T.)
1964, *Leçons sur l'histoire de la logique*, Paris, P.U.F.

KRETZMANN (N.)
1972, «History of Semantics», dans EDWARDS, éd., VII, pp. 358-406.
1975, «Transformationalism and the Port-Royal Grammar», dans RIEUX (J.) et ROLLIN (B.E.), trad. anglaise de la *GGR*, Paris et La Haye, Mouton, pp. 176-197.
1976, «The Main Thesis of Locke's Semantic Theory», dans PARRET, éd., pp. 331-347.

KRIPKE (S.A.)
1972, «Naming and Necessity», dans DAVIDSON (D.) et HARMAN (G.), éds, *Semantics of Natural Language*, Dordrecht, Reidel, pp. 253-355.

KRÜGER (M.)
1936, *Die Entwicklung und Bedeutung des Nonnenklosters Port-Royal im 17. Jahrhundert*, Halle, Niemeyer.

KUHN (Th. S.)
1972, *La structure des révolutions scientifiques*, Paris, Flammarion.

KURODA (S.-Y.)
1979, «The Concept of Subject in Grammar and the Idea of Nominative in the Port-Royal Grammar», dans KURODA, *The (W)hole of the Doughnut*, Gand, Story-Scientia, pp. 33-47.

LAIRD (J.)
1920, *A Study in Realism*, Cambridge, U.P.
1924, «The *Legend* of Arnauld's Realism», *Mind*, XXXIII, pp. 176-178.
1937, «L'influence de Descartes sur la philosophie anglaise du XVIIe siècle», *Revue Philosophique de la France et de l'Etranger*, CXXIII, pp. 226-256.

LAKOFF (R.T.)
1976, «La grammaire générale et raisonnée», dans PARRET, éd., pp. 348-373.

LAND (S.K.)
1974, *From Signs to Propositions. The Concept of Form in Eighteenth - Century Semantic Theory*, Londres, Longman.

LANDESMAN (Ch.)
1976, «Locke's Theory of Meaning», *Journal of the History of Philosophy*, XIV, pp. 23-35.

Le langage. Actes du XIIIe congrès des sociétés de philosophie de langue française, Neuchâtel, La Baconnière, 1966-67, 2 vol.

LAPORTE (J.)
1923-52, *La doctrine de Port-Royal*, Paris, P.U.F. et Vrin, 4 vol.
1945, *Le rationalisme de Descartes*, Paris, P.U.F.
1951, *Etudes d'histoire de la philosophie française au XVIIe siècle*, Paris, Vrin.

LARMORE (C.)
1980, «Descartes' Empirical Epistemology», dans GAUKROGER, éd., pp. 6-22.

LE BRETON GRANDMAISON
1945, *Pierre Nicole ou la civilité chrétienne*, Paris, Albin Michel.

LECLERCQ (J.)
1951, *Jansénisme et doctrine de la prière chez Pierre Nicole*, Louvain, Publications Universitaires.

LECOINTRE (Cl.)
1983, «Gérondif et adjectif verbal dans la grammaire de l'ellipse aux XVIe et XVIIe siècles», *Histoire Epistémologie Langage*, V, 1, pp. 67-77.

LE GOFFIC (P.)
1978, «L'assertion dans la *grammaire* et la *logique* de Port-Royal», dans *Stratégies discursives*, Lyon, P.U., pp. 235-244.

LE GUERN (M.)
1971, *Pascal et Descartes*, Paris, Nizet.

LEMAIRE (P.)
1901, *Le cartésianisme chez les bénédictins. Dom Robert Desgabets*, Paris, Alcan.

LENNON (Th. M.)
1974, «The Inherence Pattern and Descartes' *Ideas*», *Journal of the History of Philosophy*, XII, pp. 43-52.

LE ROY (G.)
1957, *Pascal savant et croyant*, Paris, P.U.F.

LEROY (M.)
1971, *Les grands courants de la linguistique moderne*, Bruxelles, Editions de l'Université, 2e éd.

LEWIS (C.I.)
1918, *A Survey of Symbolic Logic*, Berkeley, U. of California P.

LEWIS (G.): voir RODIS-LEWIS

LEYS (M.)
1969, «Les conceptions grammaticales de la *Grammaire* de Port-Royal», *Le Langage et l'Homme*, 10, pp. 27-32.

LIEBMANN (C.)
1902, *Die Logik von Port-Royal im Verhältnis zu Descartes*, Leipzig, thèse.

LOVEJOY (A.O.)
1923, «*Representative Ideas* in Malebranche and Arnauld», *Mind*, XXXII, pp. 449-461.
1924, «Reply [cf. LAIRD, 1924]», *Mind*, XXXIII, pp. 178-181.

MACKIE (J.L.)
1976, *Problems from Locke*, Oxford, Clarendon.

McRAE (R.)
1965, «*Idea* as a Philosophical Term in the Seventeenth Century», *Journal of the History of Ideas*, XXVI, pp. 175-190.
1972a, «Innate Ideas», dans BUTLER, éd., pp. 32-54.
1972b, «Descartes' Definition of Throught», dans BUTLER, éd., pp. 55-70.
1975, «On Being Present to the Mind. A Reply [cf. YOLTON, 1975b]», *Dialogue*, XIV, pp. 664-666.

MAGNARD (P.)
1962, «Pascal dialecticien», dans *Pascal présent*, Clermont-Ferrand, G. de Bussac, pp. 257-289.
1963, «Valeur critique et euristique de l'idée de nature chez Pascal», *Chroniques de Port-Royal*, 11-14, pp. 62-80.
1975, *Nature et histoire dans l'apologétique de Pascal*, Paris, Les Belles Lettres.

MAINGUENEAU (D.)
1983, «Discours abstraits et conditions de production», *DRLAV*, 28, pp. 63-78.
1984, *Genèses du discours*, Bruxelles, Mardaga.

MARIN (L.)
1975, *La critique du discours. Sur la «Logique de Port-Royal» et les «Pensées» de Pascal*, Paris, Minuit.
1976, «La critique de la représentation classique: la traduction de la Bible à Port-Royal», dans *Savoir, Faire, Espérer: les limites de la raison*, Bruxelles, Facultés Universitaires Saint-Louis, tome II, pp. 549-575.

MARTIN (R.M.)
1964, «On the Law of Inverse Variation of Extension and Intension», *Memorias del XIII congreso internacional de filosofía*, Mexico, U.N.A.M., V, pp. 213-221.

MATES (B.)
1968, «Leibniz on Possible Worlds», dans ROOTSELAAR (B.) et STAAL (J.F.), éds, *Logic, Methodology and Philosophy of Science*, Amsterdam, North-Holland, III, pp. 507-529.
1974, compte rendu de ISHIGURO, 1972, *Journal of the History of Philosophy*, XII, pp. 106-113.

MAULL (N.L.)
1980, «Cartesian Optics and the Geometrization of Nature», dans GAUKROGER, éd., pp. 23-40.

Mens en dier. Mélanges F.L.R. Sassen, Anvers et Amsterdam, Standaard, 1954.

MESNARD (J.)
1963, «Pascal et Port-Royal», *Revue de Théologie et de Philosophie*, XIII, pp. 12-33.
1964, *La tradition pascalienne* [= vol. I des *Œuvres complètes* de Pascal], Bruges, Desclée de Brouwer.
1965, *Pascal et les Roannez*, Bruges, Desclée de Brouwer, 2 vol.
1969, «Pascal et la vérité», *Chroniques de Port-Royal*, 17-18, pp. 21-40.
1976, *Les Pensées de Pascal*, Paris, S.e.d.e.s.-C.D.U.
1979, «Martin de Barcos et les disputes internes de Port-Royal», *Chroniques de Port-Royal*, 26-27-28 (1977-78-79), pp. 73-94.

Méthodes chez Pascal, Paris, P.U.F., 1979.

MICHAEL (I.)
1970, *English Grammatical Categories and the Tradition to 1800*, Cambridge, U.P.

MIEL (J.)
1969a, *Pascal and Theology*, Baltimore et Londres, The Johns Hopkins Press.
1969b, «Pascal, Port-Royal and Cartesian Linguistics», *Journal of the History of Ideas*, XXX, pp. 261-271

MILNER (J.-Cl.)
1978, *De la syntaxe à l'interprétation. Quantités, insultes, exclamations*, Paris, Seuil.

MOREAU (J.)
1946, «Le réalisme de Malebranche et la fonction de l'idée», *Revue de Métaphysique et de Morale*, LI, pp. 96-141.

MOREL (M.-A.)
1984, «La 'signification accessoire des mots' d'après la logique de Port-Royal et la rhétorique de B. Lamy», *DRLAV*, 30, pp. 109-113.

MOROT-SIR (E.)
1973, *La métaphysique de Pascal*, Paris, P.U.F.

MORTIER (R.)
1958, « Les idées politiques de Pascal », *Revue d'Histoire Littéraire de la France*, LVIII, pp. 289-296.
MOUNIN (G.)
1967, *Histoire de la linguistique des origines au XXe siècle*, Paris, P.U.F.
MULLER (M.)
1926, *Essai sur la philosophie de Jean d'Alembert*, Paris, Payot.
MUNTEANO (B.)
1956, « Port-Royal et la stylistique de la traduction », *Cahiers de l'Association Internationale des Etudes Françaises*, Paris, VIII, pp. 151-172.
MURAT (M.)
1979, « La théorie du nom adjectif et substantif dans la *Grammaire* et la *Logique* de Port-Royal », *Le Français Moderne*, XLVII, pp. 335-352.
NAMER (G.)
1964, *L'abbé Le Roy et ses amis. Essai sur le jansénisme extrémiste intramondain*, Paris, Bibliothèque de l'E.P.H.E.
NEVEU (B.)
1966, *Un historien à l'école de Port-Royal. Sébastien Le Nain de Tillemont*, La Haye, Nijhoff.
1977, « La correspondance romaine de Louis-Paul Du Vaucel (1683-1703) », *Actes du colloque sur le jansénisme*, Louvain, Presses Universitaires et Nauwelaerts, pp. 105-185.
NUCHELMANS (G.)
1980, *Late-Scholastic and Humanist Theories of the Proposition*, Amsterdam, North-Holland.
1983, *Judgment and Proposition. From Descartes to Kant*, Amsterdam, North-Holland.
OGLE (R.)
1980, « Two Port-Royal Theories of Natural Order », dans KOERNER, éd., pp. 102-112.
OLGIATI (Fr.)
1937, *La filosofia di Descartes*, Milan, Vita e Pensiero.
ORCIBAL (J.)
1947-62, en coll. avec A. BARNES, *Les origines du jansénisme*, Louvain et Paris, Publications Universitaires et Vrin, 5 vol.
1951, « Descartes et sa philosophie jugés à l'hôtel Liancourt », dans GUILHOU, éd., pp. 87-107.
1953, « Qu'est-ce que le jansénisme ? », *Cahiers de l'Association Internationale des Etudes Françaises*, III-IV-V, pp. 39-53.
1954, « Thèmes platoniciens dans l'*Augustinus* de Jansénius », dans *Augustinus Magister*, II, pp. 1077-1085.
1957a, « Martin de Barcos et sa correspondance », *Revue d'Histoire Ecclésiastique*, LII, pp. 877-899.
1957b, *Port-Royal entre le miracle et l'obéissance*, Paris, Desclée de Brouwer.
1963, « L'écrit de Martin de Barcos pour Madame de Longueville », *Chroniques de Port-Royal*, 11-14, pp. 105-141.
PADLEY (G.A.)
1976, *Grammatical Theory in Western Europe 1500-1700*, Cambridge, U.P.
PARKINSON (G.H.R.)
1966, éd., traduction et introduction de LEIBNIZ, *Logical Papers*, Oxford, Clarendon.

PARIENTE (J.-Cl.)
1975 a, « Grammaire générale et grammaire générative », *Actes de la Recherche en Sciences Sociales*, 5-6, pp. 36-49.
1975 b, « Sur la théorie du langage à Port-Royal », *Studia Leibnitiana*, VII, pp. 229-235.
1978, « Art de parler et art de penser à Port-Royal », *Revue Philosophique de la France et de l'Etranger*, CLXVIII, pp. 391-402.
1979, « Grammaire, logique et ponctuation », dans EHRARD (J.), éd., *Etudes sur le XVIIIe siècle*, Université de Clermont II, Faculté des Lettres et Sciences Humaines, pp. 105-120.
1982, « Sur la théorie du verbe chez Condillac », dans SGARD, éd., pp. 257-274.

PARRET (H.)
éd., *History of Linguistic Thought and Contemporary Linguistics*, Berlin et New York, de Gruyter, 1976.

PERCIVAL (W.K.)
1972, « On the Non-Existence of Cartesian Linguistics », dans BUTLER, éd., pp. 137-145.
1976, « The Notion of Usage in Vaugelas and in the Port-Royal Grammar », dans PARRET, éd., pp. 374-382.

PICARDI (E.)
1976, « Note sulla Logica di Port-Royal », *Lingua e Stile*, XI, pp. 347-391.

PINOT (V.)
1932, *La Chine et la formation de l'esprit philosophique en France (1640-1740)*, Paris, Geuthner.

PLAINEMAISON (J.)
1979, « La méthode géométrique contre la doctrine des équivoques dans les *Provinciales* », dans *Méthodes chez Pascal*, pp. 223-239.

POPPER (K.R.)
1963, *Conjectures and Refutations*, Londres, Routledge and Kegan Paul.
1975, *Objective Knowledge*, Oxford, Clarendon, 3e éd.
1982-83, *Postscript*, Totowa, Rowman and Littlefield, 3 vol.

PORSET (Ch.)
1977, « Grammatista philosophans. Les sciences du langage de Port-Royal aux Idéologues (1660-1818). Une bibliographie », dans JOLY et STÉFANINI, éds, pp. 11-95.

POUZET (R.)
1974, *L'enseignement du français dans les petites écoles de Port-Royal*, Université de Clermont-Ferrand, thèse de 3e cycle.

PUCELLE (J.)
1935, « La théorie de la perception extérieure chez Descartes », *Revue d'Histoire de la Philosophie et d'Histoire Générale de la Civilisation*, III, pp. 287-339.
1958, « Port-Royal en Angleterre », *Société des Amis de Port-Royal*, 9, pp. 1-8.
1972, « Malentendus sur Pascal et Descartes », *Chroniques de Port-Royal*, 20-21, pp. 96-103.

QUINE (W.V.)
1975, *La philosophie de la logique*, Paris, Aubier-Montaigne.

RADNER (D.)
1978, *Malebranche. A Study of a Cartesian System*, Assen, Van Gorcum.

RÉCANATI (Fr.)
1979, *La transparence et l'énonciation*, Paris, Seuil.
1981, *Les énoncés performatifs*, Paris, Minuit.
RÉGURON (P.)
1934a, *Les origines du mouvement antijanséniste et l'évolution de Pascal des « Provinciales » aux « Pensées »*, Grenoble, Allier.
1934b, *De la théologie à la prière de Pascal*, Grenoble, Allier.
REID (Th.)
1895, *Philosophical Works*, Edimbourg, 8ᵉ éd. [rééd. à Hildesheim, Olms, 1967], 2 vol.
RESCHER (N.)
1954, « Leibniz's Interpretation of his Logical Calculi », *Journal of Symbolic Logic*, XIX, pp. 1-13.
REY (A.)
1973, *Théories du signe et du sens I*, Paris, Klincksieck.
RICKEN (U.)
1978, *Grammaire et philosophie au siècle des Lumières*, Lille, P.U.
1979, « Konzequenzen einer cartesianischen Zeichentheorie », *Zeitschrift für Phonetik, Sprachwissenschaft und Kommunikationsforschung*, XXXII, pp. 661-667.
1981, « Interpretation der Sprache als Argument für und gegen den Dualismus. Descartes und seine sensualistischen Gegenspieler im 17. Jahrhundert », *Beiträge zur Romanischen Philologie*, XX, pp. 29-49.
RISSE (W.)
1964-70, *Die Logik der Neuzeit (1500-1780)*, Stuttgart-Bad Cannstatt, Frommann, 2 vol.
1969, « Zur Klassifizierung der Urteile und Schlüsse durch Leibniz », *Studia Leibnitiana*, I, pp. 23-53.
ROBINET (A.)
1955, *Malebranche et Leibniz. Relations personnelles*, Paris, Vrin.
1978, *Le langage à l'âge classique*, Paris, Klincksieck.
ROBINS (R.H.)
1976, *Brève histoire de la linguistique*, Paris, Seuil.
RODIS-LEWIS (G.)
1946, « La critique leibnizienne du dualisme cartésien », *Revue Philosophique de la France et de l'Etranger*, CXXXVI, pp. 473-485.
1950a, *L'individualité selon Descartes*, Paris, Vrin.
1950b, « L'intervention de Nicole dans la polémique entre Arnauld et Malebranche », *Revue Philosophique de la France et de l'Etranger*, CXL, pp. 483-507.
1950c, *Le problème de l'inconscient et le cartésianisme*, Paris, P.U.F.
1951, « Un inédit de Du Vaucel » et « Augustinisme et cartésianisme à Port-Royal », dans GUILHOU, éd., pp. 113-182.
1954, « Augustinisme et cartésianisme », dans *Augustinus Magister*, II, pp. 1087-1104.
1963, *Nicolas Malebranche*, Paris, P.U.F.
1964, « Le domaine propre de l'homme chez les cartésiens », *Journal of the History of Philosophy*, II, pp. 157-188.
1966, « Langage humain et signes naturels dans le cartésianisme », dans *Le langage*, I, pp. 132-136.
1968a, « Les problèmes du langage dans le cartésianisme », Bordeaux, Bulletin de la Société Française de Philosophie, 91 (1967-68), 38 p.
1968b, « Un théoricien du langage au XVIIᵉ siècle : Bernard Lamy », *Le Français Moderne*, XXXVI, pp. 19-50.

1972, «Pascal devant le doute hyperbolique de Descartes», *Chroniques de Port-Royal*, 20-21, pp. 104-115.
1977, «L'arrière-plan platonicien du débat sur les idées: de Descartes à Leibniz», dans *Permanence de la philosophie. Mélanges J. Moreau*, Neuchâtel, La Baconnière, pp. 221-240.

RÖD (W.)
1964, *Descartes. Die innere Genesis des cartesianischen Systems*, Bâle, Reinhardt.

ROSIELLO (L.)
1967, *Linguistica illuminista*, Bologne, Il Mulino.

ROSIER (I.)
1983, *La grammaire spéculative des Modistes*, Lille, P.U.

ROSSET (Th.)
1908, «Le P. Bouhours», *Annales de l'Université de Grenoble*, XX, pp. 55-125, 193-284, 401-493.

RUSSELL (B.)
1937, *A Critical Exposition of the Philosophy of Leibniz*, Londres, George Allen & Unwin, 2ᵉ éd.

RUSSIER (J.)
1949, *La foi selon Pascal*, Paris, P.U.F., 2 vol.

RUWET (N.)
1982, *Grammaire des insultes*, Paris, Seuil.

SAHLIN (G.)
1928, *César Chesneau Du Marsais et son rôle dans l'évolution de la grammaire générale*, Paris, P.U.F.

SAINTE-BEUVE
1961-65, *Port-Royal*, Paris, Bibliothèque de la Pléiade, 3 vol.

SALMON (V.)
1979, *The Study of Language in 17th-Century England*, Amsterdam, Benjamins.

SAUSSURE (F. de)
1972, *Cours de linguistique générale*, Paris, Payot.

SCAGLIONE (A.)
1972, *The Classical Theory of Composition*, Chapel Hill, U. of North Carolina P.

SCHILPP (A.)
éd., *The Philosophy of Karl Popper*, La Salle, Open Court, 1974, 2 vol.

SCHOBINGER (J.P.)
1974, *Blaise Pascals Reflexionen über die Geometrie im allgemeinen*, Bâle et Stuttgart, Schwabe.

SCHOLZ (H.)
1961, *Mathesis universalis*, Bâle et Stuttgart, Schwabe.

SCHRECKER (P.)
1935, «Arnauld, Malebranche, Prestet et la théorie des nombres négatifs», *Thalès*, pp. 82-90.
1937, «La méthode cartésienne et la logique», *Revue Philosophique de la France et de l'Etranger*, CXXIII, pp. 336-367.

SCHULZ (H.)
1896, *Antoine Arnauld als Philosoph*, Berne, thèse.

SEBEOK (Th. A.)
éd., *Current Trends in Linguistics*, La Haye et Paris, Mouton, 1975, vol. 13.

SEILLIÈRE (E.)
1929, «Pierre Nicole et la doctrine de la grâce», *Séances et Travaux de l'Académie des Sciences Morales et Politiques*, 2, pp. 275-287.

SELLIER (Ph.)
1970, *Pascal et Saint Augustin*, Paris, Colin.

SERRUS (Ch.)
1933, *Le parallélisme logico-grammatical*, Paris, Alcan.

SGARD (J.)
éd., *Condillac et les problèmes du langage*, Genève et Paris, Slatkine.

SIMONE (R.)
1971, «Communicazione semiotica e communicazione non-semiotica in Cordemoy», *La Cultura*, 9, pp. 376-391.
1972, «Sémiologie augustinienne», *Semiotica*, VI, pp. 1-31.

SNOEKS (R.)
1951, *L'argument de tradition dans la controverse eucharistique entre catholiques et réformés français au XVIIe siècle*, Louvain/Gembloux, Publications Universitaires/Duculot.

SNYDERS (G.)
1965, *La pédagogie en France aux XVIIe et XVIIIe siècles*, Paris, P.U.F.

STÉFANINI (J.)
1962, *La voix pronominale*, Gap, Ophrys.
1977, «De la grammaire aristotélicienne», dans JOLY et STÉFANINI, éds, pp. 97-106.

STOIANOVICI (D.)
1976, «Definite Descriptions in Port-Royal Logic», *Revue Roumaine des Sciences Sociales, Série de Philosophie et Logique*, XX, pp. 145-154.

SWIGGERS (P.)
1978, «*Grammaire* » *in semiotisch perspektief: Port-Royal*, Leuven, mémoire de licence.
1980, «Durand on Port-Royal», *Studies in Language*, IV, pp. 125-130.
1981a, compte rendu de ROBINET, 1978, *Leuvense Bijdragen*, 70, pp. 105-111.
1981b, «La théorie du signe à Port-Royal», *Semiotica*, XXXV, pp. 267-285.
1981c, compte rendu d'AUROUX, 1979, *Romanische Forschungen*, XCIII, pp. 122-137.
1981d, «La théorie du verbe dans la grammaire de Port-Royal», *Zeitschrift für Französische Sprache und Literatur*, XCI, pp. 357-362.
1981e, «La théorie du nom et de l'adjectif dans la *Grammaire* et la *Logique* de Port-Royal», *Le Français Moderne*, XLIX, pp. 234-242.

TAVARD (G.)
1969, *La tradition au XVIIe siècle en France et en Angleterre*, Paris, Editions du Cerf.

THOMAS (J.-Fr.)
1942, *Essai sur la morale de Port-Royal*, Paris, Nizet et Bastard.
1963, *Le problème moral à Port-Royal*, Paris, Nouvelles Editions Latines.

TÖRNEBOHM (H.)
1960, «A Study in Hobbes' Theory of Denotation and Truth», *Theoria*, XXVI, pp. 53-70.

TOURATIER (Chr.)
1980, *La relative. Essai de théorie syntaxique*, Paris, Klincksieck.

VAN PEURSEN (C.A.)
1954, «Mens en dier in het denken van Michel de Montaigne en Blaise Pascal», dans *Mens en dier*, pp. 161-186.

VERBURG (P.A.)
1952, *Taal en functionaliteit*, Wageningen, Veenman.

VERGA (L.)
1972, *Il pensiero filosofico e scientifico di Antoine Arnauld*, Milan, Vita e Pensiero [repris en partie dans «La teoria del linguaggio di Port-Royal», *Rivista di Filosofia Neo-Scolastica*, LXII, pp. 1-100].

VERMEYLEN (A.)
1962, «Pascal et Nicole», *Les Lettres Romanes*, XVI, pp. 315-339.

Von KUNOW (I.)
1926, «Sprach- und Literarkritik bei Antoine Arnauld», *Romanische Forschungen*, XXXIX, pp. 67-200.

Von LEYDEN (W.)
1948, «Locke and Nicole», *Sophia*, XVI, pp. 41-55.
1954, *Locke's Essays on the Law of Nature*, Oxford, Clarendon.

VORLAT (E.)
1975, *The Development of English Grammatical Theory 1586-1737*, Leuven, U.P.

VUILLEMIN (J.)
1961, «Sur la différence et l'identité des méthodes de la métaphysique et des mathématiques chez Descartes et Leibniz», *Archiv für Geschichte der Philosophie*, XLIII, pp. 267-302.

WAHL (J.)
1937, «Notes sur Descartes», *Revue Philosophique de la France et de l'Etranger*, CXXIII, pp. 370-372.

WARE (C.S.)
1950, «The Influence of Descartes on John Locke», *Revue Internationale de Philosophie*, 12, pp. 210-230.

WEAVER (F.E.)
1978, *The Evolution of the Reform of Port-Royal*, Paris, Beauchesne.

WELLS (N.J.)
1966, «Descartes and the Moral Distinction», *The Modern Schoolman*, XLIII (1965-66), pp. 1-22.

WILLIAMS (B.)
1978, *Descartes: the Project of Pure Enquiry*, Harmondsworth, Penguin.

WILMET (M.)
1981, «La modernité de Beauzée», Bruxelles, Editions de l'Université (*Etudes sur le XVIIIe siècle*, VIII), pp. 109-123.

WILSON (M.D.)
1978, *Descartes*, Londres, Routledge & Kegan Paul.

WINTHER (T.)
1978, «Classicisme et cartésianisme: le *Traité de la vraie beauté* de Nicole», *Orbis Litterarum*, XXXIII, pp. 123-137.

YOLTON (J.W.)
1975a, «Ideas and Knowledge in Seventeenth-Century Philosophy», *Journal of the History of Philosophy*, XIII, pp. 145-165.
1975b, «On Being Present to the Mind: A Sketch for the History of an Idea», *Dialogue*, XIV, pp. 373-388.
ZIMMERMANN (C.)
1911, «Arnaulds Kritik der Ideenlehre Malebranches», *Philosophisches Jahrbuch*, XXIV, pp. 3-47.
ZUBER (R.)
1968, *Les «belles infidèles» et la formation du goût classique*, Paris, Colin.

Table des matières

AVANT-PROPOS 5
INTRODUCTION 7
  Des bribes aux systèmes 8
  Les énigmes de Port-Royal 10
  Notes 24

1. L'IDEE ET LE JUGEMENT 27
  1.1. La théorie des idées 27
    1.1.1. La polémique avec Malebranche et ses sources cartésiennes 29
    1.1.2. La théorie de la conscience et la polémique avec Nicole 33
  1.2. Le calcul des idées 39
    1.2.1. La loi de Port-Royal 41
    1.2.2. La négation 44
    1.2.3. Vérité et fausseté des idées 48
    1.2.4. La soustraction 52
  1.3. La théorie du jugement 54
    1.3.1. Matière et forme 57
    1.3.2. Une déduction intuitive 61
    1.3.3. Les jugements catégoriques 64
    1.3.4. Nécessité et contingence 67
  Notes 70

2. LA THEORIE DU SIGNE 73
  2.1. Une sémiologie cartésienne 74
    2.1.1. Nature et institution 76
    2.1.2. Connaissance et volonté 80
  2.2. Vers un modèle formel 82
    2.2.1. Les idées du second ordre 83
    2.2.2. Idées et signes 85
  2.3. Mots et propositions 87
    2.3.1. La signification 88
    2.3.2. La loi de compositionnalité 90
    2.3.3. Définition de nom et définition de chose .. 92
  Notes 95

3. UNE PRAGMATIQUE GENERALE	97
3.1. L'effabilité	100
3.1.1. L'historicité des langues	102
3.1.2. L'indétermination	104
3.1.3. La cinquième proposition	108
3.2. La vraisemblance	110
3.2.1. Sept maximes de rationalité	113
3.2.2. Le problème des signatures	121
3.3. La double dualité du langage	131
3.3.1. Les idées accessoires	132
3.3.2. Les deux langages	137
3.3.3. L'anti-mysticisme de Nicole	141
Notes	143
4. LA THEORIE DE LA PROPOSITION	147
4.1. Les parties du discours	149
4.1.1. Le nom	151
4.1.2. L'article	155
4.2. La théorie du verbe	160
4.2.1. L'affirmation	161
4.2.2. Les conjonctions, les interjections et les modes	164
4.3. La quantification	167
4.3.1. La détermination$_2$	169
4.3.2. Les modalités	172
Notes	176
5. LE PRONOM RELATIF ET LE TERME COMPLEXE	179
5.1. Le pronom relatif	180
5.1.1. La théorie générale du pronom	181
5.1.2. La théorie du relatif	187
5.1.3. Propositions complexes et propositions composées	194
5.2. La proposition incidente	197
5.2.1. Explicatives et déterminatives	199
5.2.2. Fausseté et négation	205
5.2.3. Les énonciateurs transparents	209
5.3. Le terme complexe	214
5.3.1. La théorie de l'adjectif	215
5.3.2. Termes connotatifs et termes dénotatifs	218
5.3.3. La préposition	222
Notes	223
CONCLUSION	227
BIBLIOGRAPHIE	231
I. Sources premières	231
II. Sources critiques	233
TABLE DES MATIERES	255